Violencias en Escuelas

Violencias en Escuelas

Problemas
Intervenciones
Aprendizajes

Una investigación-acción
desde la psicología
socio-histórico-cultural

Mg. Carolina Dome

Serie púrpura
psico-socio-educadores en acción
2020

Dome, Carolina
Violencias en escuelas. Problemas. Intervenciones. Aprendizajes.
/ Carolina Dome
1a ed. Ciudad Autónoma de Buenos Aires: PsiDispa, 2020.
276 p. ; 23 x 15 cm – (Serie púrpura. Psico-socio–educadores en acción; 7)
ISBN 978-987-86-6954-0
1. Violencia Escolar. 2. Psicología. 3. Formación Docente. I. Título.
CDD 371.78

ISBN 978-987-86-6954-0

Tapa: ©2020 PsiDispa
Gráfica: inspirada por *Vector Art*
verP1.00cov1.00octKDP1.00conf1.00

Edición impresa en los Estados Unidos de América
Distribuida por amazon.com

Contenido

Prólogo ix

Introducción 1

1 Sobre la relación violencia–escuela 7

1.1 Debates sobre el concepto "violencia" en contextos educativos 8
1.2 Una educación contra "las violencias" 12
1.3 Las violencias en la investigación educativa 17
1.4 Sobre las perspectivas de agentes escolares 31
1.5 Un posicionamiento 34

2 La escuela como contexto de práctica y construcción de conocimientos 37

2.1 Comunidades de práctica y participación en culturas escolares 38
2.2 Reflexión sobre la práctica y cambio conceptual 41
2.3 Las escuelas como sistemas de actividad colectivos 47
2.4 Aprendizaje expansivo, cambio y desarrollo de las prácticas 53
2.5 El Laboratorio de Cambio y el método de doble estimulación de Vygotsky 57

3 La investigación en terreno (I). Preparación 61

3.1. Desarrollo de la investigación y diseño de los Talleres de Reflexión sobre la Práctica 62
3.2 Escenarios y participantes 65
3.3 El Taller de Reflexión sobre la Práctica 65

3.4 Autoridades escolares: diferentes tramas y posicionamientos sobre problemas e Intervenciones 72

4 La investigación en terreno (II). Hallazgos y análisis 97

4.1 Escuela 1. Dimensión I: Situación–problema de violencia 98
4.2 Escuela 2, Dimensión I: Situación–problema de violencia 101
4.3 Escuela 1. Dimensión II: Intervención docente/profesional 104
4.4 Escuela 2. Dimensión II: Intervención docente/profesional 108
4.5 Escuela 1. Dimensión III Herramientas utilizadas 111
4.6 Escuela 2. Dimensión III: Herramientas utilizadas 112
4.7 Escuela 1. Dimensión IV: Resultados y atribución 114
4.8 Escuela 2. Dimensión IV: Resultados atribuidos 115

5 Reflexión sobre la Práctica profesional. Tres encuentros 117

5.1 Análisis de los Talleres de Reflexión sobre la Práctica 117
5.2 Taller de Reflexión sobre la Práctica en la Escuela 1 118
5.3 Taller de Reflexión sobre la Práctica en la Escuela 2 142

6 Aprendizajes de la experiencia. Revisión de las prácticas 165

6.1 Dimensión V: Aprendizaje de la experiencia 166
6.2 Dimensión VI: Cambios de la intervención 170

7 Conclusiones del proceso de investigación 177

7.1 Perspectivas y posicionamientos ante los problemas de violencia 178
7.2 Desafíos en la profesionalización educativa 187
7.3 Violencia simbólica. Violencia invisible 195
7.4 Procesos de aprendizaje y apropiación de sentidos 200
7.5 A modo de cierre. Cambios y contextos 209

8 Referencias 215

I Estructura de las matrices M1 y M2 243

1.1 Matriz de Análisis Complejo M1 243

1.2 Matriz de Análisis Complejo M2 246

1.3 Referencia 247

II Cuestionario de Situación-Problema de Violencias en Escuelas 251

III Planificación de los Talleres 253

IV El Juego de las Etiquetas 257

V Cuestionario de Reflexión sobre la Práctica desarrollada en el Taller 259

Sobre la autora 261

Prólogo

Es un placer aceptar la invitación de Carolina Dome para prologar su libro, en el cual refleja los lineamientos centrales de su Tesis de Maestría en Psicología Educacional, que también tuve el placer de dirigir, y que fue calificada "Sobresaliente" en 2016. Hoy, este libro publica los materiales fundamentales de ese trabajo, enriqueciéndolos con investigaciones y conceptualizaciones que le dieron continuidad en la fértil trayectoria de Carolina como investigadora en el área Violencias y Con-vivencias en Escuelas y otros Escenarios Educativos.

Nuestro vínculo se inició hace diez años, unos cinco años antes de la presentación de esa Tesis, cuando participó en un Curso para Graduados que dictábamos conjuntamente con otra Profesora de Facultad de Psicología UBA, Mariana Funes Molineri, "Herramientas para el Trabajo de Psicólogos en Salud y Educación. Ya en esos tiempos, Carolina fue alguien que aprendió algunas cosas conmigo, pero de quien yo ciertamente aprendí muchas cosas que enriquecieron mi trayectoria. Se destacaba su capacidad de trabajar en equipo, su fluidez para armar lazos horizontales dialógicos, el modo de tomar en serio siempre lo que encaraba y con disciplina, y su preocupación por las injusticias, las desigualdades, su conciencia del sufrimiento y de la potencia —a la vez— de los sectores más oprimidos y vulnerabilizados de la sociedad. Y ello la aproximaba en ese tiempo a los enfoques comunitarios en Psicología, que habían tenido un desarrollo singular en la Facultad, pero que por muchas razones no se expandieron después de la primera década de nuestra recuperación como democracia.

Al cierre de esa experiencia en Posgrado, en 2009, Carolina Dome se incorpora al Proyecto de Investigación bajo mi dirección, denominado "Construcción del Conocimiento Profesional de los Psicólogos en Escenarios Educativos" (2008-2010).

Ese Proyecto re-contextualizaba el cambio de las unidades de análisis en la investigación y en la intervención psico-educativas, en el marco del giro contextualista y situacional (Pintrich, 1994; Baquero, 2002) y el aporte de los enfoques socio-histórico-culturales inspirados en el pensamiento de Lev Vygotsky en las concepciones del aprendizaje y el desarrollo cognoscitivo y subjetivo.

Desde ese momento, Carolina fue, en el equipo de investigación, el *alma mater* de la investigación sobre perspectivas, posicionamientos y conceptualizaciones de agentes psico-socio-educativos y educadores sobre problemas, intervenciones, herramientas para abordar las Convivencias y Violencias en Escuelas, en CABA, ciudades del conurbano y Provincia de Buenos Aires, en las que ya trabajábamos también por mi inserción en la Facultad de Psicología de la Universidad Nacional de La Plata.

Se armó un equipo de gente muy joven, con los que pusimos a prueba una "caja de herramientas" desarrollada en nuestra trayectoria investigativa, con Cuestionarios de Situación–Problema en Contextos de Intervención, y Matrices Multidimensionales de Análisis de los Modelos Mentales Situacionales (Rodrigo, 1997, 1999; Rodrigo y Pozo, 2001) que construían los agentes profesionales —muchos psicólogos, pero también docentes, trabajadores sociales, directivos, supervisores— en espacios de formación profesional de grado y posgrado en CABA y en La Plata.

Desde entonces, hemos compartido experiencias diversas: escribiendo artículos científicos en revistas indizadas, participando como panelistas en los Congresos Internacionales organizados por la Sociedad Interamericana de Psicología, y en otros eventos en la Facultad de Psicología de UBA y la Facultad de Psicología de la UNLP. Por citar el último, compartimos un Simposio con colegas chilenos sobre Epistemologías de Resistencia y Desafíos de Inclusión en Entornos atravesados por Desigualdad, en el Congreso Internacional Alter-Nativas desde el Sur (diciembre de 2019).

En 2012 nos incorporamos —con todo el equipo— al Observatorio Argentino de Violencia en las Escuelas, y construímos una red latinoamericana sobre esa temática, con colegas de México, Chile, Colombia,

Brasil, que produjo el libro: "¿Construir con-vivencias en escuelas para transformar violencias? Argentina–Chile–México, caja de herramientas de 15 investigadores latinoamericanos" (2019), publicado por Amazon, de difusión totalmente gratuita en su edición digital[1].

El compromiso social que refleja la producción académica y periodística de Carolina Dome, como sus exposiciones, no elude ni desestima el equilibrio requerido en la investigación científica. Elaborando diferencias de perspectivas y posicionamientos, lo hace con un respeto singular y capacidad para seguir preguntando y preguntándose, a partir de palabras, acciones y gestos de los otros, interpelando y expandiendo la posibilidad de pensar y actuar con ellos. Es algo para celebrar, la publicación de este libro y cada uno de esos movimientos, que tanto exigen al cuerpo, a la mente, al pensamiento, capaces de negociar con la realidad las mejores acciones posibles dentro de un contexto determinado, porque son propiciadoras de una transformación que se necesita, y con la conciencia de convocar las potencias personales y colectivas frente a cada desafío.

El libro, desde ya, es un hito en esa trayectoria. Carolina Dome no solo ha pulido y enriquecido conceptualmente la Tesis de Maestría, sino que además ha expandido ese trabajo con hallazgos posteriores, en escenarios escolares y más allá, dando cuenta de desarrollos en líneas convergentes y divergentes sobre la temática, con conceptualizaciones de autores que se han comenzado a destacar en el enfoque de Convivencia y Violencias en Escuelas, en Argentina.

Este trabajo reelabora las líneas epistémicas vinculadas a la teoría socio–histórico–cultural, inspirada en Lev Vygotsky. Es ésta una de las pocas obras que en nuestro país recupera con centralidad la Teoría histórico-cultural de la Actividad de la escuela finlandesa (Engeström, 1987; Sannino y Engeström, 2018) en sus Primera, Segunda y Tercera Generación, para re–contextualizar, en la temática de Convivencia y Violencias en Escuelas, la importancia de intervenciones inter–agenciales formativas, la actividad

[1] https://www.aacademica.org/cristina.erausquin/615

de un sistema colectivo como unidad de análisis, el rol de las contradicciones como motor del cambio social e individual, el aprendizaje expansivo y estratégico y la re-mediatización de la memoria social para la construcción estratégica del futuro.

Y Carolina Dome elige estos fundamentos, como también los de la "doble estimulación", "ascenso de lo abstracto a lo concreto", "estructuras de inter-agencialidad y comunicación reflexiva", para la construcción metodológica del Laboratorio de Cambio en nuestros espacios escolares, articulado con el marco conceptual de los Modelos Mentales Situacionales (Rodrigo, Pozo, 2001), la *Matriz de Análisis Complejo M1: Intervención del profesional sobre problemas situados en contexto educativo* (Erausquin, Basualdo, 2007) y la *Matriz de Análisis Complejo M2: Aprendizaje Expansivo de agentes educativos* (Marder, Erausquin, 2018). Autores como Vygotsky, Wertsch, Daniels, Engeström, Rogoff, Sannino, Cazden, Rockwell, son convocados a esta re-significación del trabajo sistemático de indagación con lo que ha devenido objeto de estudio de la Psicología Educacional, de la Sociología de la Educación y de la Pedagogía Crítica contemporáneas: la Convivencia y las Violencias en los Escenarios Educativos Formales e Informales.

Al mismo tiempo, en este libro, Dome ha reconceptualizado en profundidad conceptos centrales de autores de la línea socio-educativa francesa como Dubet, Bourdieu y Passeron, de la sociología de la educación argentina como Kaplan (2006,2009), del Psicoanálisis post-estructuralista de Bleichmar (2008), de la Filosofía Política de la Educación, como Larrosa (2003), Schon (1998), y de la Pedagogía Crítica, como Meirieu (2008).

Es éste entonces un libro importante para leer, para quienes se interesan por trabajar con docentes, con jóvenes, con mujeres, con migrantes, con trabajadores, en todas las temáticas que atraviesan el concepto de Inclusión Educativa y Social, y en la construcción y hallazgo de nuevos sentidos de la Experiencia Escolar y Educativa. Es especialmente valioso para quienes piensan que lo que tienen para aprender aun no está escrito, y hay que descubrirlo mientras trabajan con otros para resolver problemas, rediseñando herramientas y desarrollando competencias al reconstruir la diversidad y heterogeneidad de sus vivencias en la narrativa reflexiva, con sensibilidad a lo que emerge en su entrelazamiento con las teorías. Y además, pretenden, pretendemos, disfrutar haciéndolo con los otros y revisitando el mundo de lo común. Es un libro que entrelaza, por si esto fuera poco, permanentemente, la dimensión ética y la dimensión política con la construcción del saber de la ciencia.

Algo que siempre generó interrogantes en Carolina Dome es por qué las teorías histórico-culturales y socio-culturales inspiradas en Vygotsky, presentes en las referencias de la construcción metodológica y la conceptualización teórica de los procesos del aprendizaje y el desarrollo humanos, no están tan presentes en cambio, en investigaciones-intervenciones sobre convivencias y violencias en escuelas. A raíz de eso, hemos imaginado, que tal vez en esta cuestión tomará la delantera Latinoamérica. Incluso Sannino y Engeström (2018) lo señalan como "un impulso que proviene del sur".

Lev Vygotsky (1926), en torno a la Etica en Educación, sostenía:

> *La ética debe constituir una parte inseparable de la educación como un todo, en sus mismas raíces: actúa moralmente quien no se percata de que lo hace. Como la salud, que la notamos cuando se altera, como el aire que respiramos. Es inútil enseñar moral sin convertir a la moral en policía interno del alma.*
> *El valor moral más alto, en la escuela de la burguesía, fue (...) la obediencia, motivada por el miedo, que se instaló como el engaño pedagógico más profundo (...)*
> *Un niño puede abstenerse de malas acciones, pero la influencia moral y educativa de su abstención será nula, o negativa, si se compra al precio del miedo y la humillación, y no implica un nuevo y genuino significado de la acción, asociado con la elección libre de las formas sociales de conducta. Spinoza afirma que,* "si una persona huye de algo sobre la base de que es malo, está actuando como un esclavo. Sólo es libre, aquella persona que se aleja de algo porque hay algo mejor y lo elige".

En ninguna parte la conducta del niño está tan regulada por las reglas como en el juego, y en ningún lugar asume una forma tan libre e instructiva. El niño obedece las reglas de un juego, no porque sea amenazado con el castigo, o tenga miedo de fracasar, sino porque sólo el observar las reglas le brinda la íntima satisfacción que proviene de jugar un juego. Una regla se ha convertido en deseo.

Lev Vygotsky, 1926

Un texto que podría re–trabajar un filósofo contemporáneo estudioso de la ética en su diferenciación de la moral, y que en el área de los desafíos educativos contemporáneos, han encarado Philippe Meirieu y Silvia Bleichmar (2008), desde enfoques conceptuales diferentes, en un compromiso, en nuestro país, entre 2008–2009, cuando se creó el Observatorio Argentino de Violencias en Escuelas.

Ese podría ser un compromiso, y una apuesta científica a la vez, de los psico–socio–educadores latinoamericanos, desde el sur del planeta: el de construir un saber y una acción colectiva sobre los desafíos de la *ética del semejante en educación* (Bleichmar, 2008). Y este libro de Carolina Dome es un hito singular de ese proceso, que tiene esas raíces, en el mundo y en nuestro continente. Forma parte de las *epistemologías de la resistencia* frente a la desigualdad y la injusticia que se construyen en y entre nosotros, en escenarios socioculturales que son siempre educativos, y en escenarios educativos que son siempre socioculturales.

Mg. Cristina Erausquin [2]
Buenos Aires, octubre de 2020

[2] Cristina Erasuquin es Licenciada en Psicología y Magister en Psicología Cognitiva y Aprendizaje. Es Profesora Titular y Adjunta de Psicología Educacional en UBA y en UNLP, Profesora de la Maestría en Psicología Educacional en UBA y Directora de Proyectos de Investigación y Extensión en UBA y en UNLP desde año 2000. En 2019 recibió el Premio a la Labor Científica y Tecnológica como Investigadora Formada, otorgado por el Ministerio de Ciencia y Tecnología de la Nación.

Introducción

Los problemas de violencia en las escuelas mantienen su protagonismo en los debates educativos y se han conformado en una preocupación del sector. La publicación de distintos hechos de violencia en los medios de comunicación contribuyó a masificar su circulación en la opinión pública, generando nuevas demandas hacia las escuelas.

Pero el problema no es algo nuevo en nuestro país. La noticia sobre el alumno apodado "Junior", quién causó la muerte de tres de sus compañeros en una escuela secundaria en la ciudad de Carmen de Patagones en el año 2004, marcó un antes y después en la visibilidad social del problema.[3]

Ese mismo año se creó el Observatorio Argentino de Violencia en las Escuelas, como iniciativa conjunta entre el Ministerio de Educación de la Nación y la Universidad de San Martín, a través del cual, hasta el año 2015, se han publicado distintos relevamientos e informes. Por su parte, la investigación educativa en el ámbito académico se ocupó del asunto y de realizar serias críticas al modo en que los medios publican y construyen las distintas noticias habida cuenta de la "espectacularización" de los sucesos (Kaplan, 2006, 2013; Noel, 2009; Di Napoli, 2018; Sáez, 2017, 2019). Desde hace varias décadas, sus trabajos se dirigieron a descubrir distintos conflictos en los centros educativos, describiendo problemas diversos, y también diferentes, a los presentados por los medios de comunicación masiva.

La investigación educativa ha sido una de las principales fuentes de evidencia de que las escuelas son escenarios en los que emergen fenómenos de disruptividad, agresividad y violencia (Blaya, 2010).

La inclusión de la perspectiva de género en educación abrió. por su parte, nuevos márgenes de interpretación de los fenómenos de violencia,

[3] Ver la Nota al final de este capítulo, en la página 6.

advirtiendo el contexto cultural patriarcal y su re/producción en la matriz escolar como escenario complejo, construyendo nuevas áreas de visibilidad (Ayala Carillo, 2015; Dome, 2018, 2019). Al respecto, se destaca al programa de Educación Sexual Integral (ESI) como estrategia para promover vínculos saludables y prevenir las violencias basadas en condiciones de género, aunque su implementación ha sido desigual en las diferentes provincias y establecimientos educativos.

A su vez, tal como lo señala la investigadora mexicana Claudia Saucedo Ramos (2010), la mayoría de la investigación leída sobre el tema termina haciendo sugerencias acerca de lo que las escuelas deberían hacer, sin preguntarse por las estructuras de apoyo con las que cuentan ni por las presiones que reciben. Mientras tanto, los y las agentes escolares suelen vivenciar diversas escenas en sus contextos de práctica (Furlán, 2012). siendo convocados a intervenir en respuesta a demandas de trabajo, en tanto problemas a analizar, prevenir y resolver, y siendo interpelados desde su responsabilidad social. Como sostiene Donald Schön:

> *Los problemas que enfrentan las profesiones en el mundo contemporáneo son complejos, de límites borrosos, inestables, inmersos en multitud de relaciones, de carácter único y singular, y atravesados por conflictos y dilemas éticos.*
>
> *Schön, D., 1998*

En ese marco, importa explorar comprensivamente lo que los y las trabajadores/as de la educación (docentes, directivos/as, integrantes de equipos de orientación, personal escolar, etc.) hacen y dicen, con los medios y en las condiciones en que trabajan, para contribuir a expandir la mirada sobre los problemas que enfrentan y la reflexión sobre las prácticas que desarrollan. Sus perspectivas son un instrumento válido para reconocer recursos presentes en los contextos donde participan y establecen relaciones con otros/as agentes, ya que implican creencias, conocimientos, interacciones y experiencias atravesadas por la cultura escolar (Rockwell, 2010).

Se comparte, con investigaciones de nuestro contexto, el cuestionamiento hacia el histórico supuesto de una violencia escolar, que adjetiva a las violencias como un atributo intrínseco a la escuela y sus participantes. Al respecto, la investigadora educativa Carina Kaplan, afirma que las violencias en las escuelas:

> *(...) sólo pueden ser aprehendidas en el marco de procesos de fragmentación, descivilización y de profundas desigualdades sociales, con importantes consecuencias personales y relacionales (...)*
>
> *Kaplan, C., 2006:16*

Este libro retoma y amplía el trabajo de Tesis de Maestría en Psicología Educacional (2016) de la autora, titulada *Perspectivas de agentes educativos ante situaciones y problemas de violencia en contexto de práctica profesional*[4], a la par que incorpora trabajos mas recientes en la misma línea de investigación.

La Tesis se propuso, por un lado, analizar perspectivas y posicionamientos de agentes educativos, trabajadores y trabajadoras de la educación, pertenecientes a dos escuelas secundarias de la región metropolitana, acerca de los problemas de violencia y las intervenciones en contextos escolares. Por otro lado, se buscó aportar a la construcción de conocimiento profesional, experiencias de generación de procesos dialógicos y reflexión colectiva, recogidas en talleres orientados a la reflexión y cambio en el nivel de las prácticas.

[4] Dirigida por la Profesora y Magister Cristina Erausquin y aprobada en noviembre de 2016, El trabajo se enmarcó en el proyecto de investigación UBACyT: "Construcción del conocimiento profesional de psicólogos y profesores de Psicología en sistemas de actividad: desafíos y obstáculos para aprendizaje situado en comunidades de práctica" (2012-2015), y continuó en el proyecto "Apropiación participativa y construcción de sentidos en prácticas de intervención para la inclusión, la calidad y el lazo social: intercambio y desarrollo de herramientas, saberes y experiencias entre psicólogos y otros agentes" (2016-2019), ambos dirigidos por Cristina Erausquin.

Las exploraciones incluyeron cuestionarios y entrevistas en profundidad, junto al desarrollo de registros etnográficos en Talleres de Reflexión sobre la Práctica —diseñados y coordinados por la autora—, los que fueron realizados en cada una de las escuelas en las que se desarrolló el trabajo.

Las indagaciones continuaron luego con estudios situados sobre intervenciones docentes ante violencia en escuelas (Dome, Losada, Méndez, Fajnzyn, Luna, 2017) y posicionamientos docentes ante la conflictividad escolar (Dome, Losada, Glaz y Fajnzyn, 2018), en una de las dos escuelas en las que se desarrolló el trabajo de campo de la Tesis. Las conclusiones de este trabajo se vieron fortalecidas por sus aportes.

Al mismo tiempo, se abrió una línea de indagación sobre violencia simbólica en el dispositivo pedagógico (Erausquin y Dome, 2016, 2017), que se incorpora en este análisis, y posteriormente, sobre desigualdades de género en contextos educativos, tema que se amplía en otros escritos (Dome, 2018, 2019).

El presente libro discute conceptos, releva puntos de vista de agentes en el campo y expone una metodología de trabajo inspirada en el concepto de Laboratorio de Cambio, elaborado por Yrjo Engeström (2007), y utilizada para el diseño y desarrollo de los Talleres de Reflexión sobre la Práctica.

Dicha metodología, que recoge antecedentes teóricos en el método de doble estimulación creado por Vygotsky, fue elaborada por Engeström como base para las intervenciones formativas en el lugar de trabajo, donde la doble estimulación está, sobre todo, dirigida a producir nuevas, expansivas formas de agencia en los sujetos. Se trata de un método que apunta a la génesis de procesos, y se espera que este libro contribuya a la difusión de una herramienta de trabajo participativa. Al respecto, el presente material detalla el diseño de los talleres, comparte los instrumentos de recolección y procesamiento de datos, a la par que analiza lo acontecido en el proceso de investigación-acción en las escuelas.

Los enfoques socio-histórico-culturales inspirados en el pensamiento de L. Vygotsky aportaron, en el plano conceptual, la resignificación de las relaciones entre aprendizaje, desarrollo, educación y trabajo, como un entramado inseparable de procesos personales, interpersonales e institucionales–culturales, dinámicos y cambiantes, de gran heterogeneidad, que se despliegan a través de la participación en comunidades de práctica (Lave y Wenger, 2001) y sistemas de actividad escolares (Engeström, 2001a). A su vez, los conceptos provenientes de teorías psico y socioeducativas (Bleichmar, 2008; Merieu, 2008; Kaplan, 2006, 2013) enriquecieron la comprensión del concepto de "violencia" y su entramado en las relaciones humanas. La articulación recoge su contribución decisiva al requerimiento de bidireccionalidad y retroalimentación entre sujeto y contexto, para una construcción interdisciplinaria entre Psicología y Educación (Coll, 1990).

El objetivo es expandir miradas y ampliar el radio de las acciones, poniendo acento en las prácticas educativas y pedagógicas como productoras de subjetividad, tal como lo planteó Silvia Bleichmar (2008a, 2008b) en sus aportes al campo educativo. El recorrido busca superar la mirada punitivista con la que históricamente se trataron los problemas de violencia y evitar la patologización de las conductas estudiantiles. El foco está puesto en lo pedagógico, en la interagencialidad, en los acuerdos y en el potencial trasformador de la docencia, en tanto tarea colectiva (Terigi, 2012).

Se espera aportar al abordaje de problemas de gran preocupación, en tanto comprometen a subjetividades en desarrollo, en contextos de pugna entre la vulneración de derechos y las prácticas restitutivas.

Nota: Carmen de Patagones

La masacre escolar de Carmen de Patagones fue un incidente ocurrido el 28 de septiembre de 2004 en el Instituto N° 202 "Islas Malvinas" de Carmen de Patagones, al sudoeste de la Provincia de Buenos Aires, Argentina. Un alumno de 15 años, identificado como R.S. y apodado "Junior", disparó con una pistola (perteneciente a su padre) contra sus compañeros de aula en la que compartían el primer año del ciclo Polimodal (educación secundaria).

La masacre comenzó a las 7:35, hora del comienzo de clases. R.S. ingresó al colegio al que concurrían 400 estudiantes aproximadamente, escondiendo una pistola Browning calibre 9 mm (perteneciente a su padre, suboficial de la Prefectura Naval Argentina), otros dos cargadores, y un cuchillo de caza escondidos en un camperón militar.

Ya en el aula 1° B, R.S. se colocó frente a la clase, tomó la pistola, la disparó y la descargó contra sus compañeros de aula sin mediar palabras. Después de vaciar el cargador salió al pasillo. Colocó un segundo cargador e hizo un nuevo disparo, esta vez hacia el kiosquero de la escuela, a quien no alcanzó a herir. Siguió su camino por el pasillo principal de la escuela hasta que uno de sus compañeros de aula, y mejor amigo, se le abalanzó y logró quitarle el arma. Luego de enteradas las autoridades, no se resistió, fue arrestado y trasladado a la ciudad de Bahía Blanca.

La tragedia tuvo la triste distinción de ser la primera masacre escolar —realizada por un solo individuo con un arma de fuego— registrada en América Latina.

Como saldo del ataque fallecieron tres compañeros de aula, de entre 15 y 16 años, más otros cinco heridos. El Presidente de la Nación calificó el episodio como "doloroso" y dispuso dos días de duelo nacional.

En todas las escuelas del país se realizó una jornada de reflexión en la que se leyó una carta enviada por el Ministerio de Educación a todos los establecimientos educativos del país.

Fuente: `https://es.wikipedia.org/wiki/Masacre_escolar_de_Carmen_de_Patagones`

CAPÍTULO I

Sobre la relación violencia–escuela

Violencias en Escuelas: un cambio de enfoque

UNA DE LAS DECISIONES tomadas, al iniciar esta indagación, fue tomar como punto de referencia a las perspectivas de los y las agentes escolares, habilitando sus voces en su polifonía y diversidad. Por ello, no se apuntó aquí a ahondar en la definición de las diferentes vertientes teóricas acerca de la palabra "violencia", sino a delimitar algunas líneas de lectura como recaudo para no naturalizar sus definiciones.

El concepto de violencia siempre ha sido y continúa siendo materia de debate, crítica y reconstrucción en el campo de las ciencias sociales. Y su delimitación en el campo educativo no se halla exenta de dicho diagnóstico. Se trata de un término polisémico que agrupa fenómenos de amplia multiplicidad y diversa naturaleza, y no es posible hallar un concepto unívoco.

La violencia no es un fenómeno preexistente que el concepto nombra, sino que *el concepto violencia es construido a la vez que construye al objeto que designa*: lo que se erige como "violento" y se lo diferencia de lo "no-violento" es una construcción cultural, semántica y política (Observatorio Argentino de Violencia en las Escuelas, 2008).

Debates sobre el concepto "violencia" en contextos educativos

El histórico supuesto de una violencia escolar, concibe a la violencia como intrínseca a las instituciones educativas, casi un atributo de éstas o de la población juvenil que concurre a las mismas. Pero:

> *Es imprescindible realizar primeramente una desagregación del término* "violencia-escolar", *desarmarlo como una unidad de sentido y visibilizar las operaciones semánticas que se producen cuando estos dos términos son enunciados en conjunto.*
>
> *Kaplan, C., 2006a:21-22*

La operación semántica *violencia-escolar*, genera una unidad de sentido arbitraria, que califica y tipifica una violencia específica, asociada a propiedades sustanciales de la escuela. Dicha operación contribuye a la construcción de imágenes y percepciones sobre la escuela y sus agentes, que comúnmente los estigmatizan.

Se comparte con Carina Kaplan (2006, 2009, 2013) la comprensión de la violencia como cualidad relacional, emergente de las relaciones entre las personas y con las instituciones sociales; lo que necesariamente implica al rol de la escuela en tanto contexto que entrelaza (Cole, 1999) disposiciones sociales, culturales, políticas, educativas, emocionales y personales.

En este orden de ideas, también es preciso realizar puntualizaciones críticas acerca del concepto de *bullying* y su sobre-uso, muy extendido en la bibliografía. Bullying es un concepto específico, referido al acoso sistemático que una persona o un grupo de personas efectúan hacia otra persona, por lo general un par (Ortega, Del Rey, Mora-Merchán, 2001).

Un trabajo presentado por López (2013) en el marco de los proyectos UBACyT mencionados en los antecedentes, tuvo el objetivo de identificar las diferencias entre los constructos teóricos "bullying" y "violencias" en las escuelas, señalando las distinciones entre sus marcos de referencia y sus unidades de análisis. La autora reflexiona sobre los usos no problematizados de tales categorías, así como de otros instrumentos conceptuales y metodológicos en relación a dicha temática, y analiza posibles reduccionismos y sus consecuencias en las intervenciones. Señala así que el saber psicoeducativo no es neutral, ni se configura al margen de objetivos estratégicos. El término bullying refiere sólo a una de las formas de violencia interpersonal en los centros educativos, y es importante recordar que en las escuelas existen otros tipos de violencia que deben ser abordados y analizados (Del Rey y Ortega, 2007; Debarbieux y Blaya, 2001).

Sin pretender una definición absoluta, es posible establecer algunos rasgos que aporten a la construcción del problema: se entiende a las violencias como cualidades relacionales, lo que significa concebirlas como propiedades entre las personas y con las instituciones sociales, y como tales, visualizables únicamente en su contexto (Kaplan, 2009).

Se propone hablar de *violencias en plural*, habida cuenta de la imposible neutralidad de las palabras que las nombran y del carácter tentativamente constructivo de las hipótesis que las explican (Kaplan, 2006), y dadas las múltiples formas de aparición con que se presentan a los y las agentes en las instituciones educativas (Erausquin, Dome, Robles, 2012).

Estas formas van desde agresiones físicas y/o verbales entre alumnos como así también entre adultos, o bien dirigidas a alumnos, docentes y personal directivo, acoso y abuso sexual, maltrato institucional, estigmatización y procesos discriminatorios, exclusión socioeducativa, invisivilización de las diferencias (culturales, étnicas, de género, etc.) presentes en la homogeneización del dispositivo pedagógico y la naturalización de las condiciones de desigualdad, entre múltiples formas posibles.

Los ejemplos de esta enumeración no son exhaustivos y provienen de manifestaciones surgidas en las investigaciones UBACyT que fueron marco y antecedente del trabajo de Tesis (Dome, 2016). Invitan a explorar el carácter múltiple, relacional, contextual y cultural de las manifestaciones de violencia en las escuelas, en vez de atribuirlas exclusivamente a variables internas del sujeto o a conductas meramente observables (Erausquin et. al, 2012; Dome, 2015a).

Se sostiene que las manifestaciones de violencia no son una propiedad dada ni una forma de relacionarse exclusiva de determinados sujetos, sino que son una cualidad (Kaplan, 2006), ligada a determinadas condiciones de producción —materiales, simbólicas e institucionales— que participan en la producción de subjetividad (Bleichmar, 2008a, 2013).

Lo dicho no implica considerar a las violencias en las escuelas como originadas únicamente fuera de ellas, como si el contexto extra-escolar hubiera invadido el santuario de la acción civilizadora con que la modernidad representó al designio escolar (Dubet, 1998). El programa institucional moderno, sosteniendo históricamente el ideal pansófico de educar a todos en todo, encerró profundas contradicciones y hoy atraviesa cierto agotamiento, en la forma de crisis de confianza y de lazos sociales de sentido (Castoriadis, 1998).

Dubet y Martuccelli (1998) afirman que la crisis del modelo escolar moderno implica también una crisis de los saberes y conocimientos que regulaban las relaciones de las y los agentes escolares, posibilitando la emergencia de fenómenos de violencia.

En los estudios llevados a cabo por Eric Debarbieux (1996), en Francia, se menciona la importancia de considerar el denominado "efecto establecimiento", concepto que propone al ámbito de la institución y de los sujetos que forman los planteles de los directivos, como el lugar donde se deciden las acciones más significativas, desestimando los determinantes estructurales y externos como única explicación sobre el origen del fenómeno. El "efecto establecimiento" actúa así como variable interviniente y explica un porcentaje importante de los fenómenos de violencia que acontecen entre los alumnos, docentes y/o padres.

Por tales razones, es preciso problematizar los entrelazamientos de las violencias con el proyecto moderno de escolaridad obligatoria y sus contradicciones, incluyendo lo que las relaciones sociales de dominación disponen y habilitan como formas de *violencia simbólica* (Bourdieu y Passeron, 1997). Y el modo en que la escuela produce o reproduce dicha violencia, a través de arbitrios culturales presentados como universales

(Kaplan, 2006). La "violencia simbólica" es aquella en la cual las víctimas desconocen la ilegitimidad de las asimetrías sociales, la consienten como necesaria e invisibilizan la arbitrariedad del ejercicio del poder y la dominación violenta de los victimarios.

Bourdieu afirmó:

> *(...) llamo* desconocimiento *al hecho de reconocer una violencia que se ejerce precisamente en la medida en que uno no la percibe como tal.*
>
> *Bourdieu, P., 2005:24*

Se manifiesta, por ejemplo, en el uso de taxonomías de clasificación de los sujetos, en las prácticas de etiquetamientos o en la negación de las diferencias sociales, culturales y personales.

Estas consideraciones nos indican que

> *(...) no podemos ver a la escuela como mero "recipiente" de la violencia exterior, ni tampoco como la única responsable de lo que ocurre en su interior.*
>
> *Saucedo Ramos, C., 2010:69*

en la medida en que la complejidad de los problemas de violencia torna más difusas e inciertas las fronteras entre "el adentro y el afuera" de las instituciones escolares.

Ello supone que una visión no fragmentada del problema debe considerar, según Debarbieux (2001), tanto el análisis macro como microgenético, subrayando que las causas pueden ser imbricadamente externas como internas, asociadas al grado de organización y desorganización escolar, y los actores no son meros agentes impotentes manipulados por agentes externos (Debarbieux, 2001).

A la vez y dialécticamente, se asume que:

> *Las violencias en las escuelas no son un correlato directo de la desigualdad social y educativa, pero no pueden abordarse independientemente de éstas.*
>
> *Kaplan, C., 2006:14*

Es posible reconocer formas específicas de violencia en las instituciones escolares que, si bien no son un correlato directo de los mecanismos más amplios de desigualdad social y educativa, están íntimamente imbricados desde un punto de vista socio–histórico (Kaplan, 2008). De allí la necesidad de asumir su carácter relacional.

Una educación contra "las violencias"

Este libro retoma las reflexiones de Meirieu (2008) en *Cátedra Abierta del Observatorio de la Violencia Escolar en Argentina*, marco en el cual se conceptualizó la posibilidad de enlazar las manifestaciones de violencia desde un acto pedagógico suficientemente potente como para lograr su *metabolización y reelaboración.* Dicha idea, se desenmarca de concepciones que comprenden a la violencia en escuelas únicamente como problema social y/o de salud pública, cuyos conceptos se sostienen en las definiciones de la OMS. La propuesta es contextualizar al escenario escolar y sus atravesamientos.

Meirieu propone la búsqueda de un acto fundante para una pedagogía contra la violencia, basado no en la prohibición de la expresión que se suscita a través de la violencia, sino en la búsqueda de un medio, de un dispositivo pedagógico para que dicha expresión se realice por la vía de otros registros; es decir, la construcción de un marco ritual estructurante de otras formas de elaboración de los conflictos.

Según Meirieu (2013), una escuela democrática debe enseñar a postergar, a simbolizar y a cooperar. Lo que destaca la necesidad de sostener una mirada educativa sobre los problemas, es decir, de vincular la problemática de las violencias con la trama de relaciones sociales, pedagógicas y vinculares que configuran la actividad escolar, siendo ésta la que muchas veces produce, reproduce o invisibiliza las violencias, o, por el contrario, es capaz de modificar relaciones establecidas y condiciones existentes. Al respecto sostuvo:

> *La escuela es una institución que se construye como un esfuerzo para sorprender a la violencia humana. Es un lugar donde los chicos tienen que descubrir la ley, no construir la ley.*
>
> *Meirieu, Ph., 2008:96*

Dicha ley es fundante de toda relación social y difiere de las reglas y de las normas cambiantes y negociables en el cotidiano escolar: no dañar, no lastimar, no matar. La idea es articulable con la *Ética del Semejante* propuesta por Silvia Bleichmar en su lectura del imperativo categórico kantiano formulado como:

> *Obra como si la máxima de tu acción pudiera convertirse por tu voluntad en una ley universal.*
>
> *Akademie Ausgabe:IV:421*

Bleichmar lo traduce en la síntesis de que la "máxima universal" consiste en no hacerle al otro/a, lo que no quisiéramos que nos hagan a nosotros/as. No se trata de obrar violentamente por miedo a ser castigado, sino por la incorporación de un horizonte ético compartido. Por eso, plantea la necesidad de retomar como desafío histórico la reconstrucción compartida de legalidades como principio educativo (Bleichmar, 2008a), no equiparables a la puesta de límites externos, sino habilitantes de la inclusión social y educativa.

> *Precisamente, el problema de la construcción de legalidades pasa por esto, por la posibilidad de construir un respeto al otro y por la forma en cómo se define el universo del semejante.*

> *(...) Porque nuestra tarea no es ponerle un límite a la violencia, sino construir sujetos capaces de definir los límites de la propia violencia y articular su individualidad con el conjunto. Eso es prevención, en relación al* malestar sobrante.
> *Yo lo he llamado* malestar sobrante, *porque no es sólo el malestar con el que paga cualquier ser humano por estar en la cultura, sino un exceso de malestar producido por la permanente frustración en la cultura, que produce la desigualdad, la inequidad y la mentira. Y que no solamente se da en los excluidos, sino también en los incluidos. Sí, incluso en estos últimos, porque, aunque tienen más, ese más no tiene valor simbólico, produce* deshidratación psíquica, *no culpa, sino vacío de sentido.*
>
> *Bleichmar, S., 2008:33, 61-62*

Si el campo del semejante es acotado y excluyente, se genera la idea de semejante de baja intensidad, es decir, se degrada el reconocimiento del otro/a como sujeto, y, por ende, también se degradan las prácticas de cuidado y respeto entre sujetos. En ese marco, la violencia es efecto de la pérdida de igualdad para el conjunto. Dicha propuesta busca superar la penalización y la criminalización de menores, con las que se ha enfrentado históricamente a las violencias, actos que confunden la constitución de sujetos éticos con sujetos disciplinados. Porque lo que define la "falta de límites" a la violencia humana no es la inseguridad, sino la impunidad en términos de falta de justicia e igualdad. Ello implica volver a afirmar condiciones para el pensamiento, la palabra y el reconocimiento entre semejantes en las instituciones escolares.

Por lo antedicho, es viable sostener que existe cierto consenso acerca de que la escuela no puede permanecer ajena a las violencias, porque su existencia compromete la posibilidad de construir sentidos, educar y aprender (Meirieu, 2008).

Al respecto, Duschatzky y Corea (2002) plantean la importancia de la respuesta de la escuela ante el declive de las instituciones en tiempos de fragmentación social, expulsión y destitución. Para ello elaboran una tipología que da cuenta de tres posiciones de enunciación: la primera posición es la "des-subjetivante", que se refiere a la impotencia de la escuela, expresada básicamente en la resignación y pérdida de confianza sobre los efectos de la acción escolar (disciplinamiento, emancipación o civilización) para con los sujetos.

La segunda posición que interpretan es la de la "resistencia", que lleva a los docentes a posicionarse en formas de representación que no siempre dan cuenta de determinadas mutaciones actuales, sosteniendo categorías que resultaban eficaces en otro momento histórico. Por último, la posición de "invención", supone producir una forma singular de vinculación con los otros y con las instituciones en contextos adversos.

En ese sentido, la última posibilidad puede ampliarse con la idea de Kaplan (2009) acerca de la importancia de hallar alternativas a las perspectivas estigmatizadoras, en tanto que

> *(...) la potencialidad que posee la escuela y sus actores para fomentar prácticas de interacción y civilidad, que tensionen violencias naturalizadas y extendidas de los contextos donde los niños, adolescentes y jóvenes se subjetivan en su cotidianeidad.*
>
> *Kaplan, C., 2009:13*

También Meirieu, a modo congruente y como hipótesis de trabajo, postula que la lucha contra la violencia puede sostenerse en la búsqueda de una actitud pedagógica fundamentada no en la búsqueda de la certeza, sino en la de la precisión, la justicia y la verdad, en pos de superar las relaciones de fuerza entre alumnos y maestros y de los alumnos entre sí. Dicha hipótesis fue puesta a prueba en diversos terrenos y más allá de sus particularidades permite, al igual que los aportes mencionados aquí, poner en el centro al análisis del contexto educativo, sus discursos y prácticas, en la actividad culturalmente mediada en y por la institución escolar, apreciable a través de las voces de los y las agentes escolares. Se configura entonces, como urgencia estratégica y trascendente la construcción de categorías educativas relacionales para el trabajo sobre la violencia escolar y social (Meirieu, 2008).

Un aporte para la construcción de dichas categorías es la metáfora de entramado, que Cazden (2010:62) definió como la tarea de establecer conexiones construyendo desde lo familiar y desbloquear lo extraño. La idea de "entramado" amplía la noción de mediación, para abordar el encuentro entre conocimientos.

"Educar" sería entonces construir entretejidos de lo cotidiano y lo científico, lo particular y lo universal, lo nuevo y lo viejo, lo cercano y lo distante, la familia, el grupo de pares y la escuela, el significado y el sentido. Sostiene así, la idea de las aulas como espacios híbridos para el encuentro entre las mentes (Bruner, 1997, en Cazden, 2010:63). Sin entramado, no hay genuino aprendizaje ni desarrollo subjetivo. Lo educativo se implica en la producción de subjetividad, como sostuvo Bleichmar (2008a, 2013),

Bajo estas consideraciones, el marco epistémico incorpora en el análisis de situaciones-problema de violencias en escuelas, ejes y tramas temáticas que han sido retomados por enfoques socioculturales contemporáneos en el debate sobre la inclusión educativa (Daniels, 2009/2015):

- La relación entre las violencias en las aulas y los desafíos y obstáculos para la educación inclusiva;
- La importancia de la construcción de entornos capaces de sostén emocional-cognitivo de educandos y educadores, a través de procesos de enseñanza y aprendizajes significativos y de genuino sentido para los sujetos de la educación;
- El valor de la justicia y la igualdad en el intercambio de experiencias y la construcción de conocimientos polifónicos y multivocales con equidad participativa;
- La problematización de una educación homogeneizante —el programa institucional moderno—;
- El cuestionamiento del rol original de los Psicólogos Educacionales vinculado a la evaluación de las necesidades educativas especiales

utilizando tests de cociente intelectual, y a la derivación de los niños con dificultades a un sistema especial de educación;

- La escisión entre cognición y emoción, entre aprendizaje y vida, entre persona y contexto, que ha reducido los problemas personales, interpersonales e institucionales de una cultura a problemas situados sólo dentro de la mente de los individuos, desde los orígenes de la Psicología como ciencia moderna.

Las violencias en la investigación educativa

La atención sobre los problemas de violencia en la escuela se inició en la década de los setenta en Europa y EEUU aunque de forma poco sistemática (Furlan 2003; Debarbieux y Blaya, 2001). En los años noventa, comenzó a consolidarse un abordaje más amplio en diversos países, cuyos análisis se enmarcaron en distintos enfoques teóricos, utilizando diferentes instrumentos y procedimientos (Blaya, 2010). Por tal motivo, no nos detendremos en las múltiples definiciones que desde un punto de vista deductivo se establecieron sobre el concepto, ya que las investigaciones han hecho alusión a las violencias en contextos educativos de diferentes maneras. Más bien se presentan las formas relevadas en las principales líneas de investigación, respetando las conceptualizaciones e identificando los enfoques y las tendencias principales en sus resultados.

Se decidió reorganizar un conjunto de investigaciones a partir de la tipología propuesta por Charlot (2002), para distinguir las situaciones de violencia en función de su relación con la institución escolar. Estas categorías y sus criterios de inclusión son:

1. *Las violencias* ***en*** *la escuela.* Aquí se agrupan trabajos que indagaron prácticas violentas que acontecen en el escenario de las instituciones educativas y sus inmediaciones. Comúnmente, incluyen desde irrupciones ajenas a la institución, formas delictivas, agresiones entre estudiantes y el fenómeno del acoso escolar.

También se incluyen los trabajos que indagaron las incivilidades y conflictos de baja intensidad. La mayor parte de las investigaciones centradas en el tema se agrupan dentro de esta categoría.

2. *Las violencias **de** la escuela.* Comprende aquellos estudios que se dirigieron a descubrir formas de ejercicio que aluden tanto al orden disciplinario escolar como a la violencia institucional, las disimetrías de poder, las formas organizativas, el uso de taxonomías y los procesos de estigmatización en las prácticas escolares.

3. *Las violencias **hacia** la escuela.* Aquí se incluyen brevemente las investigaciones que enfocaron prácticas consideradas violentas dirigidas hacia la institución escolar, muchas veces como formas de contestación o resistencia a la misma. El concepto abarca tanto a los ataques contra el patrimonio escolar, como a las pautas de la institución y al personal educativo.

Las categorías propuestas por Charlot (2002) fueron de utilidad para describir posicionamientos diferentes sobre el vínculo violencia-escuela y evaluar sus formas de aparición en las investigaciones sobre el problema. Algunos de los trabajos que se presentan a continuación se vinculan a más de una las tres categorías. La decisión de incluirlas en una u otra se fundamenta en el énfasis puesto en cada investigación, ya que estas formas coexisten, se articulan y establecen vínculos particulares en cada situación.

*Violencias **en** la escuela*

El problema de la violencia en contextos educativos es objeto de numerosas investigaciones, publicaciones, programas de prevención e intervención, congresos y actividades de formación del profesorado (Etxeberría Balerdi, 2001).

El primer estudio sistemático fue realizado en Suecia por Olweus (1973), acerca del fenómeno de acoso escolar. Posteriormente, durante los años ochenta, se observó un crecimiento del interés en el problema, pero es en la década de los noventa cuando surge una serie de investigaciones empíricas sobre la violencia escolar, malos tratos e intimidación entre escolares, financiadas por el Consejo de Europa y la Unión Europea, a través del programa Connect. Una de las redes de investigación fue la red Connect Fr–13, que funcionó bajo la coordinación del equipo francés, creó el Observatorio Europeo de la Violencia Escolar, que continúa funcionando en la actualidad (Blaya, Debarbieux, Rey Alamillo, Ortega Ruiz, 2006:294).

Esta experiencia fue replicada en varios países de Latinoamérica, como Argentina, Perú y Brasil. En nuestro país, se creó en 2004 el Observatorio Argentino de Violencia en las Escuelas, como iniciativa conjunta entre el Ministerio de Educación de la Nación y la Universidad de San Martín.

La línea de investigación desarrollada en los proyectos UBACyT que son antecedente de este libro, aportó trabajos a la red de investigadores creada por dicho Observatorio. El último informe del Observatorio Argentino, titulado *Relevamiento estadístico sobre clima escolar, violencia y conflicto*, fue publicado en 2015. Sus resultados fueron tenidos en cuenta en la investigación que aquí se presenta.

La investigación académica también cuenta con un extenso desarrollo. La línea Psicoeducativa, en sus inicios, se focalizó en los procesos personales e interpersonales implicados en el fenómeno de la agresividad y la victimización, entre los que se destaca el análisis del fenómeno del acoso escolar, conocido como "bullying", traducido al castellano como maltrato entre iguales (Del Rey y Fernández, 2003), o bien llamado acoso entre pares (Observatorio Argentino de Violencia en Escuelas, 2015).

Las líneas precursoras llaman bullying a la situación de una persona o grupo que se dedica al asedio de uno o más estudiantes en forma sistemática. A partir de tales desarrollos fue dándose en Europa, EEUU y Latinoamérica, con enfoques diversos, un creciente interés por el estudio de las prácticas de convivencia escolar, el bullying y la exploración de formas específicas como el ciber–bullying.

La definición más citada por la comunidad científica es la de Dan Olweus, quién acuño el término en 1972 y afirma que:

> *(...) un alumno está siendo maltratado o victimizado cuando está expuesto repetidamente y a lo largo del tiempo a acciones negativas de otro o un grupo de estudiantes.*
>
> *Olweus D., 1999:10*

Las características que definen al bullying son tres: *intencionalidad, persistencia en el tiempo y abuso de poder*, siendo un tipo de violencia específico. Ortega (2002), junto a otros autores/as, propone dos leyes que mantienen el maltrato entre escolares: la "ley del dominio-sumisión" y la "ley del silencio", dando cuenta de las asimetrías de poder entre víctimas y victimarios, y de los fenómenos de complicidad entre los testigos, que dificultan el abordaje por parte de las personas adultas.

Diversas investigaciones derivaron en estudios sobre victimización —con el foco en el proceso psicológico que vive la víctima de la violencia— e intimidación —con foco en el agresor y en el propio concepto de agresividad—. Y si bien existen estudios que construyen perfiles para cada fenómeno, se observa que existen niños y niñas que al tiempo de ser victimizados, también están intimidando a sus compañeros. Por lo tanto, ante cualquier estudio o intervención, es necesario tener en cuenta esta posible dualidad en la implicación de los y las estudiantes (Del Rey, Ortega, 2007).

En todo caso, el acoso entre pares es sólo una de las formas de violencia interpersonal en los centros educativos. Por eso, para analizar los episodios y determinar su naturaleza, es preciso tener en cuenta la relación de poder entre los implicados y la persistencia de los episodios.

En sentido semejante, Debarbieux y Blaya (2001) señalan que en las escuelas existen otros tipos de violencia que deben ser abordados, como la violencia esporádica, violencia de los/as alumnos/as a los/as docentes y de los/as docentes a los alumnos/as. Muchas autorías (Guerin y Hennessy, 2002; Ortega y Mora-Merchán, 2000; Smtih y Pepler Rigby, 2004) proponen distinguir el bullying de la violencia escolar, problema que consideran de mayor diversidad y magnitud.

Diversos trabajos de esta línea se pusieron al servicio de la intervención psicoeducativa a través de su inserción en programas para la convivencia escolar o educación en la convivencia (Ortega, Del Rey y Fernández, 2003; Del Rey, Ortega, 2007), mediación (Munné, M. y Mac–Gragh, P; 2006; Del Rey, R. y Ortega, R; 2001), y asesoramiento entre alumnos (Bonafé–Schmitt, 2002). Todo ellos consisten en gestionar la convivencia entre toda la comunidad educativa, destacando la importancia de la implicación del profesorado, en la medida en que ello incide en la disminución de la frecuencia de las situaciones de violencia (Díaz–Aguado, Martínez y Martín 2004; Ortega y Del Rey, 2003).

En Latinoamérica, en los años noventa, se observa un incremento de la investigación psicoeducativa sobre la violencia en escuelas. La misma fue virando desde una perspectiva individual, centrada en factores psicológicos, hacia un enfoque que incluye aspectos socioculturales (Colombo, 2011). La investigación comenzó a incluir conceptos propios de la línea socioeducativa, en clave de vincularse con la incidencia de factores y/o determinaciones de carácter sociocultural.

Desde el lado de la línea socioeducativa, se trabajó centralmente sobre los conceptos de clima escolar, micro–violencias e incivilidades, considerando la incidencia de factores de tipo social en la generación de los problemas de violencia en las escuelas. Sin embargo, la identificación y denominación de dichos factores ha sido disímil. Se mencionan entre ellos fenómenos tales como la pobreza, las características de la juventud, los fenómenos migratorios, el dispositivo escolar como reproductor socio–cultural (Blaya et al. 2006). Existen además análisis referidos a la influencia de la "mundialización" de la economía en la educación; la dinámica Norte–Sur y el enfrentamiento de las comunidades educativas (Debarbieux, 2003b).

Según Debarbieux y Montoya, (1998) es a partir de los años ochenta que se comenzó a percibir a la violencia escolar como un elemento importado por las poblaciones pobres y marginadas, y se puso el acento en las variables externas a la escuela. Se señalan principalmente a la violencia derivada de la organización social, los medios de comunicación y los modelos violentos que los estudiantes observan, viven y aprenden de su entorno.

La incapacidad del sistema social, y en particular del sistema escolar, para responder a las necesidades educativas de los niños y jóvenes, abocaría a la manifestación de conductas violentas (Vega, 2001; Cerrón, 2000).

Dentro de esta perspectiva se hallan trabajos argentinos referidos al impacto de la violencia social en la escuela, considerada ésta como un prisma y un actor relevante en el proceso de construcción de identidad (Krmpotic y Farré, 2008). Así por ejemplo, un trabajo de Lavena (2002) asume que las fluctuaciones en la frecuencia de los hechos de violencia intra-escolar podrían deberse a las variaciones en las condiciones del entorno y a la porosidad de los límites entre estos dominios. Entre sus conclusiones, se resume que la presencia de las conductas dis-armónicas podría deberse a la pérdida de autoridad del docente y la falla de la escuela en su función de socialización.

Por su parte, el concepto de clima escolar (Bliss, 1993; Blaya, 2001, 2002; Del Rey, 2007) refiere a la calidad general del centro que emerge de las relaciones interpersonales percibidas y experimentadas por los miembros de la comunidad educativa (Blaya et al, 2006: 295).

Cabe destacar que las investigaciones sobre clima escolar llevan más de cien años de existencia, pero sufrieron una aceleración en el último tiempo a causa de las investigaciones en violencia escolar (Debarbieux, 2012). Éstas pusieron de manifiesto que la calidad del clima incide de forma directa en los fenómenos de violencia que se viven en las escuelas, siendo ésta un área de trabajo interdisciplinar.

También existen trabajos latinoamericanos (Muñoz, Lucero, Cornejo, Muñoz y Araya, 2014; Arón y Milicic 1999; Ávalos, 2003; Fernández Díaz, 1994) que destacan retroalimentaciones entre los hechos de violencia y el clima escolar. Se advierte que las escuelas sin currículum inclusivo presentan estereotipos y discriminación por parte de estudiantes y docentes;

mientras que un buen clima escolar redunda en una mejora en el desarrollo personal de los/as alumnos/as, logrando prevenir las situaciones de violencia.

Las líneas de investigación socioeducativa europeas más activas se refieren a las micro-violencias e incivilidades, para nombrar la incidencia de conflictos que emergen producto de la interacción entre los diferentes grupos y que son inciviles porque operan transgrediendo ciertos códigos de la vida social. Diversos trabajos concluyen que los y las estudiantes suelen señalar que el entorno escolar es más seguro que los lugares donde habitan y que en la escuela acontecen conflictos de baja intensidad.

En Argentina, gran parte de los trabajos que retoman la temática de las incivilidades (Kornblit, 2008; Observatorio Argentino de Violencia en las Escuelas, 2006, 2009, 2010; Mutchinick, 2009, Kaplan 2006, 2009), refuerzan la idea de que las mismas son las que inciden en el clima de violencia que se vive en las escuelas, con predominio de manifestaciones de micro-violencias, que contrastan con los hechos de extrema gravedad que suelen difundir los medios de comunicación masiva. Se destacan así,

> *(...) no sólo actos penalizables, sino también un conjunto de victimizaciones más tenues tales como humillaciones, discriminaciones, faltas de respeto, formas de avergonzar, entre otras.*
>
> *Kaplan, C., 2009:25*

Diversos trabajos coinciden en el carácter diverso y multidimensional de las violencias en las escuelas y la implicancia de los procesos de subjetivación (Cuervo Montoya, 2016; Míguez, Gallo y Tomasini, 2015).

Estudios de García y Madriaza en Chile (2005, 2006) proponen que la violencia se halla ligada a la articulación de formaciones socioculturales en el contexto juvenil, que crean y recrean códigos y legalidades subterráneas de difícil traducción en el registro adulto. En sus conclusiones, se destaca que la violencia es producto de la búsqueda de reconocimiento y jerarquización social al interior de los grupos. En el mismo sentido, también el estudio realizado por Barragán y colaboradores (2010, citado en Orozco, et al., 2012) sobre intimidación entre iguales en secundarias en México, concluye que la necesidad de tener una filiación grupal dispone a los estudiantes a ejercer actos intimidatorios y a guardar silencio sobre ellos.

Otra línea de trabajo que visualiza la conflictividad en el aula es desde el ángulo de la pérdida de la autoridad docente, y encuentra factores explicativos en las transformaciones en las relaciones intergeneracionales y los problemas que ello genera en la convivencia y la violencia escolar (Gallo, 2009).

Gabriel Noel (2009), en un artículo producido en el marco del Observatorio Argentino de Violencia en las Escuelas, señala que los niveles de conflictividad y violencia que experimentan las escuelas pueden responder a los desfasajes que genera un proceso de transición, en

> *... donde las viejas formas de regulación entre generaciones empiezan a ser impugnadas y puestas en cuestión, y las nuevas formas no parecen alcanzar aún la eficacia necesaria para ejercer esas regulaciones.*
>
> *Noel, G., 2009:43*

También la pérdida de referentes de legalidad y autoridad fue mencionada entre los trabajos de Duschatzky y Corea, quienes concluyen que

> *La violencia es una búsqueda brutal y desorientada del otro, (dado) el agotamiento de lenguajes que permiten construcciones intersubjetivas con referentes de autoridad, basadas en relación de igualdad ante la ley, producto de un desplazamiento de la promesa del Estado por la promesa del mercado.*
>
> *Duschatzky, S. y Corea, C., 2002:25*

Las investigaciones inscriptas en esta perspectiva advierten que la institución escolar no ha quedado al margen de los procesos de fragmentación, exclusión y desigualdad social sufridos en las últimas décadas.

*Violencias **de** la escuela*

En Francia, si bien las investigaciones se focalizaron históricamente en la indisciplina del alumnado, muy pronto surgió una línea centrada en la violencia institucional.

Ésta puso de relieve que es el propio sistema escolar, reproductor de desigualdades sociales, el responsable en gran medida de la violencia que se vive en las escuelas (Bourdieu y Passeron, 1970; Baudelot y Establet, 1976). Aparecen así nociones ligadas al concepto "de violencia simbólica", tales como el racismo de la inteligencia, y la producción de taxonomías escolares (Bourdieu, 1990), que advierten que los sistemas de clasificación escolar, reorganizan los esquemas de percepción y apreciación, estructurando la práctica escolar cotidiana (Bourdieu y Saint-Martín, 1998).

Esta línea retoma los aportes de Vigilar y Castigar de Foucault (2002), y describe un conjunto de prácticas como micropenalidades, humillaciones y exposiciones en las prácticas que la escuela, como institución disciplinaria moderna, ejerce sobre el alumnado a través de uno de los elementos constitutivos del poder disciplinario: la sanción normalizadora.

Una serie de trabajos que retoman los conceptos foucaultianos de poder, disciplina y micropolítica, tuvieron un reflejo en el estudio de la constitución del orden disciplinario en la escuela (Dubet y Martuccelli, 1998), señalando su rol en la reproducción de formas de violencia simbólica (Dubet, 2002). Esta idea supone que las diversas formas de conflicto y de violencia proceden de varias lógicas

> *... que no se reducen a la invasión de la escuela por la violencia social, sino que también responden a la violencia del mismo sistema escolar, violencia que procede de la paradoja de una*

> *escuela masificada que se define, a la vez, como democrática y meritocracia.*
>
> *Dubet, F., 1998:19*

También se incluyen aquí el estudio de las prácticas de humillación que los docentes ejercen sobre los alumnos, centro del análisis del trabajo de Merle (2005) y Dubet (2005a), quienes sostienen que estas prácticas son un fenómeno extendido. Trabajos más actuales proponen una mirada que combine la perspectiva de los sujetos con dimensiones estructurales (Chávez, 2014), con especial énfasis en las problemáticas de inclusión educativa (Andújar y Rosoli 2014; Blanco, 2014) y atención a la diversidad (Pacheco Salazar, 2015).

En Latinoamérica existen diversas investigaciones que vinculan los problemas de violencia a la noción de disciplina, indagando la constitución del orden disciplinario en la escuela (Furlán, Saucedo-Ramos y Lara-García, 2004). A diferencia del supuesto que vincula la hostilidad gestada al interior de las escuelas a la falta de vigilancia y aplicación de las normas, señalan que la violencia se presenta con mayor probabilidad cuando predominan formas disciplinarias rígidas como principales formas de control (Ortega Salazar, 2010).

Un trabajo destacado es el de Gómez Nashiki, en México (1996, 2005) que, con una perspectiva etnográfica, define que la escuela y su cultura institucional promueven relaciones discriminatorias y productoras de violencia, que residen en la regulación del poder del espacio áulico y en las estructuras y reglas de la institución. Al respecto destaca una constante: las normas tendientes a mantener el orden y la disciplina, la concentración del poder y la autoridad, descansan en la figura del maestro. Los desafíos a su autoridad (por medio de la broma o el relajo) son sólo momentáneos y el docente reasume el control en forma instantánea. Resalta así una continua contradicción entre una demanda de orden y una oferta de violencia por parte de la escuela.

Con enfoque similar caben mencionar algunos de los estudios de Batallán (2003, 2004), que resaltan el rol de los mandatos de poder institucionales que, impuestos al rol docente, se implican en la producción de los problemas de violencia.

Narodowski (1993) planteó dar cuenta de los discursos y prácticas punitivas de los dispositivos disciplinarios de escuelas secundarias. Las principales conclusiones dan cuenta de la dimensión productiva del sistema de amonestaciones; aun sin evidencias de que el mismo elimine la indisciplina. Entre los principales motivos de sanción se destacan las faltas de respeto, con mayor número de amonestaciones cuando el destinatario de la agresión ocupa un rol de mayor jerarquía. Las sanciones relativas al aprendizaje o al estudio son significativamente bajas.

Conclusiones similares se desprenden del trabajo de Sús (2005) que se ocupa del problema de la transformación de los modelos disciplinarios en los de convivencia, concluyendo que el viejo modelo basado en la disciplina no fue aún superado, y se suele apelar a él por medio de prácticas autoritarias, disimuladas por una discursividad democratizadora. En estos casos, la disciplina deja de ser una ley que rige para todos por igual, y lo que hay son prácticas de disciplinamiento que unos ejercen sobre otros.

En Argentina, también sobre el orden disciplinario, se destacan los trabajos de Puiggrós (1990) sobre la historia de la disciplina escolar y los estudios de Tiramonti (1993, 2004) sobre las experiencias de Consejos de Escuelas en el Gran Buenos Aires.

Estos trabajos advierten que las formas disciplinarias rígidas, aún vigentes, no aportan soluciones fructíferas a los problemas de violencia. Tiramonti sostiene que

> *La pérdida del referente universal de las escuelas ha transformado a estas últimas en un espacio donde se confrontan diferentes concepciones del orden.*
>
> *Tiramonti, G., 2004:31*

dando lugar a diversos conflictos.

En el mismo sentido, una investigación sobre reglamentos de convivencia de las escuelas públicas, a cargo de Inés Dussel, concluye que una de las principales dificultades en la resolución de la conflictividad, reside en el hecho de que operó un desplazamiento del discurso político-jurídico a un discurso psicológico-individual que tiene que ver con corrimientos de época, hacia la individualización y la hiper-responsabilización del individuo (Dussel, 2006:34).

Los trabajos mencionados han puesto el foco en el propio sistema escolar como productor y/o reproductor de las manifestaciones de violencia, aunque, como se lee, los cuestionamientos a los regímenes disciplinarios escolares parten de diversas caracterizaciones.

✳ *Violencias **hacia** la escuela*

Dubet (1998, 2005b) identifica tres tipos de reacciones como formas de violencia anti-escolar. La primera reacción es de retiro: el alumno sale de la escuela evitando el juicio escolar. La segunda reacción consiste en una suerte de boicot por parte de los alumnos, que no se involucran en las tareas escolares. La tercera es la que podría considerarse violencia anti-escolar propiamente dicha, ya que es una respuesta frontal y agresiva tanto hacia los maestros como hacia los directivos. Según señala el autor, este tipo de violencia es uno de las más fuertes, porque no reposa sobre ninguna crítica a la escuela, sino que permanece cerrado en sus propios juicios.

En cambio, uno de los trabajos pioneros, *Aprendiendo a Trabajar,* de Willis (1988), descubre como los estudiantes hijos de obreros originan prácticas contestatarias a la cultura escolar dominante. Estas formas no implican necesariamente la construcción de una contracultura, ya que muchas veces mantienen intactas las estructuras de poder. Pero al igual que Dubet (2005a), examina las formas de imposición arbitraria de la violencia simbólica a través de la cultura escolar. Los trabajos de Willis y Dubet permiten advertir que entre las violencias **de** y **hacia** la escuela, existen relaciones y retroalimentaciones.

Debarbieux menciona los trabajos del sociólogo Testánière (1968), que descubren diversos tipos de desorden escolar. Según Debarbieux (1999), esta forma de violencia consiste en robos perpetuados a las instituciones escolares o al personal de la misma, las roturas de edificio, la destrucción de documentos y material didáctico. Si bien señala que se trata de una forma de resistencia juvenil a las normas dominantes, su carácter más que contestatario es depredador, y su principal sentido es la destrucción del otro.

Otras investigaciones se centran en los comportamientos de los estudiantes que implican prácticas de contestación, rebeldía o disputa contra la cultura de la institución o sus autoridades. En ese caso, se visualiza una interpretación distinta del accionar estudiantil.

El estudio de corte etnográfico de Levinson (1998) en EEUU, contempla una conceptualización amplia de la violencia, que abarca desde prácticas de transgresión hasta formas de discriminación dentro del espacio escolar, razón por la que opta por utilizar el término "incumplimiento" (Levinson, 1998) como práctica deliberada de oposición a la cultura escolar.

El trabajo de Eckert (1989; citado en Levinson, 1998) estudió las dinámicas en función de clase social en una escuela de Detroit. Los denominados "*jocks*", (adolescentes de las clases medias) se incluían naturalmente en las actividades escolares; mientras que los "*burnouts*" (de las clases obreras) cuestionaban la autoridad de los docentes y ocupaban los espacios marginales de la escuela. Dicha acción fue vinculada a sus redes sociales fuera del colegio, las que no poseían estructuras competitivas (Levinson, 1998).

Por su parte, los estudios de Baudelot y Establet (1976) en Francia, entienden a las resistencias de los alumnos obreros como un componente dentro de la lucha social y de clases. En este caso, las acciones se visualizaron como forma de resistencia, y aunque sus formas son espontáneas, su acción es eminentemente política.

Entre los trabajos latinoamericanos destacamos el de Palacios Abreu (2001) que analiza el fenómeno del porrismo en México. Se trata de prácticas violentas por parte de jóvenes, cuyo origen data de los años setenta, cuando se constituyeron grupos de choque contra los estudiantes altamente organizados y politizados. En la actualidad, el fenómeno fue mutando y su accionar obstaculiza la vida estudiantil mediante actos de vandalismo, asalto, extorsión y golpizas a cambio de beneficios económicos. El autor señala que aparece como una forma de cultura local, coexistente con la cultura escolar, donde se construyen formas de identidad específicas. En tanto micro-cultura, en algunos sectores urbanos populares, juega un rol en la socialización de los jóvenes excluidos.

En Argentina fue muy citado el estudio elaborado por la Dirección General de Planeamiento de la Secretaría de Educación de la Ciudad de Buenos Aires y coordinado por Débora Kantor (2000), que se centró en las experiencias institucionales sobre convivencia y disciplina, con la metodología de estudio de casos, en cinco escuelas del nivel medio de la Ciudad de Buenos Aires. Allí se hace referencia a la disrupción en el aula, que refiere a un conjunto de acciones tales como golpear los bancos, arrojar objetos, emitir ruidos mientras el profesor explica, retirarse del aula sin autorización, así como a daños materiales sobre la infraestructura y el mobiliario de la institución. Estas escenas remiten a la imposibilidad de sostener la dinámica de una situación de enseñanza. Y constituyen una agresión lisa y llana, un franco ataque a la institución (Kantor, 2000:45).

Sobre esta forma particular de violencia, Dubet (2005a) indica que también su origen se vincula con la propia escuela. Señala que la violencia anti-escolar implica no aceptar que la escuela jerarquiza, selecciona y ordena a los alumnos. En ese sentido, la humillación y el desprecio hacia los alumnos des-jerarquizados es una de las razones que más fuertemente se encuentra detrás de esta forma de violencia.

 *Sobre las perspectivas de agentes escolares*

Hay una serie de estudios que eligieron como unidad de análisis a las percepciones, representaciones, prácticas y/o procedimientos de las y los agentes educativos en contexto de práctica profesional ante las violencias en las escuelas. Estas unidades de análisis se agrupan aquí bajo la denominación amplia de *perspectivas*, en tanto nos informan específicamente sobre puntos de vista y posicionamientos, tema de central interés en el presente libro.

A diferencia de las investigaciones que se centraron en la violencia como objeto/problema directo de estudio, las investigaciones sobre esta temática son menos numerosas. La indagación de cómo los y las agentes enfocan, entienden, representan, actúan y/o intervienen ante los problemas de violencia en su contexto de práctica, se encuentra comparativamente menos desarrollada. No obstante, un relevamiento hará posible identificar las tendencias principales en los enfoques y las conclusiones elaboradas por los distintos trabajos.

Trabajos pertenecientes a distintas líneas de investigación en Argentina, nos permiten ver algunas semejanzas en las representaciones, percepciones y/o conceptualizaciones de las y los agentes educativos, que consisten en situar, explícita o implícitamente, causas y orígenes de las violencias en el contexto externo y/o previo a la escuela.

Así por ejemplo, una investigación sobre desigualdad, violencias y escuela (Richter, 2010) aborda lo que edifican los docentes acerca de los estudiantes, en clave de vincularlo con sus representaciones sobre violencia en la escuela, señalando que los docentes suelen edificar la alteridad de los estudiantes, teniendo en cuenta principalmente variables de origen socioeconómico, de la institución de procedencia y de la vestimenta de los alumnos.

Otro trabajo (Di Leo, 2011) indaga categorías emergentes de los discursos y prácticas de docentes y directivos, que atribuyen causas de la violencia a factores externos a la escuela: falta de códigos, crisis/abandono familiar y/o vulnerabilidad social; y señalan su deber de recuperar su capacidad para sancionar y fijar límites.

Otras investigaciones señalan además una tendencia a la "externalización" de responsabilidades y derivación de problemas. Un estudio sobre escuela y violencia (Otero, 2000) señala que las y los agentes escolares suelen derivar los problemas de conducta y aprendizaje a gabinetes de orientación; y a juzgados de paz y centros de salud, los vinculados a la violencia, maltrato y abuso.

Un trabajo sobre percepción de la "violencia entre pares" (Veccia, Calzada y Grisolia, 2008) infiere una tendencia a la naturalización de la misma y una dificultad de los docentes para implicarse en el problema, puesto que prima la percepción de la escuela como depositaria de los aspectos sociales negativos. Se destaca la conversación como recurso de los docentes, aunque prima la pasividad en su rol.

En investigaciones en países latinoamericanos, numerosos estudios ubican una tendencia semejante a la hora de ver las violencias como algo que está en los otros (Arias y col., 2012). Ello redundaría en la derivación y expulsión de "niños–problema", retroalimentando un ciclo de exclusión escolar. Esto queda documentado en trabajos como el de Nail Kosher, Gajardo y Muñoz (2012), y en estudios que señalan a tal concepción como obturadora de cambios (López y Ascorra, 2012).

Otra serie de trabajos advierte características positivas de la participación de las y los agentes educativos, principalmente a través de la visualización de los recursos que emplean. Una exploración iniciada en el 2007, sobre "concepciones de los docentes" de escuelas primarias en CABA (Colombo, 2011), concluye que los docentes encuentran recursos propios e institucionales desde su quehacer cotidiano para prevenir situaciones de violencia escolar, e implementan estrategias basadas en su sentido común y una conciencia crítica.

Una investigación sobre la construcción de criterios de justicia para la resolución de conflictos intersubjetivos, en clases de educación física de nivel inicial (Gómez, 2010), analiza interacciones y secuencias de acción de los protagonistas de los conflictos, distinguiendo diversas secuencias psicogenéticas de construcción de criterios de justicias en las intervenciones realizadas por los docentes durante la resolución de conflictos.

Estudios que indagan concepciones docentes y estudiantiles en dos escuelas del Gran Bs. As., (Krmpotic, Farré, 2008) destacan variaciones en las concepciones de los docentes y directivos de ambos establecimientos, y que en cuanto a las intervenciones, la opción "hablarlo en clase" fue la más elegida y "derivado al gabinete o a una escuela especial, sin tener muy claro los motivos" fue la menos elegida, dando cuenta de una actuación en primera persona.

Una investigación en la provincia de Córdoba (Paulin y otros, 2011) sobre concepciones de directivos, destaca que los directivos ensayan argumentaciones para explicar las intervenciones y refieren a acciones consistentes en aplicar sanciones y un proceso posterior de diálogo, para que el alumno reconozca, recapacite, tome conciencia. Concluye que un punto crítico reside en la fragmentación del marco explicativo de los directivos, en quienes opera más un conocimiento práctico que proposicional o académico.

En cambio, en trabajos presentados desde el proyecto de investigación que integra el presente libro, se advirtió que la mayoría de agentes escolares entrevistados/as (todos/as con especialización en Psicología) manifestaban implicación en la resolución de problemas (Erausquin, et. al., 2010) y una tendencia a visualizar formas de violencia "intraescolar" (Erausquin et. alt., 2012), resultados que se diferencian de la tendencia a la derivación de problemas y responsabilidades.

Una investigación realizada por María José Néspolo (2018, 2019) destacó los "nudos críticos" de la formación docente, centrados en la escasa visualización de la trama institucional en las que se inscriben sus prácticas, con baja inclusión de una planificación estratégica, construida colaborativamente, entre pares.

Al respecto, en el trabajo titulado "Aprendizajes en la práctica docente sobre convivencia y autoridad pedagógica" (Néspolo, 2018) logró retratar un trabajo en tramas relacionales, a partir del debate colectivo en talleres con docentes, que redundó en articulaciones que los y las agentes escolares fueron elaborando como reflexiones, propuestas en cuanto a la actividad y a los motivos, intenciones, e instrumentalidades.

La reflexión sobre situaciones-problema de convivencia escolar permitió re-visualizar modelos de actividad en redes sociales de aprendizaje o zonas de construcción social de significados; creando dispositivos y herramientas de re-conceptualización y andamiaje de su experiencia. En ese marco, se destaca la apuesta a que los y las docentes sean visualidos/as como sujetos activos, habilitantes y habilitados/as, emancipadores emancipados/as, autorizantes y autorizados/as, para la construcción y creación de su propia práctica, del saber sobre la misma, y de las potencialidades de trabajo co-implicado y transformador de la realidad social, que debe ser facilitado intencionalmente.

Un posicionamiento

Se considera que los problemas de violencia dependen en gran medida de cómo son decodificados e interpretados, lo que a su vez depende de condiciones socio históricas determinadas (Debarbieux, 1996). Se destaca así la necesidad de la problematización y re-construcción crítica del concepto (Castorina, Kaplan, 2006) puesto que:

> *En la práctica social no existe la palabra neutra como tal, definida unívocamente por el diccionario, sino palabras inmersas en significados sociales.*
>
> *Bourdieu, P., 1994:30*

En tanto la violencia es algo más que una palabra, se torna necesario indagar sobre los sentidos explícitos e implícitos del nombramiento de ésta en los espacios escolares, a través de las voces y perspectivas de los y las agentes educativos/as.

En la presente indagación, el foco estuvo puesto en la comprensión del punto de vista de los y las trabajadores/as de la educación, en recuperar sus voces a la hora de analizar las formas visualizadas de la violencia en el espacio escolar. El interés se centra en el modo en que agentes educativos problematizan las situaciones de violencia en la escuela y las intervenciones realizadas, sosteniendo la pregunta por el rol de lo educativo y su vinculación con otras agencias, a nivel de sus perspectivas.

Para ello, se parte de considerar que

> *(...) los objetos del mundo social (...) pueden ser percibidos y expresados de diferentes maneras, porque siempre portan una parte de indeterminación y de imprecisión y, al mismo tiempo, un cierto grado de elasticidad semántica. Este elemento objetivo de incertidumbre —que es a menudo reforzado por el efecto de categorización, cubriendo la misma palabra prácticas diferentes— provee una base a la pluralidad de puntos de vista; y al mismo tiempo, una base para luchas simbólicas por el poder de producir y de imponer la visión del mundo legítima.*
>
> *Bourdieu, P., 1987:136-137*

La mutación y variación en los sentidos sobre lo que es considerado violento o no, puede estar ligado a cambios valorativos generados por las transformaciones en las formas de socialización, por las dinámicas organizacionales y la división del trabajo, como así también a las diferentes formas de agencia y participación (Rogoff, 1997) de los y las agentes en los espacios escolares.

Respecto de las prácticas discursivas y la construcción del espacio escolar, los esquemas de percepción y de apreciación, especialmente los que están inscriptos en el lenguaje, expresan el estado de las relaciones de poder simbólico (Bourdieu, 1988). Los significados no pueden interpretarse al margen de los sujetos y su contexto, lo que habilita ciertos juicios a la vez que inhabilita otros. Ello conduce a considerar la importancia del análisis de las prácticas discursivas sobre la violencia en los espacios escolares, recuperando aportes centrales de Vigotsky (1995), para quién el significado constituye una unidad de análisis de la conciencia, en tanto da cuenta de la relación entre experiencias y conceptos, entre participación social, apropiación, significación y construcción de sentido.

CAPÍTULO 2

La escuela como contexto de práctica y construcción de conocimientos

LA PRÁCTICA EDUCATIVA, entendida como actividad cultural y situada al interior de un contexto compartido, se aleja notablemente de la oposición dualista dominante en la psicología tradicional, en la que predomina la separación entre persona y mundo. El contexto emerge como integrante de la interacción y no como mero escenario (Cole, 1999), siendo producido por las personas y a la vez constituyente de las prácticas que en éste tienen lugar.

Desde este punto de vista, las prácticas educativas son un conjunto de acciones y tareas que se crean interactivamente, y que son modificadas y reconfiguradas a través del uso de artefactos culturales y su disposición. Incluyen así tanto a los sistemas de significados incorporados en las acciones materiales como a la experiencia concreta, pensamiento en acción y conocimiento práctico, que estructuran el patrimonio–repertorio de recursos intrínsecos a determinada comunidad (Wenger, 2001).

 *Comunidades de práctica y participación en culturas escolares*

La concepción de práctica educativa, como fuera expresada, incluye el concepto de "comunidades de práctica" (Lave y Wenger, 2001), se centra en las personas, en lo que hacen conjuntamente y en los recursos de la cultura que utilizan y generan a partir de experiencias en común.

La noción de comunidad refiere a que, en el proceso de funcionamiento de las prácticas escolares, se construyen significaciones compartidas acerca de ellas. Así, los actos propios de la actividad escolar son observados a la luz de la co-construcción de significados, que sitúan a la intersubjetividad en el despliegue de las prácticas en el contexto. Las comunidades educativas construyen discursivamente visiones compartidas en torno a sus principales tareas, lo que remite a la existencia de una realidad dialógica y narrativa (Bruner, 1990, 2009), en tanto interconexión de acontecimientos, recursos y acciones en el tiempo. El conocimiento es emergente de construcciones dialógicas ante las tareas, soluciones de conflictos e innovaciones en las interacciones cotidianas, no siempre transparentes para los propios actores.

La noción de "cognición distribuida" conceptualiza a las funciones cognitivas específicas y mediadas como parte de la naturaleza distribuida de las actividades y los recursos, al interior de sistemas de interacción (Salomon, 2001). La noción promueve la superación de los modelos psicológicos centrados en la separación mente-contexto y cognición-práctica. El enfoque de la cognición distribuida considera a la cultura como un conjunto de recursos disponibles para los actores, compuesto por artefactos, que implican producción conjunta y construcción dinámica del conocimiento, y por ello son derivados de y constituyen el repertorio de prácticas existentes en las organizaciones. El contexto cultural se expresa como el lugar-dimensión donde la mente sociocultural se articula por medio de artefactos y significados entrelazados, que entretejen acciones humanas como parte de acontecimientos sociales dinámicos.

Ello permite abordar a los contextos escolares como lugares de aprendizaje organizativo, en los que los y las agentes desarrollan prácticas interactivas en dinámicas de mediación cultural para el abordaje de problemas complejos, incluidos los de violencia.

El aprendizaje comprende, entonces, procesos creativos de conocimiento y de implicación social, activados por medio de situaciones, problemas y redes de relaciones interpersonales.

Para profundizar tales consideraciones, es necesario enfocar a la cultura como el *medium* entre lo subjetivo y las redes de significado compartidas (Cole, 1999). Las organizaciones escolares construyen y son parte de una cultura escolar (Rockwell, 1997, 2010), que les es propia y específica, en el sentido del proceso de co–construcción que tiene lugar entre los sujetos, los significados y los usos de las herramientas culturales que ingresan al espacio escolar.

Situar el conocimiento en el contexto cotidiano, distribuido al interior de las comunidades y objetivado en artefactos culturales y procedimientos, permite abordar la interrelación entre aprendizaje, comunicación y trabajo. El vínculo entre aprender y trabajar (Scribner, 2002) destaca que el conocimiento y la resolución de problemas se encuentran relacionados en la cotidianeidad escolar, como recursos fundamentales para la acción formativa docente y profesional.

Al respecto, cabe destacar que a la teoría de la comunidad de prácticas (Wenger, 1998, 2001) se le reconoce haber desplazado el concepto de "adquisición" con el de "participación", como metáfora clave del aprendizaje (Engeström, 2007), ya que la participación es la acción a través de la cual el conocimiento se encuentra interconectado en el contexto. Son las comunidades de práctica entonces, los lugares sociales en los que, por medio de diversos niveles y formas de participación, se desarrollan las competencias personales y colectivas, que son vitales a la hora de intervenir ante las violencias. El aprendizaje en situación deja de verse como un proceso fragmentario, para entenderse como el cambio en los modos de participación en los contextos culturales cotidianos.

El aprendizaje en la práctica se origina en las formas de participación, mediadas por la diversidad de puntos de vista de los y las co–participantes.

Requiere a la vez desarrollar conocimientos que orienten la actividad y permitan su continuidad, con aspectos implícitos y explícitos, como el lenguaje, los documentos, los instrumentos, las imágenes y los roles definidos, así como las relaciones, las convenciones y las normas no escritas (guiones) de la misma práctica.

En ese sentido se trata de enriquecer el análisis con la idea de apropiación como contrapeso al concepto de socialización, en tanto no se trata de una inclusión progresiva de un individuo aislado a determinado medio social, sino de la relación activa entre el sujeto particular —eminentemente social— y la multiplicidad de recursos y usos culturales objetivados en su contexto inmediato. Como los sujetos se enfrentan siempre a tareas nuevas, deben aprender nuevos sistemas de usos y elaborar modelos de comportamiento paralelos y alternativos (Rockwell, 1997). Y son apropiables sólo aquellos aspectos de la cultura efectivamente objetivados en el contexto inmediato, lo que nunca representa la cultura acumulada por una sociedad.

Tales ideas no separan acción y pensamiento y vinculan formas colectivas y culturales de la actividad, siempre locales, conflictivas y significativas. Los conocimientos de los y las agentes, incluso aquellos indagados en forma individual, se reconocen como fenómenos integrantes de la realización de acciones con sentido y significado para los mismos. Dicha episteme permite enfocar la naturaleza mediada y genética de los procesos de construcción de conocimientos de agentes educativos en contextos reales.

Este recorrido supone un cambio de paradigmas y metáforas en la comprensión de los procesos de aprendizaje, que Paul Pintrich (1994) señaló como *"giro contextualista o situacional"*. Dicho giro, ha puesto en cuestión explicaciones centradas en el individuo como unidad de análisis de la explicación psicológica. El paradigma situacional considera que el individuo, como punto de partida de la explicación psicológica, es un supuesto o mito de las perspectivas modernas, que juzgan aquello que parecen constatar en el nivel de lo percibido; pero tal constatación posee una naturaleza que radica en una unidad mayor. El paradigma contextualista (Baquero, 2002) señala que la situación–problema no opera como un contexto externo que rodea, condiciona, acelera o enlentece un proceso de aprendizaje, sino que el desarrollo y el aprendizaje, se producen en situación y es ella la que los explica; aunque sus efectos puedan constatarse en los sujetos. Esto no implica suprimir la singularidad de los sujetos, sino que la posibilidad de producir singularidades o de procurar neutralizarlas es también efecto de las situaciones, que son siempre únicas y cambiantes. Por tal motivo, es necesario considerar al contexto socio-histórico-cultural situado en las propias instituciones educativas como estructurante del conocimiento-acción profesional ante las violencias en escuelas.

Reflexión sobre la práctica y cambio conceptual

Según indagaciones en las investigaciones marco, las y los agentes educativos proporcionan constantemente una valoración —implícita o explícita— sobre las situaciones de violencia que emergen en sus contextos de práctica (Dome, 2015). A partir de su reconocimiento como agentes activos en los procesos educativos, proponemos reflexionar sobre los posicionamientos e intervenciones que cotidianamente enfrentan la conflictividad, la disruptividad y las violencias en los contextos educativos.

En las respuestas a la demanda del trabajo en contextos escolares, los y las agentes articulan propósitos, representaciones e intenciones en las relaciones que establecen con docentes, alumnos/as, directivos/as y agentes de crianza; construyendo significados y sentidos que se resignifican y negocian con otros/as agentes de la comunidad educativa. Utilizan y transforman artefactos culturales, herramientas y dispositivos del escenario escolar, a través de procesos de internalización y externalización que se despliegan en sistemas sociales de actividad, con tensiones y conflictos, que en ocasiones configuran oportunidad para el cambio, y en otras, para el enquistamiento reproductivo del sistema (Erausquin et. al., 2012).

Se considera que el conocimiento profesional supone la transformación de los distintos tipos de conocimiento de los sujetos, tanto de sus experiencias personales, sus formaciones académicas y sus prácticas profesionales cotidianas.

Schön (1992, 1998), a partir de su crítica a la racionalidad técnica en el mundo contemporáneo, ha creado la figura del "profesional reflexivo", dando especial relevancia al proceso de revisión crítica de sus pensamientos y acciones, como un camino para mejorar su práctica. La racionalidad técnica implica un aplicacionismo unidireccional, de la teoría a la práctica, que no alcanza a explicar cabalmente el proceso real de razonamiento práctico que los profesionales utilizan en el desempeño de su labor, presentando una visión estrecha, instrumental y rígida de los mismos.

Desde la perspectiva del profesional reflexivo, la actividad del profesional se da en situaciones sociales de gran complejidad, ambigüedad e incertidumbre, que no pueden resolverse por la mera aplicación de conocimientos técnico-científicos, ya que los problemas no aparecen bien delimitados ni claramente definidos. Para Schön, en un prácticum reflexivo, el profesional en acción se acerca al problema como un caso único, y el contexto en el que debe resolverse es percibido como una situación singular con características únicas, complejas, cambiantes, inciertas y ambiguas, que no pueden ser resueltas por una aplicación determinada. El conocimiento profesional no es anterior a la acción, sino que reside en ella. El conocimiento tácito no predetermina la acción; es conocimiento en la acción, se revela a través de ella. A efectos heurísticos, Schön (1992, 1998) distingue tres componentes: conocimiento en la acción, reflexión en la acción y reflexión sobre la reflexión en la acción.

Schön (1998) caracteriza la construcción del conocimiento del práctico reflexivo como un proceso que posee tres fases diferenciadas. La primera fase se activa cuando se toma conciencia de que, en una situación determinada, el conocimiento que se está aplicando (conocimiento en la acción) no es suficiente por sí mismo para dar cuenta de la situación. Se trata de una experiencia de sorpresa, una sensación de incomodidad que da inicio a lo que él denomina reflexión en la acción. En la segunda fase, se lleva a cabo un análisis y revisión de los sentimientos y conocimientos activados; se produce una contrastación del conocimiento disponible a través de la elaboración de comprensiones específicas durante el propio proceso de actuación. En la tercera fase, se construye una nueva visión o perspectiva de la situación en términos de aprendizaje o transformación de perspectivas; momento en que se reconfiguran los significados e ideas previas, adoptando un nuevo marco al restablecer el equilibrio inicial cuestionado en las fases anteriores.

Así, aunque la identificación del problema es una condición necesaria para la solución técnica del mismo, lo central es el proceso reflexivo mediante el cual interactivamente nombramos las cosas sobre las que nos vamos a detener y enmarcamos el escenario dentro del que nos vamos a mover (Schön, 1992:40). La primera tarea del profesor es la construcción relacional del problema, aclarar lo que ocurre a su alrededor, identificando los términos de la situación desde su propia perspectiva personal.

La función del docente como profesional ante situaciones complejas de la vida escolar, vinculadas a la conflictividad y a la violencia, se concibe desde este enfoque como la construcción de tareas que involucran decisiones ético-políticas y no meramente técnicas. Al entender a la práctica reflexiva como un proceso dialéctico de generación de práctica a partir de la teoría, y de teoría a partir de la práctica, elaborando una respuesta singular, es posible deslindar al conocimiento de ciertos reduccionismos que lo ubican en un espacio exclusivamente lógico o representacional. A la vez, constituye una búsqueda para superar la base de sentido común y la fragmentación del saber proposicional/académico respecto de los problemas de violencia que, según pudimos ver en diversas investigaciones, atraviesa la experiencia de diversos agentes.

La reflexión sobre la práctica, cuya búsqueda fue suscitada a través de talleres con docentes, directivos/as y otros/as agentes escolares, constituyó una categoría de indagación que se desarrolla en los siguientes capítulos, a partir de la experiencia en las dos escuelas en las que se desarrolló el trabajo de campo.

Por su parte, María José Rodrigo conceptualizó la integración que realiza el sujeto de la información proveniente de la tarea o situación a través de la noción de "Modelos Mentales" (Rodrigo, Rodríguez y Marrero,

1993). Éstos serían construcciones apropiadas para el recorte, análisis y resolución de problemas de la práctica profesional.

Al referirse concretamente a formas que asume la cognición social, constituye una categoría de interés para abordar la actuación de agentes escolares ante los problemas de violencia. Los Modelos Mentales son una representación dinámica y temporal, basada en teorías implícitas activadas por características de la actividad que se debe enfrentar (Rodrigo y Arnay 1997; Rodrigo y Correa, 2001). Son construcciones conscientes y explícitas en sus contenidos, pero su origen depende de teorías implícitas y creencias. Las modelizaciones responden a las demandas concretas de cada escenario, ya que las personas construyen sus teorías sobre la realidad a partir de una multitud de experiencias personales obtenidas en los episodios de contacto con prácticas y formatos de interacción social.

Para Rodrigo (1994), la construcción del conocimiento social no es homogénea, ni ordenada en secuencias de transformaciones exclusivamente lógicas; es semántica, experiencial, episódica y personal. En la medida en que nos interesamos por las construcciones de significados que las y los agentes realizan sobre sus prácticas ante problemas de violencia, apuntamos por esta vía a explorar una síntesis realizada por las personas, de experiencias frente a demandas de la tarea, intenciones en relación con objetos, conocimientos y creencias, y efectos del intercambio y negociación con otros actores (Rodrigo y Correa, 1999).

Describir a las escuelas a partir de la noción de "Sistemas de Actividad dirigidos a objetos/objetivos" (Engeström, 1987, 2001a), enriquece el análisis de los Modelos Mentales de Situación que las y los agentes construyen a través de su participación en contextos de práctica profesional.

Superando los enfoques cognitivos clásicos, la construcción de Modelos Mentales Situacionales se comprenden como un proceso flexible, sujeto a cambios generados por la participación y negociación de objetivos en las acciones colectivas (Rodrigo et. al., 1999). Son construcciones mediadas por artefactos y significaciones, desarrolladas en procesos de inserción y transformación de la participación del sujeto en comunidades de práctica, y por lo tanto inseparables de un determinado sistema sociocultural de producción.

El estudio de los Modelos Mentales sobre situaciones-problema de la práctica profesional en contextos educativos, ha contribuido a la comprensión de formas de razonamiento y praxis que diversos agentes educativos despliegan, así como también a vislumbrar determinadas modalidades del funcionamiento institucional en las que dichos agentes desempeñan sus funciones (Larripa, Erausquin, 2008). De allí la importancia de enfocar la cognición distribuida, forjada en la contribución simultánea del sujeto, de las relaciones interpersonales y de las comunidades/instituciones cultuales.

La exploración de los Modelos Mentales Situacionales (MMS) permite visualizar posicionamientos, posibles transformaciones, giros o reafirmaciones, a través de la implicación en sistemas de actividad de la práctica educativa de las y los agentes. Si los componentes de los Modelos Mentales son recíprocamente constitutivos e inseparables en sus interacciones; las negociaciones de significados entre agentes pueden generar cambios en la construcción de los mismos, dado que son unidades dinámicas que reorganizan esquemas de conocimiento en función de sentidos y finalidades de los sujetos y las demandas de la tarea y de la situación (Rodrigo, 1994; Rodrigo et. al, 1997, 1999). En ello reside la importancia de generar procesos reflexivos en escenarios educativos y profesionales, subrayada por distintos teóricos de diversas disciplinas.

Desde una posición histórico-dialéctica de revisión problematizadora de las construcciones de la psicología cognitiva, Engeström (1987) sostiene que el interés en los Modelos Mentales se ha incrementado en las últimas décadas, porque son constructos dinámicos y modificables, pueden generar descripciones de un sistema de actividad, su forma, propósito y su funcionamiento, además de predicciones sobre los estados futuros. Sin embargo, delinea una visión de los modelos no tanto como entidades mentales sino como modos de acción, que encarnan propósitos a la vez que modos de concretar dichos propósitos, concepción afín con la noción acerca de la idealidad y a la vez materialidad de los artefactos de mediación semióticos de los sistemas sociales (Cole, 1999). Sostiene Engeström (1987) que conceptos representacionales como los MMS (Rodrigo et. al., 1999), tienen que tornarse conceptos instrumentales para la transformación de las configuraciones entre sujetos y contextos; el aprendizaje expansivo requiere que los objetos del pensamiento sean transformados en instrumentos productivos del mismo, por sujetos enlazados en lo colectivo.

Al respecto, la primera fase de la investigación articuló el estudio de MMS por parte de los y las agentes que participaron en los talleres, a los fines de obtener información sobre conocimientos que se hallaban en el "punto de partida" de nuestra experiencia. En base a una primera identificación de los mismos, se construyeron algunas de las estrategias dialógicas para el Taller de Reflexión sobre la Práctica.

Los Modelos Mentales Situacionales, construidos en las narrativas escritas de las y los agentes, constituyen una unidad sistémica, dialéctica y genética, que se articula en cuatro Dimensiones:

Dimensión I: Situación–problema que el agente recorta y analiza.

Dimensión II: Intervención que profesional desarrolla desde su rol específico,.

Dimensión III: Herramientas utilizadas en la intervención.

Dimensión IV: Resultados de la intervención y atribución de los mismos.

La delimitación realizada se fundamenta en una re-significación contextualizada de las teorías del cambio conceptual que sintetizamos (Erausquin, 2010, 2011).

El análisis de esas Dimensiones se elabora en los capítulos siguientes. Su contenido proveyó la primera aproximación a las perspectivas de los y las agentes. Por "perspectivas" se entienden los puntos de vista de los y las agentes escolares que se expresan en sus producciones escritas y en su participación verbal, en sus narrativas situadas e ideas sobre los temas que discuten. Incluyen representaciones, conocimientos y creencias, pero también posiciones —epistémicas, políticas, éticas— en relación al compromiso con su quehacer. Se trata de puntos de vista sobre ellos/as mismos/as y las situaciones que enfrentan, y se materializan en los significados que atribuyen a sus experiencias.

Las escuelas como sistemas de actividad colectivos

A los fines de fundamentar la metodología de investigación utilizada, se considera a las escuelas como contextos institucionales de trabajo, y a los y las docentes como agentes activos en dicho contexto.

La escuela no es sólo un escenario para la actividad de enseñanza-aprendizaje de niños/as y jóvenes, sino también un contexto de trabajo para quienes asumen la responsabilidad de la enseñanza y son aprendices de la práctica (Zucchermaglio, 2002). Ello coloca a docentes, directivos/as y otros/as agentes educativos/as como sujetos del aprendizaje. La escuela es contexto para la formación de conocimientos profesionales en tanto ambiente psico-culturalmente significativo (Daniels, 2001).

Para la presente discusión, el enfoque de la actividad (Engeström, 2000/2001a) es un recurso para la descripción, comprensión y promoción de cambios en los contextos educativos, a la par que un modelo teórico y productivo para el aprendizaje profesional. Dicha teoría propone una metodología para el estudio y expansión de los sistemas de actividad (Cole y Engeström, 2007), desde un ángulo de transformación colectiva. En ese marco, adquiere relevancia la creación de espacios de reflexión compartida en base a una metodología participativa sustentada en la indagación discursiva de la escuela como sistema.

El núcleo teórico de la epistemología de la Teoría de la Actividad (Engeström, 2000, 2001b) comprende los conceptos desarrollados por Vygotsky (1988, 1995), para quien la actividad, significativa socialmente, constituye un principio explicativo de la conciencia humana. El enfoque resalta la naturaleza social de la mente y su imbricación con las prácticas sociales históricamente construidas. El concepto de actividad en la psicología soviética surge por influencia de la filosofía marxista, particularmente por su concepción de praxis, entendida como actividad histórica generadora de conciencia.

Para Vygotsky la actividad es una unidad de análisis compleja, no reductible al individuo. La representación mínima de la actividad se constituye por la relación entre el sujeto, el objeto y un instrumento/signo mediador, representada en un triángulo mediacional.

En el lenguaje usado por Vygotsky (Vygotsky, 1994) la conexión directa entre un estimulo (S) y su respuesta (R) es más complicada. Hay una vinculación indirecta (a través de X) que juega un rol especial y que es muy diferente a lo que se observa en las formas mas elementales de comportamiento. El comportamiento simple, reactivo S–R, está inhibido y es reemplazado por esta conexión indirecta S–X–R (mediada) que permite realizar la operación. Vygotsky atribuye este nuevo camino a la existencia de procesos psicológicos superiores que permiten controlar el comportamiento desde "afuera" (figura 2.1 (a)).

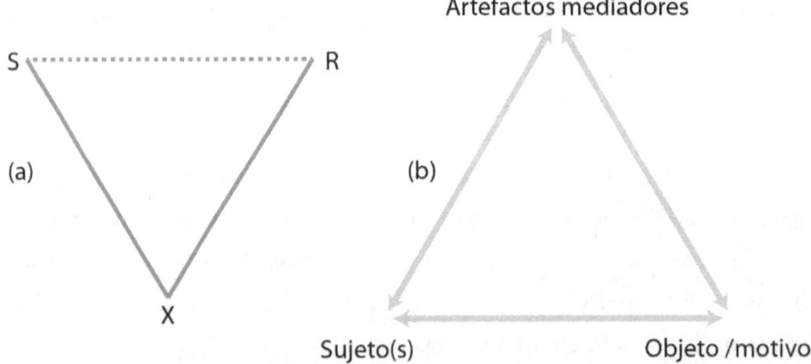

FIG. 2.1 Primera generación de la Teoría de la Actividad. (a) Modelo de Vygotsky del acto mediado y (b) su reformulación usual (Engeström, 2001b, p. 34). El Sujeto y el Objeto no solo están directamente conectados sino que también lo hacen indirectamente (mediados) a través de artefactos (cultura).

Tal dinámica configura y media el desarrollo de los procesos psicológicos superiores, y permite el control sobre la propia conducta.

Según el ordenamiento realizado por Engeström (2001b), el modelo de mediación planteado por Vygotsky constituye la Primera Generación de la Teoría de la Actividad (figura 2.1) y corresponde a un posicionamiento de base para su posterior desarrollo en términos colectivos.

La limitación que manifestó la Primera Generación fue que la unidad de análisis está focalizada en el individuo. Esto fue superado por la Segunda Generación de la Teoría de la Actividad, centrada en torno a Leontiev. Hay un famoso ejemplo de "caza colectiva primitiva" en donde Leontiev explica la diferencia fundamental entre una acción individual y una acción colectiva de la actividad (Leontiev, 1984). Sin embargo, Leontiev nunca mostró gráficamente la ampliación del modelo original de Vygotsky en un modelo de un sistema de actividad colectivo. Tal modelado se representa en la figura 2.2.

Engeström representó su concepción de la actividad de forma de incluir y expandir las primeras nociones de la psicología histórica-cultural sobre las acciones mediadas. También representada por un triangulo, pero ahora incluyendo otros elementos interconectados.

La parte superior (resaltada, la "punta del iceberg" en palabras de Engeström, 2001b) es la relación básica sujeto-mediador- objeto mostrada en la figura 2.1. Este es el nivel del la acción mediada a través de la cual el sujeto transforma al objeto en el procedo de actuar sobre el mismo. Pero esta acción solo existe *per se* solo en relación a los componentes de la base del triangulo. La *comunidad* hace referencia a aquellos que comparten el mismo objeto general; *las normas o reglas* se refieren a aquellas convenciones que restringen las acciones en el sistema de actividad; la *división del trabajo* hace se refiere a la división de las acciones, orientadas hacia el objeto, entre los miembros de la comunidad. El subsistema asociado a la relación sujeto-mediador-objeto solo existe en relación a los otros elementos del sistema (Cole, 1996).

Obsérvese que todas las flechas del diagrama son bidireccionales, ya que los varios componentes del sistema no existen aislados uno del otro. En la realidad están siendo constantemente construidos, renovados y transformados como resultado y a causa de la actividad humana. Esto está simbolizado por las otras flechas interiores del dibujo.

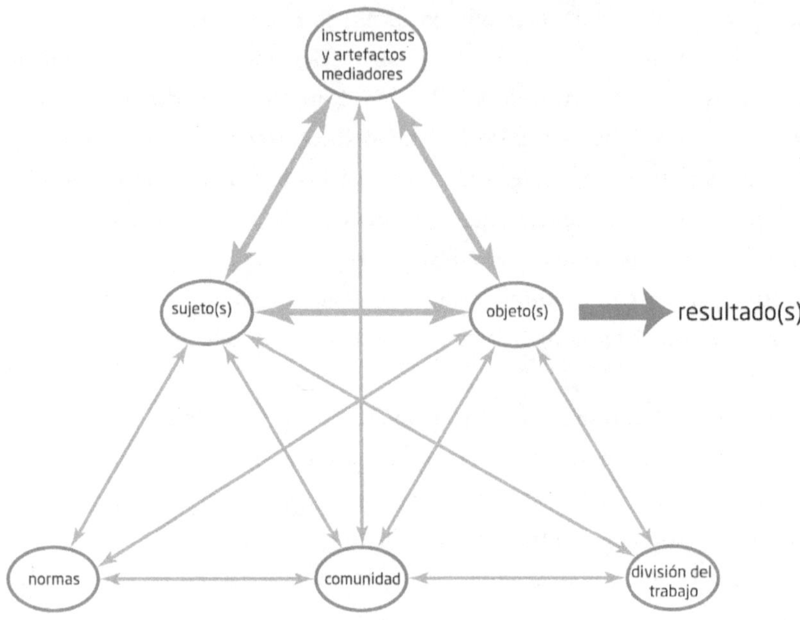

FIG. 2.2 La estructura de un sistema de actividad humano. Segunda generación de la Teoría de la Actividad simbolizada por el triangulo mediacional expandido para incluir otras personas (comunidad), reglas sociales (normas) y la división del trabajo entre el sujeto y otros (Engeström, 1987, p. 78). El sub-triángulo superior resaltado representa las acciones individuales y grupales embebidas en un sistema de actividad colectivo.

Engeström y Cole (1996, 1999) propusieron la Tercera Generación de la Teoría de la Actividad, en donde ahora se representa a la actividad colectiva, donde el modelo básico que es ampliado, para incluir por lo menos dos sistemas de actividad interactuando (figura 2.3).

El triángulo de mediación expandido representa un Sistema de Actividad colectivo que incluye: al/los sujeto/s, a los artefactos mediadores (en su doble dimensión, material y conceptual), a las reglas, a la división del trabajo y a la comunidad, dirigidos hacia objetos/objetivos en común. La

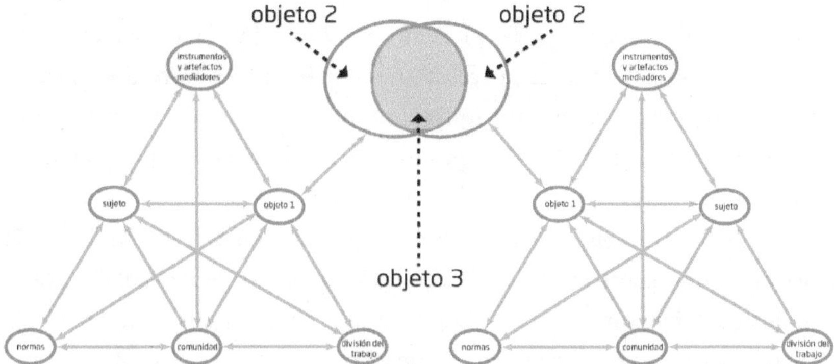

FIG. 2.3 Unidad de Análisis para la Tercera Generación de la Teoría de la Actividad: al menos dos sistemas de actividad interactuando, con objetos compartidos, simbolizado por el "objeto 3" (Engeström, 2001b, p. 36).

interacción entre dos o más Sistemas de Actividad permite la construcción de objetos/objetivos compartidos, como lo es el "objeto 3" en la figura 2.3.

Las escuelas pueden visualizarse como Sistemas de Actividad que atraviesan contradicciones y/o transformaciones, y también procesos de incertidumbre y dificultad, ante los modos cambiantes en los que se debe realizar la práctica escolar.

La crisis de la función escolar (Dubet y Martuccelli, 1998) y las respuestas a los problemas de violencia en contextos de declive de las instituciones, en tiempos de fragmentación social, expulsión y destitución (Duschatzky y Corea, 2002), han puesto en tensión las relaciones entre los componentes del sistema de actividad escolar: sujetos, reglas, comunidad, división del trabajo e instrumentos con que debe conducirse la práctica educativa dirigida a objetivos estratégicos. Ello acentúa la complejidad de los procedimientos, cuya aplicación e interpretación en la vida cotidiana escolar demuestra un nivel de conflictividad sobresaliente. En dicha situación, cobra relevancia el papel de la cognición en la práctica y los procesos de cambios situados en el trabajo, requerimiento inminente en un momento de crisis educativa, caracterizada por perturbaciones sistémicas.

Un propósito relevante del presente estudio es producir conocimiento para contribuir a fortalecer las relaciones colaborativas entre docentes, es decir, posibilitar la co–implicación ante problemas complejos, que requieren un proceso de movilización progresivo, de negociación y apropiación de recursos y saberes.

Al respecto, el Sistema de Actividad escolar puede ser analizado de acuerdo a dos subsistemas interactuando: como actividad aula y como actividad institucional–escolar (Engeström y Sannino, 2010). Ambos subsistemas hacen a la práctica colectiva escolar.

Ello enfatiza el desarrollo organizativo a través de la conexión colaborativa entre el trabajo a nivel áulico y el organizativo–institucional, por lo que es útil considerar a la comunidad escolar a través de la interacción entre sistemas, rasgo característico de la Tercera Generación de la Teoría de la Actividad (Engeström y Sannino, 2010). Dicha interacción se produce en una "zona–fronteriza" o tercer espacio, en el que interaccionan los objetos de al menos dos sistemas de actividad, señalado como "objeto 3" en la figura 2.3. Su explicitación contribuye a atravesar confines entre prácticas diversas, para el desarrollo de una perspectiva compartida de la realidad cotidiana y con respecto a la integración de acciones profesionales.

Parte de las tensiones del trabajo escolar, particularmente respecto al desarrollo de conocimientos personales/colectivos, subyace en las dificultades de interconexión entre dimensiones–subsistemas (Zucchermaglio, 2002). En ese marco, el sistema–aula, puede ser meramente considerado como responsabilidad exclusiva de la acción individualizada del/la docente, o bien, la perspectiva institucional de la escuela puede no ser reconocida como punto clave para mejorar las prácticas educativas al interior del aula. La interrelación entre sistemas insta al aprendizaje colaborativo en función de la circulación de conocimiento y de prácticas adscritas a cada subsistema que, aunque diferenciadas, conforman una unidad.

Ello supone concebir al trabajo docente como una actividad colectiva. Flavia Terigi presenta un conjunto de características que definen su especificidad:

> *1. La docencia hace de los saberes y de la transmisión cultural su contenido sustantivo;*
> *2. La peculiar relación de los docentes con el saber tiene efectos en su posición epistémica y su autoridad;*
> *3. La enseñanza constituye una función institucional, lo que contribuye a definirla según ciertas restricciones y hace de ella una tarea colaborativa.*
> *4. La organización del trabajo docente tiende a obturar la posibilidad de desarrollar la actividad conjunta inherente al carácter colaborativo e institucional de la docencia*
>
> *Terigi, F., 2012:9*

Particularmente, interesa pensar si las perspectivas de los y las docentes incluyen el sistema institucional y cómo se sitúa la interconexión entre subsistemas, considerando que, al expandirse el enfoque de la actividad, se incorpora de manera más amplia el sentido colectivo. Ello permite conceptualizar la distribución de la cognición humana, que configura la trama del aprendizaje situado en contexto de profesionales que trabajan en escenarios educativos (Erausquin, Basualdo, et.al., 2005).

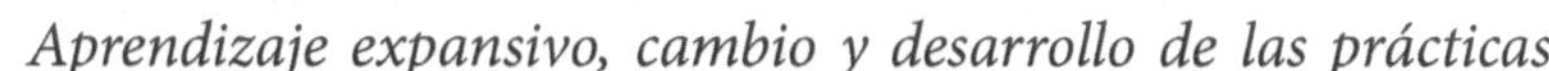

Aprendizaje expansivo, cambio y desarrollo de las prácticas

El aprendizaje se constituye entre personas comprometidas en una actividad (Lave, 1988). La Teoría de la Actividad ha estructurado el concepto "aprendizaje expansivo" (Engeström, 1987), posición articulable con la teoría de las comunidades de práctica, en tanto trasciende una visión mentalista del aprendizaje, para dar lugar a un concepto de naturaleza interactiva, procesual y cíclica. Cabe señalar como diferencia que la Teoría de la Actividad no atribuye al aprendizaje el carácter de un proceso desde una posición periférica a una posición central (Lave y Wenger, 1991), ni el de una dirección hacia la experticia; sino lo entiende como un movimiento horizontal y vertical, al mismo tiempo, en la trasformación de la práctica.

El aprendizaje expansivo es conceptualizado como zona de desarrollo proximal colectiva, basada en la operación de los principios estructurantes de los sistemas de actividad. Su teorización supone integrar la relación dialéctica entre aprendizaje y desarrollo propuesta por Vygotsky (1988, 1995), para dar cuenta de la naturaleza dinámica de los sistemas, como marco de conceptualización del desarrollo de prácticas sociales. La Teoría de la Actividad considera que la transformación colectiva (desarrollo) se logra a través de procesos específicos de aprendizaje. Para Engeström, un viaje a través de la zona de desarrollo próximo equivale a un ciclo de aprendizaje expansivo que expresa un movimiento de re-orquestación de actividades colectivas. Equivale a la distancia entre el presente, el día a día de las acciones, y las nuevas formas de actividad, generadas colectivamente en la búsqueda de soluciones para el doble vínculo, incrustado en las acciones cotidianas (Engeström, 2001b).

Tal proceso atraviesa la operación de contradicciones al interior del sistema y entre los sistemas y actúa en una secuencia cíclica. Una transformación expansiva ocurre a través de un proceso creativo/productivo que, basado en la confrontación de las tensiones y contradicciones del sistema, permite replantear la relación entre elementos del sistema y objeto/resultado. Una transformación expansiva y cualitativa sucede cuando el objeto y motivo son re-conceptualizados, alcanzando un horizonte nuevo y más amplio de posibilidades, en comparación al modo previo de la actividad (Engeström, 2001b). Ello implica el inicio de un nuevo ciclo, por lo que cambio, expansión y aprendizaje son constitutivos del desarrollo histórico de los sistemas de actividad.

Los principios del aprendizaje expansivo estructuraron una metodología de investigación-intervención apropiada para organizar experiencias de cambio y de formación profesional (Cole y Engeström, 2007). Tal metodología permite observar cómo los y las agentes, principalmente adultos/as, aprenden en, desde y para sus propias prácticas, que, definidas cultural, social e históricamente, son susceptibles de ser modificadas (Zucchermaglio, 2002).

Una experiencia de aprendizaje por expansión (o ciclo expansivo), favorece la re-orquestación de las voces de los actores que conforman el ambiente laboral (Cole y Engeström, 2001). Cada ciclo se relaciona con la historia de los participantes, de la actividad y del sistema en sí mismo. Las historias presentes en el sistema se entrelazan a través de la dialogicidad, negociación y co-configuración entre diversos niveles de experiencias y visiones (lo cual connota al sistema de actividad en términos de su naturaleza conflictiva). Lejos de una representación lineal, una zona de potencial desarrollo subraya, en términos dialógicos, los reajustes del sistema de actividad, comprendiendo desde una dimensión socio-histórica la re-organización y desplazamiento de los conocimientos profesionales.

La expansión del aprendizaje se lleva a cabo a través de acciones epistémicas de confrontación y negociación colectiva (Cole y Engeström, 2007) a fin de producir giros conceptuales en la propia práctica. El ciclo de confrontación de contradicciones/tensiones, en concordancia con los principios del materialismo dialéctico, supone el uso de la reflexividad como herramienta:

> *Toda vida social es esencialmente práctica. Todos los misterios que inducen a la teoría, al misticismo, encuentran su solución racional en la práctica humana y en la comprensión de esta práctica.*
>
> *Karl Marx, Tesis sobre Feuerbach #VIII, 1845.*

La reflexión sobre la práctica puede implicar entonces la ascensión de lo abstracto a lo concreto y, de acuerdo a los principios epistemológicos de la Teoría de la Actividad, el pensamiento no lineal, expandido u horizontal (Engeström, 2001a, 2001b), a favor de la configuración e implementación positiva de nuevas tareas. Al hacerlo, se redefine el objeto de la actividad, ya que la dinámica del ciclo de aprendizaje expansivo no supone acciones aisladas, sino progresivas, intencionadas, socializadas y producidas con la contribución de los participantes. Una transformación expansiva significa la actuación de un proceso de cambio organizativo construido "desde abajo" y desde un enfoque grupal inclusivo. Los y las agentes, al re-orientar la relación con el objeto y motivo de la actividad, cimientan un salto cualitativo en la misma. Esto incluye ponderar posibilidades y alternativas de acción, discutidas y elaboradas desde dispositivos específicos. Los esfuerzos de reflexión conjunta inmersos en la co–construcción de soluciones y circulación de recursos, conllevan interconexión entre agentes y desarrollo de competencias en, desde y para el contexto laboral.

En el ciclo expansivo, opera el desarrollo de una visión renovada y compartida del quehacer profesional. Tal proceso (paralelo al cambio participativo que requiere) presupone períodos de tiempo extendidos y estructuración–disposición de recursos específicos, además de acciones continuas y sostenidas para la exploración de zonas de límites organizativos y posible expansión.

En base a trabajos desarrollados en los proyectos de investigación marco de este libro, se advirtió que el aumento en los niveles de inter–agencialidad (construcción conjunta entre agentes) y la historización de los problemas, se convierten en condición de posibilidad para la expansión del aprendizaje (Engeström, 2001a).

Engeström (1991) plantea que el aprendizaje expansivo puede construir un objeto expandido, al conectar diferentes *contextos de aprendizaje:*

- el *contexto de crítica* al dispositivo y experiencia pedagógica (que puede consistir en cuestionar, contradecir y debatir);
- el *contexto de descubrimiento* (experimentar, simbolizar y generalizar); y
- el *contexto de aplicación a la práctica social* (búsqueda de relevancia social, implicación con la comunidad y pertinencia con el campo de actuación).

Esa expansión rompe con el encapsulamiento del aprendizaje e implica una transformación cualitativa del sistema en el que los sujetos participan. Se trata de un proceso largo, distribuido, que no aparece de una vez y para siempre dictaminado "desde arriba" sino a través de auto–organización colectiva y reflexiva "desde abajo", convirtiendo a la escuela en "instrumento colectivo" (Engeström, 1991:256). El resultado de ese tipo de aprendizaje es una nueva conceptualización–significación, un nuevo modelo para su actividad.

Tales ideas permiten afrontar el problema de la construcción de conocimiento de los Agentes Educativos, abordando al menos cuatro preguntas centrales, que son las que Engeström (2001a) plantea para el análisis de los procesos de aprendizaje:

- ¿Quiénes son los sujetos del aprendizaje, cómo se definen y ubican?
- ¿Por qué aprenden, qué los hace realizar el esfuerzo?
- ¿Qué es lo que aprenden, cuáles son los contenidos y resultados del aprendizaje?
- ¿Cómo aprenden, cuáles son las acciones clave o procesos de aprendizaje?

El Laboratorio de Cambio y el método de doble estimulación de Vygotsky

La propuesta de Engeström (2007) del Laboratorio de Cambio recoge antecedentes teóricos en el método de "doble estimulación" creado por Vygotsky para la indagación de los sistemas psicológicos, en el marco de una nueva psicología basada en la mediación cultural de las funciones mentales superiores. Intentando superar el esquema estímulo–respuesta, Vygotsky propuso el estudio de aquellos medios e instrumentos que el sujeto utiliza para organizar su comportamiento:

> *La tarea que el niño aborda en el contexto experimental está, como regla, más allá de sus actuales capacidades (...) En tales casos un objeto neutral es situado cerca del niño, y frecuentemente podemos observar cómo el estímulo neutral es dirigido dentro de la situación y toma la función de un signo. Así, el niño activamente incorpora esos objetos neutrales en la tarea de resolver un problema (...) los estímulos neutrales adquieren la función de un*

signo y desde ese momento en adelante, la estructura de la operación asume un carácter esencialmente diferente.

Vygotsky, 1978; citado en Engeström, 2007.

Su examen de la acción práctica se centra en procesos cognitivos a través de la acción doblemente mediada: por los otros y por los instrumentos de la cultura. Este tema, en Vygotsky, se relaciona profundamente con el de la construcción del conocimiento, en tanto procesos de reconfiguración de las estructuras psicológicas, que a su vez guían, una vez conformadas, la acción sobre el mundo.

Engeström (2007) se propuso examinar el método de doble estimulación de Vygotsky, como una base para las intervenciones formativas en el lugar de trabajo, donde la doble estimulación está, sobre todo, dirigida a producir nuevas, expansivas formas de agencia en los sujetos.

De acuerdo a este enfoque, las personas "importan" un conjunto de medios-estímulos —instrumentos psicológicos— dentro de un contexto experimental, que se transforma en un contexto de investigación, en el cual el experimentador puede actuar sobre la estructura de la investigación para desencadenar —aunque no "producir" él mismo— la construcción en el sujeto de nuevos fenómenos psicológicos.

El método propicia que los y las agentes educativos/as dispongan de las condiciones para re-crear significados acerca de sus prácticas, analizando sus propios modelos de actividad en redes sociales de aprendizaje o zonas de construcción social de significados, creando nuevos dispositivos y herramientas de re-conceptualización y andamiaje de su experiencia.

Si bien no se espera la producción de un ciclo completo de aprendizaje expansivo, tal como se concibe a nivel de la teoría, ya que ello requería de condiciones espacio-temporales hoy no instituidas en los escenarios educativos, sí se espera en cambio contribuir al desarrollo de prácticas inter-agenciales, en las que sea posible construir problematización, análisis crítico e historización de las prácticas, así como proyectar acuerdos y acciones para un futuro —después del Taller—.

Se instituye así, la pertinencia y necesidad de desplegar una metodología psico-socio-cultural que analice de manera profunda, integral y vigorosa el significado de las prácticas cotidianas en cuanto a acciones co-implicadas.

CAPÍTULO 3

La investigación en terreno (I)

Preparación

EL OBJETIVO GENERAL DE LA INVESTIGACIÓN consistió en identificar perspectivas y posicionamientos ante problemas de violencias e intervenciones en escuelas, en agentes de dos escuelas de nivel medio —secundaria— de la Provincia de Buenos Aires y Ciudad Autónoma de Buenos Aires, caracterizando los procesos de aprendizaje y apropiación de sentidos que tienen lugar en el marco de talleres de reflexión sobre la práctica profesional.

La hipótesis de trabajo, fue retrabajada durante la tesis, enunciándose de la siguiente manera:

> *La participación de las y los agentes educativos en talleres de reflexión sobre la práctica profesional docente se entrama significativamente en su comprensión y análisis de los problemas de violencia que emergen en sus contextos de trabajo, en la identificación de las herramientas que utilizan, en las estrategias de intervención que construyen, en la valoración de los resultados que obtienen y en la vinculación entre diferentes agencias y actores en la intervención, emergiendo así procesos de apropiación de sentidos y expansión del conocimiento profesional disponible.*

Desarrollo de la investigación y diseño de los Talleres de Reflexión sobre la Práctica

La primera acción en terreno consistió en entrevistas (Iñiguez y Vitores, 2004) con agentes escogidos intencionalmente como informantes clave, en su rol de autoridades de las dos escuelas, quienes tuvieron asimismo la tarea de facilitar los talleres y organizar los espacios para su realización.

En el primer encuentro del Taller de Reflexión sobre la Práctica, luego de la presentación de los objetivos del Taller, se realizó un debate grupal con preguntas abiertas sobre motivaciones, expectativas y conocimientos previos sobre la temática de la violencia en escuelas. A su finalización se administró el Cuestionario de Situacion-Problema de Violencias en Escuelas [1] (Erausquin, 2009, en Erausquin et al., 2011), a los y las participantes en el Taller. Dicho Cuestionario se elaboró acorde con la Unidad de Análisis: Modelos Mentales de Agentes Educativos sobre Situaciones-Problema de Violencias en Escuelas.

Para el análisis se utilizó la *Matriz de Análisis Complejo M1: Intervención del profesional sobre problemas situados en contexto educativo* cuyo esquema se incluye en el Anexo I, pag. 243 (Erausquin et al., 2008; Erausquin y Zabaleta, 2014).

Se indagaron las cuatro Dimensiones que ofrece la Matriz:

Dimensión I: Situación-problema de violencia en la que haya intervenido el agente.

Dimensión II: Intervención realizada.

Dimensión III: Herramientas utilizadas.

Dimensión IV: Resultados de la intervención y la atribución de los mismos.

La información provista por este instrumento fue un insumo importante para el posterior desarrollo del Taller.

[1] El Cuestionario utilizado se reproduce en el Anexo II, pag. 251.

Para el análisis de esos cuestionarios, se utilizó la Matriz Multidimensional de Análisis Complejo M1: Intervención del profesional sobre problemas situados en contexto educativo (Erausquin y Zabaleta, 2014).

En cada una de las cuatro *Dimensiones* (Situación–problema, Intervención, Herramientas y Resultados), se despliegan *Ejes*, que configuran vectores de recorridos y tensiones identificados en el proceso de profesionalización educativa en nuestro contexto.

Los Ejes tiene cinco *Indicadores*, que implican diferencias cualitativas, ordenadas en dirección a un enriquecimiento de la profesionalización educativa, compatible con el giro contextualista o situacional (Pintrich, 1994; Baquero, 2006). Los Indicadores no son necesariamente uniformes para todos los Ejes, ni están implicados en una jerarquía representacional genética en su versión fuerte (Wertsch, 1991), sino que se ordenan en dirección a niveles de complejidad, explicitación y perspectivismo crecientes en las narrativas (Rodrigo, 1999).

La estructura general de la *Matriz Multidimensional de Análisis Complejo M1*, que se despliega completa en el Anexo I.

Durante el desarrollo de los talleres, se buscó caracterizar las interacciones interpersonales, institucionales y comunitarias que conforman el contexto específico de práctica de las y los agentes educativos en ambas escuelas y los intercambios que tienen lugar a partir de su participación en los talleres de reflexión. Durante y después de la implementación de los talleres, se analizaron entramados, apropiaciones y cambios de significados y sentidos emergentes en el marco de procesos dialógicos, en pos de caracterizar procesos de construcción de conocimiento y aprendizaje profesional.

Finalmente, se identificaron giros, movimientos y cambios de perspectivas y posicionamientos de las y los agentes educativos, a partir de su participación en los talleres en ambas escuelas. Para ello, en el último encuentro de cada Taller en cada escuela, se administraron los Cuestionarios de Reflexión sobre la Práctica desarrollada en el Taller que se incluye en el Anexo V (Erausquin y Dome, 2014).

El mismo incluye dos preguntas estructurantes:

- ¿Qué aprendió a partir de su participación en el Taller?
- ¿Qué cambiaría de la intervención relatada en el Cuestionario respondido al principio del Taller?

Se exploraron procesos de aprendizaje auto-percibido y la existencia de giros y cambios de posicionamientos y perspectivas.

Para el análisis del este segundo Cuestionario se utilizó la *MMatriz de Análisis Complejo M2: Aprendizaje Expansivo de agentes educativo*[2] (Marder y Erausquin, 2015).

La matriz M2 cuenta con Dimensiones y Ejes vinculados a la teoría del aprendizaje expansivo (Engeström, 2001a; Erausquin y Basualdo, 2014).

Se seleccionaron dos Dimensiones de las cuatro ofrecidas por la matriz:

Dimensión V: Aprendizaje de la experiencia.

Dimensión VI: Cambios de la intervención.

Se utilizó el análisis de contenido (Bardin, 1986), con criterio de clasificación semántico, temático y secuencial, en el análisis de las entrevistas y exploraciones etnográficas; en clave de vincularlo con los resultados del análisis de los Modelos Mentales en Situación (Rodrigo, 1994; Rodrigo y Correa, 1999) y las características de los aprendizajes en contextos de práctica profesional (Engeström, 2001b). Se apunta con ello a lograr una descripción microsocial e interpetativa, tematizando secuencias, tensiones y datos significativos, con el objetivo de obtener y relacionar categorías teórico-analíticas. Se comparte la idea de que

> *Durante el trabajo de campo y el análisis es necesaria la construcción teórica: la construcción de categorías y relaciones conceptuales que permiten articular la descripción de determinada realidad.*
>
> *Rockwell, E., 1985.*

[2] Cuya estructura completa se muestra en el Anexo I, página 246.

El rol del análisis cualitativo, en particular, y de la integración de métodos, en general, aparece en el estudio de los contextos, la definición de situaciones, y la comprensión de los sentidos que confieren los sujetos a la acción y a su interacción.

Escenarios y participantes

Nota. Por razones de confidencialidad, no se detallan nombres oficiales de agentes e instituciones en el presente libro.

Denominamos **Escuela 1** al escenario educativo en el cual se desarrolló el primer Taller, con un grupo de once docentes del turno vespertino de distintas materias, la vicedirectora de dicho turno y una de las supervisoras escolares de la Región. Se trata de una escuela media de gestión estatal con modalidad comercial, cuyo turno vespertino ofrece nivel secundario común y nivel secundario para jóvenes y adultos. Contempla planes de estudio de 4 y 5 años de duración que otorgan el título de Perito Mercantil con diferentes especializaciones. Al momento de la investigación, su matrícula rondaba los 800 estudiantes.

La **Escuela 2** es la institución educativa donde se desarrolló el segundo Taller, con un colectivo constituido por 18 docentes de distintas materias. Participaron, además, en todos los encuentros la directora y el vicedirector y dos miembros del equipo de orientación. Se trata de una escuela de educación secundaria de gestión estatal con Orientación Artística, que ofrece nivel secundario común de 5 años de duración y otorga el título de Bachiller en Artes Visuales (ARVIS). Al momento de la investigación contaba con 300 estudiantes.

El Taller de Reflexión sobre la Práctica

En cada una de las dos escuelas se realizó un Taller, que denominamos *Taller de Reflexión sobre la Práctica*, compuesto por tres sesiones, de unas tres horas de duración cada una.

Para el diseño del Taller se adoptaron principios y herramientas metodológicas propuestas por investigadores pertenecientes a la Tercera Generación de la Teoría de la Actividad.

El modelo de Laboratorio de Cambio (Engeström, 2010a) fue pensado como concepto metodológico para favorecer las interacciones entre los participantes, mediadas por la investigadora, apuntando a producir micro ciclos de innovación de la actividad y expansión del aprendizaje (Engeström 1987, 2001b, Engeström y Sannino, 2010). Su valor no es el de arquetipo sino el de instrumento, susceptible de ser modificado en el transcurso de su empleo. La relevancia de la Teoría de la Actividad (Engeström, 1997), basada en los aportes de Vygotsky (1977), subyace en las posibilidades que ofrece para el desarrollo de los sujetos, a través de su participación para la transformación del contexto de trabajo profesional, por medio de experiencias de aprendizaje situadas y colectivas, que conforman un nuevo modo de pensar los problemas, expandiendo las competencias profesionales individuales.

En este marco, las sesiones incluyeron ejercicios de discusión y confrontación basados en situaciones significativas de la actividad escolar, escogidas por los y las agentes escolares, en sus respuestas al Cuestionario de Reflexión sobre la Práctica.

El Taller de Reflexión sobre la Práctica se articuló según tres lineamientos generales:

1. La reflexión crítica de las prácticas cotidianas en relación a las situaciones de violencia en el sistema escolar.

2. La construcción de una instancia de producción de conocimientos, que posibilite procesos de apropiación de saberes relacionados a la vida escolar.

3. La construcción de una instancia de aprendizaje cooperativo y de participación democrática, que aumente la posibilidad de una construcción conjunta de problemas e intervenciones.

Se propusieron dos objetivos prácticos: la intervención y la investigación, los que se persiguieron simultáneamente durante los tres encuentros.

El objetivo de la intervención se planteó contribuir a la reflexión y re-mediación de las prácticas asociadas a los problemas de violencia en contextos educativos, co-construyendo inter-agencialidad entre los participantes. La metodología participativa con los y las agentes correspondió al período abarcado por los tres encuentros realizados en cada institución educativa y sus fases previas. Luego, se continuaron indagaciones en la Escuela 2.

El segundo aspecto —investigación— corresponde al proceso de análisis en el cual, de acuerdo a Zucchermaglio (2002), la metodología etnográfica se adecua a la complejidad de la investigación-intervención, ya que subraya la importancia del lenguaje como práctica social, enfoca sentidos y significados de los participantes a través de la re-construcción de la experiencia, y reconoce a la investigadora como parte del mundo social observado (Marcus, 2001).

Su objetivo fue describir las estructuras emergentes de significados en el marco de un proceso orientado al cambio de la práctica de un grupo de agentes educativos, a través del análisis compartido de esa práctica. Para ello, se contó con ayuda de algunos/as docentes, que fueron registrando en forma escrita las verbalizaciones audibles y las manifestaciones gestuales y corporales, significativas en relación a saberes, vivencias e intercambios.

Así, el Taller constituyó un contexto de estudio en sí mismo. Su análisis se dirigió a focalizar la realización y construcción de las prácticas cotidianas en relación a las problemáticas de violencia, los recursos disponibles y las perspectivas sobre los problemas y las acciones, lo que provee información relevante sobre la cultura escolar, vital para el desarrollo de futuros proyectos.

A continuación se presenta una síntesis del proceso de investigación con el gráfico de la figura 3.1.

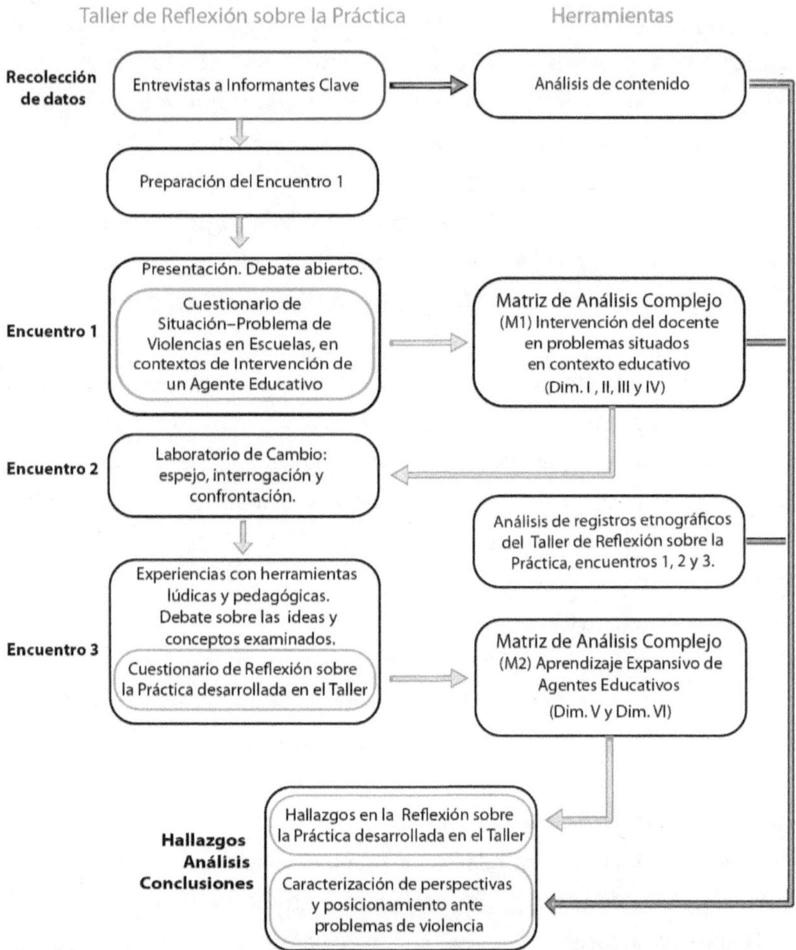

Fig. 3.1 Proceso de investigación y herramientas utilizadas. Las flechas simbolizan el hecho que para el desarrollo en cada etapa se utiliza la información obtenida y/o elaborada en una etapa previa.

Primer encuentro. Fase de apertura y negociación

Se inició el Taller con el armado de círculo entre los y las participantes, las palabras de bienvenida, la presentación del dispositivo y de las personas presentes.[3] Se explicitaron los objetivos en el marco del desarrollo de la Investigación de Tesis de la autora y se realizó luego una exposición dialogada de la modalidad de trabajo y primer ejercicio de debate grupal de acercamiento a los conocimientos sobre las violencias en escuelas, con preguntas abiertas como:

- ¿Qué los motivó a participar en este Taller?
- ¿Qué esperan del mismo?
- ¿Qué otros proyectos están realizando que se relacionen con el tema de este Taller?
- ¿En qué otros espacios pudieron trabajar esta temática?
- ¿Conocen algunas de las Guías de Orientación sobre conflictividad y violencia en las escuelas?

A continuación se presentó y administró el Cuestionario de Situación-Problema de Violencias en Escuelas (Erausquin, 2010).[4]

Se informó que el Cuestionario, en diferentes trayectos de la investigación marco, fue resignificado por agentes educativos como un Instrumento de Reflexión sobre la Práctica, en contextos de trabajo, comunidades de aprendizaje y en circuitos de participación guiada (Erausquin, 2010), y que el objetivo es que fuera útil a esos fines. Se trabajó la cuestión de la confidencialidad de la información y la libre voluntad del consentimiento para compartirla y trasmitirla.

Se introdujeron algunas líneas de exposición y debate sobre los saberes epistémicos acerca de las violencias en escuelas, a partir de elaboraciones producidas en nuestro contexto socio-histórico, como cierre del primer encuentro y apertura al segundo.

---

[3] El resumen de la planificación de los talleres se adjunta en el Anexo III.

[4] Incluido en el Anexo II.

Finalmente, se invitó a los y las agentes a dar cuenta sintéticamente de lo que entendieron significativo de lo que fue trabajado, a la par que se los invitó a prenunciar dudas, ideas y comentarios.

✳ *Segundo encuentro. Espejo, interrogación y confrontación*

Se propuso un trabajo grupal, de intercambio, reflexión y problematización. En este encuentro, la tarea se estructuró en base a la metodología del "espejo", principio proveniente del Laboratorio de Cambio (Sannino, 2011). De acuerdo con Engeström, (2001a), el espejo es una superficie expositiva, constituida por diapositivas, carteles, videos, etc., utilizada para representar y examinar experiencias de la práctica laboral, particularmente situaciones problemáticas y tensiones, pero también iniciativas de solución. El análisis y la discusión colectiva comienzan con el espejo de problemáticas presentes en el sistema de actividad.

Para ello, se trabajó con diapositivas que acompañaron una exposición dialogada entre las y los agentes y la investigadora. Es importante resaltar que el contenido de las diapositivas se elaboró en base a las respuestas que los/as propios/as agentes habían producido con sus respuestas a los *Cuestionarios de Situación–Problema de Violencias en Escuelas*, recortando temas comunes en las experiencias, intervenciones y reflexiones, las que fueron seleccionados en función de las insistencias y recurrencias temáticas, a la vez que otros elementos significativos, por su aporte de divergencias, nuevos puntos de vista, contradicciones.

Las diapositivas fueron construidas teniendo en cuenta los Ejes más significativos de la producción de las y los agentes, en correspondencia con la *Matriz de Análisis Complejo M1: Intervención del profesional sobre problemas situados en contexto educativo* (Erausquin et. al., 2014), y traspuestos didácticamente a la situación de aprendizaje del Taller. Para compartir las experiencias en el Taller, la investigadora debió contar con el consentimiento previo de los y las docentes, que las aportaron.

Para el debate, se elaboraron preguntas y contraposiciones construidas a partir de recomendaciones y orientaciones de Guías y Resoluciones del Ministerio de Educación de la Nación, de Ciudad Autónoma de Buenos Aires y de la Provincia de Buenos Aires sobre las problemáticas de violencia en escuelas.[5]

Luego de la exposición dialogada, se incluyeron preguntas dirigidas al grupo–taller para suscitar una mayor participación.

Finalmente, los y las participantes expusieron en forma oral las principales conclusiones e ideas surgidas del debate grupal en el segundo encuentro, con devoluciones por parte de la investigadora, coordinadora del Taller.

Este segundo encuentro fue el más extenso en tiempo y es el epicentro del trabajo.

Tercer encuentro. Reflexión sobre la experiencia y transferencia

En función de los debates y problemáticas recorridas, se propuso un trabajo de reflexión sobre la experiencia, para explorar si existieron —y cuáles son— aprendizajes y nuevos sentidos. Para ello se instrumentaron herramientas lúdicas y pedagógicas, como experiencia a realizar con y entre las y los agentes educativos, y que a su vez ellos puedan re–crear y transferir a la práctica docente en la escuela. Se incluyen en el plenario el debate de ideas y conceptos compartidos en el encuentro anterior. Se distribuyeron materiales con recursos pedagógicos para el aula.[6]

Se procedió a realizar un juego grupal, denominado "Juego de las Etiquetas"; para examinar y problematizar etiquetamientos y prejuicios habitualmente emergentes en la vida escolar.[7]

---

[5] Listadas en *Guías y Resoluciones* al final de este capítulo, página 95.

[6] La lista de los mismos se encuentra en *Materiales con recursos pedagógicos* al final de este capítulo, en la página 96.

[7] Descripto en el Anexo IV: "El Juego de las Etiquetas".

Posteriormente se analizó el juego realizado y su potencialidad para el replicarlo en aula y los emergentes significativos señalados por los propios agentes.

Por último se administraron los Cuestionarios de Reflexión sobre la Práctica desarrollada en el Taller. Como fué mencionado, el mismo incluye dos preguntas estructurantes:

- ¿Qué aprendió a partir de su participación en el Taller?
- ¿Qué cambiaría de la intervención relatada en el Cuestionario respondido al principio del Taller?

En el cierre del encuentro se invitó a los participantes a verbalizar las ideas/reflexiones surgidas a partir del recorrido por el conjunto de este Taller en un Plenario. Se convocó al surgimiento de propuestas de temas y proyectos a trabajar en futuros encuentros, en el marco de la construcción de redes inter–agenciales entre la Universidad y las escuelas (Yamazumi, 2009), que se propone en la investigación marco y se compartieron en ronda las palabras de cierre.

Autoridades escolares: diferentes tramas y posicionamientos sobre problemas e Intervenciones

Los posicionamientos de las autoridades sobre la realización de un Taller de Reflexión sobre la Práctica destinado a abordar problemas de violencia en la institución, se entramaron con condiciones institucionales que delimitaron, en parte, algunos de los caminos a seguir en la planificación de los talleres. Por eso, fueron consideradas informantes clave: su particular ubicación en la división del trabajo y en las relaciones que establecen en el sistema de actividad escolar, nos informaron sobre fortalezas y dificultades presentes en el sistema de actividad, importantes para el análisis. El modo en que las autoridades identificaron y visualizaron los problemas de violencia, el aprendizaje docente y las interacciones interpersonales, institucionales y comunitarias del contexto específico de su práctica, permitió construir ítems de indagación en dirección a la profesionalización educativa sobre problemas de violencia, dando cuenta de tensiones, conflictos o "dobles vínculos" institucionales que se constituyeron en temas a abordar en los talleres.

Las autoridades entrevistadas fueron:

- Supervisora y vicerrectora, en Escuela 1.
- Directora y vicedirector, en Escuela 2.

Para el análisis de las entrevistas, se construyeron los siguientes ejes temáticos:

1. Motivos atribuidos a la realización del Taller de Reflexión sobre la Práctica.
2. Significaciones atribuidas a los problemas de violencia en la escuela.
3. Perspectivas sobre intervenciones y procedimientos.
4. Visualización de tramas interpersonales, institucionales y/o comunitarias para el abordaje de las violencias en escuelas.

Perspectivas de la supervisora y de la vicerrectora de la Escuela 1

Sobre los motivos atribuidos a la realización del Taller de Reflexión sobre la Práctica, la supervisora comentó que la propuesta surgió

> Gracias a una docente (...) que quería trabajar el problema de la violencia simbólica; o como dijo ella, la violencia.

Lo que advierte una trama entre agentes que, de forma temporal, permitió articular propósitos:

> Yo tenía su idea en la cabeza, me gustó la propuesta de un taller participativo y quería hacerla antes de fin de año.

Se denota entonces, como motivo explícito, al abordaje de la violencia simbólica, ya que

> ... eso daba para pensar mucho las relaciones con los alumnos, con los profes, con los directivos, los tratos...

La insistencia de la palabra “pensar”, expresó una intención reflexiva:

> ... ya sólo el hecho de pensar, de poder pensar, de dar un espacio para eso, sirve mucho.

La intención de “dar un espacio” fue el insumo básico más importante.

Al preguntarle sobre la noción de violencia simbólica, ésta fue definida como

> Algo invisible, que también viene de parte de los docentes; de los padres, de todos lados, está en la sociedad.

La definición situó a la violencia simbólica en agentes individuales y en la sociedad en general, sin aludir al rol específico de la escuela en su producción, ni a cuestiones institucionales, tradicionalmente ligadas al concepto (Bourdieu, Passeron, 1977). Dicho análisis, se vinculó con la siguiente afirmación de la supervisora:

> Yo creo que lo mejor es los docentes hablen de su experiencia, que cuenten lo que pasa en las otras escuelas donde trabajan, que piensen toda su trayectoria.

Alusiones a las trayectorias y experiencias de los docentes y lo que pasa en otras escuelas, advirtieron posibles dificultades para poner en el centro del análisis al propio sistema de actividad escolar, para el desarrollo de aprendizajes y cambios a nivel de las prácticas. Dificultad que, más que señalamiento, constituyó una apertura a la indagación.

Sobre las necesidades de formación de los/as docentes, la supervisora comentó que éstos

> No cuentan con herramientas suficientes para los problemas de violencia.
> Siempre pasa que somos los directivos los que hacemos los pasos necesarios y cuesta mucho comprometer a los docentes en ir más allá. (...) muchos piensan que sólo se trata de dar su clase.

En la división del trabajo institucional "los pasos necesarios", remitieron a las normas disciplinarias, la cuestión burocrática, la activación del protocolo que prevé la posibilidad de realizar denuncias ante la policía o justicia penal, entre otras cosas. Según sus palabras,

> Cuesta mucho comprometer a los docentes. para esas acciones.

Afirmaciones que dan cuenta de un motivo implícito: la demanda de que los y las docentes se comprometan con tareas que no ven como propias, tales como impartir sanciones, labrar actas, etc. Al respecto, para la planificación del Taller se consignó la necesidad de indagar las relaciones, que en la perspectiva de los y las docentes, existen entre las tareas disciplinarias y el rol docente-pedagógico.

Por su parte, la vicerrectora señaló motivos relativos a la formación docente, pero el abordaje de la "violencia simbólica" no fue mencionado y en su lugar ubicó elementos vinculados a factores externos, más que a necesidades de la escuela:

> Justo el tema se está discutiendo mucho en todos lados, aparece en los medios, pasa en todas las escuelas, en distintos niveles (...) Es parte de la agenda educativa y nunca lo tomamos.

Se advirtió así, por un lado, la idea de cumplir con la agenda, y por otro, falta de unanimidad entre las autoridades sobre los motivos y objetivos del Taller. Posiblemente porque la planificación de la actividad estaba a cargo de dos agentes de distintos sistemas y roles: por un lado la vicerrectora, que trabaja en la escuela, y por el otro la supervisora, que tiene un rol externo y de mayor jerarquía en el sistema educativo regional. Sus dichos evidenciaron que éstas no habían intercambiado lo suficiente para co-construir motivos en común.

Se consignó entonces, la necesidad de atender a la emergencia de un motivo/objetivo compartido de la actividad, en pos de indagar procesos de co-construcción de problemas y objetivos de aprendizaje profesional.

Engeström destaca que el objeto/objetivo

> *... se desplaza desde un estado inicial no pensado, vinculado a determinada "materia prima" (...) hacia un objeto/objetivo significativo construido colectivamente por la actividad del sistema. El objeto/objetivo de la actividad es un blanco móvil, que no se reduce a metas conscientes a corto plazo.*
>
> *Engeström, Y., 2001a*

Se sitúa entonces, como desafío, en dirección al proceso de aprendizaje expansivo (Engeström 2001), co-construir un objeto/objetivo compartido para la actividad en el Taller, tarea que se enunció en la planificación escrita de los talleres como "reflexión sobre la práctica", pero que debía trabajarse y construirse en el propio desarrollo del Taller.

Sobre las significaciones atribuidas a los problemas de violencia en la escuela, la supervisora señaló:

> Si bien acá la violencia no es desbordante, estoy segura de que todos los docentes vivieron alguna situación alguna vez.

Como situaciones más frecuentes, la vicerrectora señaló actos entre estudiantes:

> ... insultos, maltratos, enfrentamiento entre un grupito y otro.

ante lo que la supervisora agregó:

> No son casos graves, aunque conocemos situaciones que se dan puertas afuera donde terminan a las trompadas.

Las situaciones escolares más frecuentes se relacionaron con incivilidades y micro-violencias, (Debarbieux, 1996 y 2003a), en tanto conflictos de baja intensidad que transgreden normas y códigos de la vida en espacios compartidos y que contrastan con lo que ocurre "puertas afuera", sobre las que la escuela no parece no tener alcance. Ambos tipos de problemas o manifestaciones violentas, no fueron vinculadas unas con otras en sus discursos, ni co-implicado el rol de la escuela en las mismas.

A su vez, ciertas conductas docentes no fueron significadas como violentas. Por ejemplo, al relatar una actuación donde un docente se peleó con un alumno por la nota de un examen, la vicedirectora señaló:

> Un docente puede cometer una injusticia.

sin entramar ese problema con la noción de violencia simbólica. Luego, al preguntarles sobre las causas de los problemas más frecuentes, la vicerrectora señaló al

> … desinterés de las familias de los alumnos, falta de límites y de contención.

Según la supervisora:

> Sabemos qué hacer en líneas generales con la indisciplina, pero cuando la violencia viene de lo social, la escuela está en peores condiciones de ayudar.

Entonces, a diferencia de las situaciones que identificaron como solucionables en los confines de lo escolar, las causas de los problemas de violencia, en tanto externas, van más allá de sus posibilidades; lo que anticipa una visión sobre obstáculos y dificultades en función de lo que las agentes identifican.

Al preguntarles sobre posibles relaciones entre las violencias y las prácticas de la escuela, la supervisora remarcó que

> La escuela es la mejor solución contra la violencia.
> La escuela hace la diferencia.

El rol de la escuela, que en principio no se visualizó en las causas de las violencias, sí fue implicado como solución; aunque aún restaba indagar cuáles eran sus perspectivas sobre el carácter de la misma. Al momento, se destacó como fortaleza la visión de que la escuela podía realizar una oferta distinta a las prácticas violentas extendidas en las relaciones sociales. Insiste, en cambio, como nudo crítico, la dificultad para revisar críticamente posicionamientos escolares co–implicados en la producción y/o reproducción de las prácticas violentas en el cotidiano escolar y sus efectos "puertas afuera".

Sobre las intervenciones y procedimientos, ambas señalaron que la escuela posee un régimen de convivencia propio, proceso que diversas líneas de investigación en la temática señalan como favorecedor de un buen clima escolar. Sin embargo, la supervisora comunicó que

> Fue hace varios años, y ya quedó. Pero hay muchos docentes nuevos que no fueron parte del debate, lo que se suma a lo que te dije de la particularidad del turno vespertino, que no se lo tiene tanto en cuenta.

Si la apropiación de recursos implica una relación activa entre los sujetos y los usos culturales objetivados, lo dicho convoca a problematizar las formas y condiciones para la apropiación, por parte de docentes, de las herramientas disponibles.

> ¿Qué espacios fueron creados y/o habilitados para esa apropiación?
> ¿Qué mediadores se crearon y/o utilizaron?
> ¿Qué formas de actividad propiciaron u obstaculizaron esas condiciones?

Sobre los alcances del régimen de convivencia, la supervisora señaló:

> Hace a cuestiones de orden, de proporcionalidad, de derechos y responsabilidades (...) se trata de un consenso técnico.

También la vicerrectora mencionó:

> No sé si es del todo adecuado para los problemas de violencia. Porque no alcanza.

Las agentes advierten nuevas dimensiones no comprendidas en lo prescripto de la norma y remarcan que:

> (...) cuando hay situaciones graves, somos los propios directivos los que recurrimos a la justicia, pero eso pasa cuando ya no tenemos más herramientas, y claro, en los casos donde el protocolo lo indica.

Así, los problemas no resueltos en el orden disciplinario escolar —significados como "más graves"— se abordan en un orden normativo externo; sin que se disponga o se mencionen recursos internos por fuera del protocolo de derivación. Recursos, ya sea disciplinarios, normativos y/o pedagógicos para abordaje del problema en la institución, no fueron mencionados, por lo que se consignó la necesidad de indagar perspectivas sobre los mismos en el transcurso del Taller.

La vicerrectora dijo, con refencia a los procedimientos identificados:

> Cuando hay una pelea, la primera reacción de los docentes es hablar con los chicos, luego recurrir a los directivos (...), si está comprometida la integridad del joven hay que hacer la denuncia o derivación. Y siempre se trata de hablar con el adulto responsable más cercano al joven (...)
> Si el problema fue de indisciplina, los directivos evalúan el tipo de sanción, aunque a veces también sanciona el docente. Luego se elabora un acta y si el tema lo amerita se cita a los padres.

Se sostiene la diferencia entre los problemas de disciplina (tratados a través de la sanción, del acta como recurso administrativo y del dialogo entre partes) y los otros problemas sobre los que el régimen de convivencia no tiene alcance. Y en caso de que exista riesgo para el o la estudiante, además de la derivación externa, se menciona un recurso de tipo afectivo, la búsqueda de alguna persona con *"mejor relación ... para que ayude en la contención"*.

La dimensión afectiva también apareció valorada cuando completó:

> Lo bueno es que los docentes hablan con los chicos, aconsejan, tratan de ayudar.

Al respecto, se consignó la necesidad de indagar cómo se incorporan, en las perspectivas de los y las agentes de esta escuela, las acciones de carácter afectivo y vincular, en las intervenciones ante los problemas de violencia.

Sobre las herramientas que, en opinión de las autoridades, se deben tener en cuenta, mencionaron nuevos elementos:

> Habría que trabajar mucho las charlas debate en el aula, los valores humanos, mirar películas que tratan los temas de violencia y luego analizarlas, hacer algunas preguntas, hacer jornadas con los chicos (...) el tiempo es tirano (...) debemos inspirarnos en propuestas que se vienen haciendo acá, como el taller de ciencias.

señaló la supervisora.

La vicerrectora afirmó:

> La forma de resolverlos es trabajando pedagógicamente con los chicos, trabajar educativamente.

Ello revela una fortaleza en la visión de procedimientos e intervenciones con valor pedagógico, que suponen algunos movimientos institucionales, pero que aún no fueron transferidos a la práctica efectiva en pos de abordar o intervenir sobre los problemas de violencia identificados. La supervisora aludió a razones de tiempo, situación crítica en la mayoría de las escuelas.

Respecto de las intervenciones de los docentes, la vicerrectora mencionó que a los mismos

> Les cuesta poner límites y todo lo que tenga que ver con citar a los padres, hacer seguimientos, lo depositan en los directivos.

La supervisora sostuvo:

> Muchos están poco comprometidos en el seguimiento y la mayoría de las veces derivan el tema a las autoridades (...) Y los directivos están muy desbordados por otros temas.

Las informantes no mencionaron si los y las docentes conocen los pasos a seguir, si fueron convocados a participar en su ejecución, y si, al igual que los directivos, no experimentan situaciones de desborde. Nuevamente, se afirmó la importancia de indagar las condiciones para la generación y/o emergencia de procesos de apropiación de problemas y recursos institucionales.

Finalmente, en cuanto a los significados otorgados a otros recursos tales como los programas escolares, entendidos desde una perspectiva psicoeducativa como artefactos culturales (Cole, 1999) presentes en la institución, la supervisora informó sobre varios proyectos en curso e hizo mención especial sobre

> Un proyecto de cambio del imaginario escolar (porque) se fue haciendo fama de que es un colegio de repetidores, de baja calidad educativa, etc. y eso no es así.

Los primeros proyectos mencionados no fueron significados como herramientas para el abordaje de las violencias. Sin embargo, en el proyecto de "cambio del imaginario escolar", sí aparecieron elementos de apertura que, aunque no explícitamente, se vincularon a la mejora de la relación de la escuela con la comunidad. Interesa entonces indagar en las perspectivas de los y las docentes participantes del Taller de reflexión, si el proyecto institucional es significado y cómo.

Sobre la visualización de tramas interpersonales, institucionales y/o comunitarias, la supervisora informó que

> Las relaciones entre ellos no son del todo buenas; hay malestar (...).

> Mi impresión es que hay tensión (...) se generan malos modos por el uso de los espacios, las reservas del aula de video, el cañón, etc. (...) a veces nos etiquetamos entre nosotros.

En el mismo sentido, la vicerrectora señaló:

> Discuten mucho. Algunos son muy compañeros; los jóvenes ponen mucha energía pero también hay rivalidades.

Esta visión crítica resultó relevante para la planificación del Taller, en pos de diseñar estrategias de participación que propicien un buen clima de trabajo. La supervisora indicó:

> Hay profesores que no se conocen mucho entre sí, trabajan algunas horas en esta escuela y están de paso.

En ese marco, cabe la pregunta por el tratamiento de las diferencias y la construcción cotidiana de las interacciones interpersonales, dado que determinados problemas surgen, según señala la supervisora, porque

> (hay) distintas concepciones de la escuela.

y, según señala vicerrectora,

> por criterios distintos que siempre aparecen.

Su no tratamiento, supone dificultades para la conformación de tramas e importó atender posibles afectos que una experiencia —poco habitual— de grupalidad, podía generar en el sistema de actividad y en el aprendizaje de sus agentes.

Respecto de las interacciones que las agentes ubicaron a nivel de la institución, la supervisora señaló que

> El turno vespertino está más huérfano. Si me preguntás, yo creo que esta escuela está sobre–intervenida (...)
> Pero no todo llega al turno noche; está más desorganizado; a veces sienten que están al margen, que no son parte del colegio.

La agente aportó una visión crítica acerca de la desproporcionalidad en la oferta que las agencias gubernamentales realizan para los distintos turnos y que puede ser ese un motivo implícito para la realización del Taller: el turno vespertino, "como una institución aparte" que recibe menos atención y capacitación, organiza su propia actividad.

Las dificultades para establecer interacciones con otras agencias institucionales y extra-instituciones residirían, nuevamente en el desborde de tareas, tema que excedía ampliamente las posibilidades del Taller. Al respecto, la supervisora sostuvo:

> (Están) los EOE, y los equipos de Mediación y Conflictos (...) se entiende que son ellos los que deben encargarse. Pero no dan abasto (...) no hay mucho más que la escuela para hacer un seguimiento continuo, porque los padres están ausentes; los organismos públicos para ayuda psicológica o social no tienen turnos.
> No hay un sistema completo para seguir sistemáticamente cada caso y nuestro recurso principal es hablar con los chicos.

Tales frases, significan a la escuela como el único agente social para una intervención ante los problemas identificados, que debe actuar en soledad, a la par que el recurso señalado como principal (hablar con los chicos) se revela insuficiente para un abordaje estratégico de los problemas que las propias agentes visualizaron en forma crítica. A su vez, insiste la falta de tiempo como problema notablemente serio para que la escuela desarrolle sus funciones.

En síntesis, para la construcción de Talleres de Reflexión sobre la Práctica en el marco de una metodología de investigación acción con los y las agentes educativos/as de esta escuela, se consignaron los siguientes ítems de indagación y problematización:

- la tarea de co-construcción de motivos y objetivos del Taller, la necesidad de analizar implicancias del propio sistema de actividad escolar en las violencias identificadas;

- la importancia de indagar las perspectivas docentes sobre las relaciones entre las tareas disciplinarias y el rol pedagógico; y también
- sobre recursos disciplinarios, normativos y/o pedagógicos para abordaje del problema en la institución, incluyendo proyectos y programas educativos.

También se consignó la necesidad de indagar cómo se incorporan las acciones de carácter afectivo y vincular en las intervenciones ante los problemas de violencia. Finalmente, importó indagar las condiciones para la generación de procesos de apropiación de problemas y recursos institucionales, incluyendo la pregunta por el tratamiento de las diferencias y la construcción cotidiana de las interacciones interpersonales, para un abordaje estratégico de los problemas de violencia que las entrevistadas visualizaron.

Se considera preciso trabajar sobre estos nudos críticos a partir de las fortalezas que evidencian las perspectivas de los y las agentes, basadas centralmente en la habilitación de un espacio de formación, la enunciación de la violencia simbólica, los conocimientos sobre procedimientos institucionales, la existencia de recursos normativos propios y la apuesta a propiciar un espacio de reflexión que constituye una posibilidad de co-construcción de entramados entre diversas agencias para el abordaje y resolución de problemas de la práctica.

Perspectivas de la directora y del vicedirector de la Escuela 2

En esta escuela, sobre los motivos atribuidos a la realización del Taller, la directora articuló necesidades de formación para la práctica, porque

> Existen muchas capacitaciones docentes que se quedan en lo teórico y ya estoy saturada de eso.

Agregó además la idea de poder

> (...) aprovechar para acordar cosas con ellos. Porque es necesario apoyar los proyectos vigentes.

Anticipó así algo de su implicación en el Taller: su intención de generar, desde su rol de directiva "acuerdos institucionales", tal como señaló luego.

El vicedirector apoyó esa idea y agregó:

> Nos interesan las herramientas de negociación de los docentes (...) cuesta lograr acuerdos.

Se advierte que la noción de "negociación" mencionada antes por ambos directivos, dio cuenta de un motivo compartido, construido al menos entre los miembros del equipo directivo. Esto difirió de la Escuela 1, delineó una dinámica diferente para la planificación y desarrollo del Taller y demarcó el interés de analizar si ese motivo estaba apropiado y/o trasformado por otros/as agentes.

Para la directora de la escuela, el Taller respondía a determinadas necesidades internas:

> Hace a la continuidad del año. Porque en las reuniones de trabajo y espacios institucionales siempre charlamos mucho las cuestiones pedagógicas y los casos de violencia siempre saltan en el debate.

El Taller, como posibilidad de abordar necesidades formativas hasta el momento "no cumplidas", corría el riesgo de ser un lugar donde resolver cuestiones institucionales pendientes, que excederían su temática. No obstante, se recibió la impresión de que se lo apropiaron en relación con su realidad y necesidades.

Por otro lado, ambos agentes valoraron la propuesta de un formato interactivo para la realización del Taller. El vicedirector dijo:

> Creo que es la mejor manera. Acá siempre debatimos mucho; a veces nos incluso nos peleamos, pero en el marco de que tenemos profesores de ideologías fuertes.

Dicho posicionamiento, se consignó como un elemento facilitador de la reflexión en dirección al aprendizaje expansivo (Engeström, 2001a).

Sobre cómo significaron los problemas de violencia, se destaca que las situaciones que destacaron como frecuentes no fueron vistas como extremas y/o graves, a la par que se diferencian del "afuera", a modo semejante a las entrevistadas de la Escuela 1:

> No veo grandes situaciones de violencia, no hay armas de fuego y eso que salís a la esquina y ves un montón.

mencionó la directora. En sentido semejante, el vicedirector señaló:

> Violencia en sí, no hay. Violencia física me refiero. Pero hay insultos, faltas de respeto, desobediencia. Afuera sí hay mucha violencia, pero en la escuela no.

Ambos coincidieron, al igual que en la Escuela 1, en el contraste con lo extraescolar.

> En comparación con el afuera, la escuela es un lugar seguro (...) En ese contexto, la escuela es realmente una isla.

agregó el vicedirector.

Cabe señalar que "el afuera" de esta escuela, es un entorno con condiciones más extremas que las informadas en la Escuela 1, respecto a los peligros que los y las agentes sociales enfrentan, debido a su emplazamiento en barrios de emergencia en un contexto de vulneración de derechos. Las autoridades comentaron que

> En otros tiempos hubo muertos por el enfrentamiento entre los turnos.
> Estamos en territorios confinados a la desocupación, al gatillo fácil, a la contaminación, al hambre, al paco y a la violencia.
> (...) la delincuencia es parte de la experiencia de muchos chicos.

Aquí, pareció problematizarse que la escuela sea una isla, dado que, según informó la directora,

> Hay temas que se filtran y no te podés meter.

Al respecto, relató una escena ante la que escuela debió permanecer inmóvil, debido al peligro que significaba "meterse".

Pero tales escenas se presentaron más aisladas y menos frecuentes:

> Los chicos se pelean; ya no pasan mucho a las trompadas, pero sí se insultan, se molestan, se amenazan. Y lo hacen también con los docentes.

sostuvo el vicedirector.

La directora agregó que

> Son situaciones manejables, donde la autoridad escolar tiene incidencia.

Esto también se asemeja con informaciones provistas por las agentes de la Escuela 1, a pesar de las diferencias contextuales: existen conflictos ligados a la indisciplina en los confines de lo escolar, para las que los y las agentes se sienten más idóneos/as y preparados/as. Ello da cuenta del uso de recursos (normativos, educativos, etc.) presentes en las escuelas, apropiados por los y las agentes como conocimiento práctico (Wenger, 2001); fortaleza que forma parte del repertorio de herramientas disponibles en lo escolar, su contexto específico de práctica y de experticia, por lo que resulta pertinente interrogarse por su naturaleza y alcance. Dichos recursos, a su vez no son suficientes para las situaciones que tienen que ver con "el afuera".

Acerca de las causas que atribuyen a los problemas de violencia, la directora sostuvo:

> Hay una realidad muy difícil, una forma aprendida de ganarse un lugar en el barrio a través de la violencia (...)
> Por eso nos ponemos muy orgullosos cuando egresan (...) se fueron logrando algunos cambios, con programas de inclusión

> para chicos, ampliando la oferta de la escuela, buscando ideas que los convoquen.

Estas informaciones advirtieron que, si bien las causas de la violencia se ubican principalmente en lo extra-escolar, el "efecto establecimiento" (Debarbieux, 1996) fue identificado positivamente, a la par que se ejemplifican ciertos abordajes que la escuela realiza, a la par que se los vincula como ayuda ante la problemática.

Sobre las intervenciones y procedimientos se destacó la frase del vicerrector:

> Hablamos mucho de la convivencia (...) y hay normas sobre lo cotidiano que se conversan, que las acordamos entre todos(...) La verdad que acá somos de poco curso, poca teoría.

Se observó una mayor regularidad en el abordaje de la temática que en la Escuela 1, aunque

> Acá aprendimos todo en la práctica, en el día, haciendo.

En ello se advierte como fortaleza la existencia de recursos destinados al tratamiento del problema, aunque sin acciones concretas de capacitación y conceptualización sobre el tema. De cara a la planificación del Taller, surgió la necesidad de generar aportes de carácter epistémico, que enriquezcan la construcción de conocimiento profesional de los y las participantes.

Sobre el régimen de convivencia como recurso, la directora señaló:

> Rige el código de convivencia de una normativa común para todas las escuelas (...).
> Pero acá hubo que hacer un proceso mucho más profundo, un proceso de construcción de normas elementales. Acá no había ni actos, no se formaban filas para entrar al aula, no se izaba la bandera, no se cantaba el himno; ningún ritual. Era una anomia absoluta. Hubo que construir todo eso (...)

> O sea, institucionalizar la escuela para recién después desinstitucionalizarla (...), desarmar algunos formatos tradicionales, sacar a la escuela a la calle, tener proyectos diferentes.

Lo dicho, parece dar cuenta de un proceso de construcción de legalidades que excedió ampliamente la construcción de la normativa escrita. Se debió construir un régimen específico para esta escuela, o como dijo también el vicedirector:

> Dejar de ser un montón de clases y hacer escuela (...) mostrar que acá hay ideas distintas a las de la calle.

Al respecto, a diferencia de la Escuela 1, que es un colegio con larga tradición, aquí se trata de una escuela nueva, cuyo nivel se completó hace poco más de una década; razón por la que la historia de su constitución está más presente. Dicho proceso de historización apareció visualizado por las autoridades como la construcción de una convivencia escolar y constituye una fortaleza de vital importancia: la memoria trabajó sobre el dispositivo escolar, sus tareas y finalidades. De este modo, el formato escolar fue visualizado como central en un proceso de construcción de convivencia.

Sobre intervenciones y procedimientos cotidianos, la directora destacó que

> Hay pautas que fuimos consolidando; los padres vienen a las reuniones, el equipo de preceptores maneja muy bien el tema con los padres y por eso le encargamos a ellos especialmente la tarea; también trabajamos mucho con los auxiliares para que tengan buenas relaciones con los chicos;(...)
> Están las chicas del Equipo de Orientación que dan una mano enorme. Hay equipos, y cada quien tiene sus responsabilidades.

La agente resalta la existencia de equipos de trabajo que dan cuenta de tramas relacionales (Engeström, 2001) en la división del trabajo, aunque ello no es evidencia de estructuras de construcción conjunta de las intervenciones. Una primera lectura permitió advertir que lo que más se destacó es una división de tareas y un reparto de responsabilidades entre agentes con guiones prescriptos, razón que constituyó una nueva apertura a la indagación en el Taller.

Al preguntarle por la existencia de alguna política o acuerdo de acción definido, el vicerrector señaló a la trama educativa como medio de para el abordaje de los problemas. En sus palabras, para accionar contra las violencias hay que "*... mejorar la oferta educativa*".

Se consignó indagar, si esa idea era menos vinculada a cuestiones del currículo y del aula y más vinculada con lo que la escuela ofrece como "diferente" en términos de proyectos socioeducativos.

De las entrevistas, se advirtió que el eje de la acción se enfocó en la tarea institucional organizativa y en la puesta en marcha de programas y no tanto en lo específicamente pedagógico-áulico. Es una perspectiva concordante con su rol de directivos y su participación en la división del trabajo, pero que en términos prácticos corría el riesgo de desenfocar algunas especificidades de la tarea docente.

Sobre el equipo de orientación escolar —el que a diferencia del de la Escuela 1, trabaja al interior del establecimiento—, la directora dijo:

> Laburan muy bien; se sientan con los chicos, contienen uno por uno (...) (toman) todo lo que hace a los conflictos de las personas y entre los alumnos.

Se destacó la labor del equipo de orientación ante conflictos interindividuales, "uno a uno" y de carácter contenedor. Al respecto, interesó indagar si los y las participantes en el Taller visualizaban tareas del equipo de orientación que incluyeran otras dimensiones más allá de las afectivas, tales como institucionales, pedagógicas, normativas etc., junto a prácticas inter-agenciales (Engeström, 2001a), de intercambio entre agentes, para la resolución de los conflictos.

Del conjunto. se puede inferir que las autoridades integran recursos escolares–institucionales en una significación compartida a partir de experiencias en común (Lave y Wenger, 2001). Interesa abordar si dicha significación sobre los abordajes del problema es también compartida con y apropiada por los y las docentes de la escuela; sobre la base de que las comunidades suelen construir discursivamente visiones compartidas en torno sí mismas (Zucchermaglio, 2002).

Sobre los y las docentes, al igual que en la Escuela 1, las autoridades señalaron la necesidad de mayor involucramiento:

> "Tenés que actuar" —les digo—; porque siempre me tiran todo a mí para resolverlo (...) hay que trabajar la intervención docente. Deben poder sancionar ellos también. O sea, pueden, pero no lo hacen. No ponen autoridad.

También el vicedirector señaló:

> Queremos que los problemas y conflictos cotidianos los resuelva cada docente. O al menos que les den un primer tratamiento.

Si bien en sus voces fue mencionada la existencia de espacios de negociación cotidiana para abordar las temáticas, parece insistir la dificultad y/o desencuentro entre intenciones y propósitos de las autoridades con lo que éstas les atribuyen a los y las docentes.

Al respecto, la directora agregó:

> Conseguir esta secundaria fue un gran logro (...); no sabés lo que era esto en 2003, 2004, yo era docente: los pibes se mataban entre los turnos (...)
> Entonces, la continuación de la vida en la escuela, la doble jornada, ayudó a que aprendan a convivir (...)
> Ahora falta espacio. Están hacinados en las aulas, pero ya no se agarran a piñas. Estas acciones son herramientas que a veces los docentes no ven, no saben lo que pasó acá antes de ellos.

La agente enunció así divergencias en la visión de acciones consideradas importantes. Por eso, interesó indagar si estas formas de historización se evidenciarían en las perspectivas de los y las docentes y si los/as mismos/as se sienten participes activos/as de los espacios colectivos e interagenciales señalados.

Sobre relaciones las interpersonales, institucionales y/o comunitarias para el abordaje de las violencias en escuelas, se destacó la existencia de espacios destinados al debate colectivo. Y a nivel interpersonal, la directora señaló que las relaciones entre agentes

> Son buenas, hay compañerismo (...) más allá de todas sus diferencias, son personas con mucha preocupación por el contexto socioeconómico y por los pibes en situación de marginalidad.

Eso no se enunció exento de conflictos y de demandas de mayor involucramiento docente. Al respecto, la directora señaló:

> Hay problemas de superposición de espacios y horarios, tenés que trasladarlos de un lugar a otro, es un lío; el personal no da abasto en los cambios de turno, se te escapan los chicos, son muchos, no alcanzan las manos; y tenés profesores que sólo llegan a la hora de su clase, ni cinco minutos más.

Los problemas de organización fueron enunciados en referencia a la falta de presupuesto y recursos, donde la escuela parece sufrir "el desborde" de tareas.

Por otro lado, se evidenció una fuerte relación con la comunidad. La directora señaló:

> Acá hay una fuerte identidad barrial que se quiere aprovechar. Todos los vecinos se conocen entre sí, los alumnos son todos vecinos, hay una vida afuera en la que deben seguir conviviendo (...)

> Cualquier docente que camina por el barrio es saludado por todos.

En un sentido semejante, y con otra forma de enunciación, el vicerrector señaló:

> Eso se te impone porque las madres nos dicen que hagamos algo por los chicos, que hagamos algo con los adolescentes, que las ayudemos. Entonces no hay manera de hacerse el zota.

La idea se enunció como

> (hay que) sacar la escuela afuera.

y construir situaciones educativas que funcionen en el espacio público.

Al respecto mencionaron un extenso conjunto de proyectos y programas —algunos generados sólo desde la escuela, otros co-gestionados con ONGs y con organismos municipales, provinciales y nacionales— dando cuenta de fortalezas en la construcción de vínculos con agentes externos que evidenciaron la construcción de entramados (Cazden, 2010) entre lo escolar y lo extra-escolar. Esta idea contrasta con la de un "extra-escolar" inabordable, que se enunció al principio de la entrevista, ya que las y los agentes visualizaron y dieron cuenta de recursos y acciones significativas.

Lo llamativo es que el sistema de actividad aula, no fue mencionado (nuevamente) dentro de la construcción de estrategias de abordaje problemas, conflictos e intervenciones. Interesa indagar sí ello era advertido y cómo resultaba significado por los y las agentes en el transcurso de los Talleres de Reflexión sobre la Práctica.

De lo antedicho, se consignó la necesidad de analizar formas y procesos de apropiación por parte docentes y otros/as agentes, tanto de los motivos de la realización del Taller, como de otros aspectos relevantes manifestados por las autoridades. Por un lado, importó saber si la historización escolar era visualizada por docentes y otros/as agentes como la construcción de una convivencia escolar; al igual que la gran cantidad de proyectos, planes y programas de interacción comunitaria que la escuela realiza. A su vez, si bien las causas de las violencias se ubicaron en el contexto extra–escolar; la institución apareció involucrada a través de diversas acciones, aunque las propias autoridades remarcaron la necesidad de capacitación y conceptualización.

La referencia explícita a trabajar "acuerdos institucionales", sumado a un conjunto de ítems consignados, anticiparon la importancia de indagar acerca de una posible escisión, al interior del sistema escolar, entre las tareas de los directivos muy enfocadas a los aspectos socio–educativos, y la tarea pedagógica–áulica, no enunciada en las entrevistas.

En otro orden de ideas, se evidenció como fortaleza una nutrida relación con la comunidad, junto a prácticas al interior de la institución donde es habitual el debate y abordaje de problemas. Se consignó la necesidad de indagar las relaciones entre los distintos sub–sistemas o agencias intrainstitucionales, ya que no se evidenciaron estructuras de construcción conjunta de problemas e intervenciones, aunque sí se visualizaron tramas de cooperación al interior de la escuela y con agencias externas.

Guías y Resoluciones

- *Guía Federal de Orientaciones para la intervención educativa en situaciones complejas relacionadas con la vida escolar.*
  Ministerio de Educación de la Nación y Secretaría General el Consejo Federal de Educación (2014).
- *Guía de Orientación para la intervención en situaciones conflictivas y de vulneración de derechos en el escenario escolar.*
  UNICEF y Ministerio de Educación de Prov. Bs As (2014).
- *Protocolo de Intervención.* En la Resolución 655 del Consejo de Derechos de Niñas, Niños y Adolescente.
  Gobierno de la Ciudad Autónoma de Buenos Aires (2007).
- *Guía de Orientación Educativa: bullying y acoso entre pares.*
  Ministerio de Educación del Gobierno de la Ciudad Autónoma de Buenos Aires (2014).
- *Guía de Orientación Educativa: maltrato y abuso infanto–juvenil.*
  Ministerio de Educación del Gobierno de la Ciudad Autónoma de Buenos Aires (2014).

Materiales con recursos pedagógicos

- *Experiencias para armar. Manual para talleres en salud sexual y reproductiva.* Ministerio de Salud. Presidencia de la Nación.
- *Educación Sexual Integral para la Educación Secundaria. Contenidos y propuestas para el aula.*
  Ministerio de Educación. Presidencia de la Nación.
- *Normas, Libertad y Autonomía*. Revista Explora: Pedagogía.
  Programa de Capacitación Multimedia. Ministerio de Educación. Presidencia de la Nación.
- *La Emoción de Aprender a Transformar. Derechos de la Infancia y participación.* Edición Electrónica. Fundación Educo. España.
- *Respeten Mi Cuerpo. Un manual para adultos que quieren conversar con niños sobre los límites del cuerpo y abuso sexual.*
  Fundación Save the Children.
- *Sinfín de principios. Propuestas para la educación cooperativa en la escuela.* Instituto de la Cooperación. Fundación de Educación, Investigación y Asistencia Técnica (IDELCOOP). Rosario, Argentina.

CAPÍTULO 4

La investigación en terreno (II)

Hallazgos y análisis

SE ANALIZARON RELATOS DE PARTICIPANTES en los Cuestionarios de Situación–Problema de Violencias en Escuelas (Anexo II), donde los y las agentes plasmaron y enunciaron sus perspectivas sobre problemas e intervenciones. Los relatos se analizaron a través de la *Matriz de Análisis Complejo M1: Intervención del profesional sobre problemas situados en contexto educativo* (Erausquin, Basualdo, 2007; citado en Erausquin et al. 2009, 2010) que se muestra en el Anexo I, formulada a los fines de indagar *Modelos Mentales Situacionales* (Rodrigo, 1999) sobre problemas de violencia en escuelas, a través de las siguientes Dimensiones de análisis:

Dimensión I: Situación–problema de violencia en la que haya intervenido el agente.

Dimensión II: Intervención realizada.

Dimensión III: Herramientas utilizadas.

Dimensión IV: Resultados de la intervención y la atribución de los mismos.

Cada Dimensión posee Ejes e Indicadores vinculados a la profesionalización educativa en nuestro contexto. Para cada eje de análisis, las respuestas se clasificaron en alguno de los Indicadores (nominados 1 a 5), de acuerdo a la identificación más cercana que tiene la respuesta con la definición del Indicador.

Estos Indicadores tienen una progresión que señala diferencias cualitativas de los "modelos mentales situacionales" (Rodrigo, 1999) ordenada en dirección a un enriquecimiento y mejora de la práctica educativa, compatible con el "giro contextualista o situacional". El análisis multidimensional, a través de la matriz, brindó la posibilidad de estudiar en profundidad cada relato.

La identificación posterior de puntajes compartidos en los relatos, permitió conocer algunas características comunes, en tanto recurrencias, en la muestra, de los problemas e intervenciones identificados por los y las participantes de cada escuela.

Los cuestionarios, al ser administrados en contexto del primer encuentro del Taller y con objetivos de aprendizaje, constituyeron un insumo de importancia para la construcción de los contenidos de los siguientes encuentros.

El análisis de contenido (Bardin, 1986) permitió identificar fortalezas y nudos críticos (Erausquin, et.al., 2010) en la profesionalización educativa en los grupos de trabajo, que se resumen a continuación. Al tratarse de características compartidas, lejos de ser reducidas a propiedades individuales de los y las agentes, las mismas se consideraron vinculadas a los sistemas societales e institucionales (Engeström, 2001) en los que se insertan sus prácticas. La identificación de fortalezas y nudos críticos permitió construir categorías de indagación sobre giros cognitivos y actitudinales (Rodrigo et. al., 1999) en la experiencia del Taller.

Escuela 1. Dimensión I: Situación–problema de violencia

Se advierten fortalezas, especialmente en los niveles de problematización de las situaciones de violencia, ya que las narrativas incluyeron problemas complejos y multidimensionales que fueron más allá de una mera descripción de los hechos, explicando factores incidentes, a través de inferencias e hipótesis. A su vez, se destaca que los y las agentes relataron problemas desde su rol docente, además de que señalaron diversos antecedentes significativos sobre la historia de los mismos.

A través de un análisis cualitativo de los sentidos atribuidos al término "violencia", se encontró que todos los relatos señalaron problemas que tuvieron como protagonistas a estudiantes. En la mayoría de ellos como agresores (en relación a sus compañeros o hacia el propio docente), en situaciones relacionadas a incivilidades y micro–violencias (Debarbieux, 1996 y 2003a), al igual que informaron las autoridades.

> *Ejemplo*
> Un alumno me tiró una silla simplemente porque fue desaprobado en un examen por copiar. Hasta el momento del hecho, este alumno tenía un trato correcto, aunque un poco falto de afecto (...) sucedió de un día para otro, fue un detonante (...) creo que su reacción fue sólo por resaltar en el grupo, no es un alumno problemático.

Sólo en algunos relatos, se visualizaron a los alumnos/as como víctimas de problemas originados en el contexto extra–escolar, particularmente en sus familias. A su vez, en forma semejante a lo compartido por las autoridades, ningún/a agente mencionó alguna relación de los problemas de violencia entre alumnos con la vida escolar. Así, formas vinculadas a las violencias **de** la escuela (Charlot, 2002) no aparecieron en los relatos.

Si bien los relatos realizaban historizaciones con algunos antecedentes del problema, las historias no contenían referencias a lo que Engeström et al. (1992) denominaron acciones secundarias del recuerdo, que indiquen la recuperación del problema en el propio sistema escolar, o bien la indagación de cómo se hicieron las cosas en el pasado, frente a problemas similares, en la institución. La historización recayó únicamente en antecedentes individuales de los alumnos/as, (acciones primarias, según Engeström et al., 1992), ya sea sobre su comportamiento escolar o sobre su historia personal–familiar.

> *Ejemplo*
> Generalmente, toda situación de violencia escolar es el resultado de una problemática individual, ya sea abandono de los padres, desatención, maltrato, fallecimiento de alguno de los progenitores, adopción, etc. (...) son problemas que se viven en el mundo de hoy en día (...) en el aula de 4to año tenía un alumno que rompía puertas y ventanas (...) tenía una des–escolarización tremenda (...) hoy en día se preocupa por más sí mismo.

Por otro lado, ningún relato mencionó ejemplos y/o definiciones acerca del concepto de violencia simbólica (Bourdieu, 1988) señalado por una de las informantes clave como motivo para la realización del Taller. Lo señalado hasta ahora, permite identificar un nudo crítico en las perspectivas de las y los agentes, consistente en la invisibilización de posicionamientos escolares co–implicados en la producción y/o reproducción de las prácticas violentas, lo que dificulta la posibilidad de revisar críticamente los mismos.

Es posible que ello se vincule con algunas dificultades identificadas en otros Indicadores de la Dimensión I (situación–problema), pues ningún relato dio cuenta de multicausalidad en la atribución de factores y/o causas del problema. Más allá de la complejidad, las causas atribuidas solían obedecer a factores personales e interpersonales; sean éstos intenciones y/o conductas estudiantiles, o bien, situaciones familiares de los alumnos/as. Ello se condice con que la mayoría de los relatos realizó escasa contextualización del problema: las situaciones no fueron incluidas dentro de tramas relacionales, institucionales y/o sociales, sino descritas con tendencia a la personalización e individualización. En ese sentido, la trama psico–social es escindida del recorte de la situación, lo que constituye un nuevo nudo crítico en las perspectivas sobre el problema.

Por otro lado, se destaca que la mayoría de los y las agentes refirió a una única perspectiva en la narración del problema, centrada en el agente–relator, sin dar cuenta de otras miradas o puntos de vista distintos a los que el/la agente aportó. Este ítem se vincula a una serie de dificultades, que se avizoran en el relato de las intervenciones realizadas.

Escuela 2, Dimensión I: Situación–problema de violencia

Se destaca que la mitad de los relatos narró problemas unidimensionales, cuyos hechos principales fueron incluidos en secuencias descriptivas. Mientas que la otra mitad de los relatos contuvo narraciones de problemas complejos y multidimensionales (dos de ellos incluyeron interrelaciones entre las dimensiones mencionadas) con enunciación de inferencias e inclusión de elementos explicativos. A su vez, y en contraste con los resultados obtenidos en la Escuela 1, se advierte que priman las respuestas sin historización de los problemas, con pocas menciones de antecedentes significativos. Lo dicho hasta aquí, advierte desafíos y posibles nudos críticos a ser revisados en la problematización de las situaciones de violencia.

En otro orden de ideas, se destaca que la mitad de los relatos de la muestra de esta escuela describió problemas específicos del rol docente, mientras la otra mitad de los y las agentes denotó especificidad del problema con relación a la intervención docente en un determinado campo de conocimientos y actuación profesional. Ello se advierte en algunas descripciones de problemas que se inscribieron en el marco de actividades pedagógicas, y en el uso de algunos conceptos vinculados a dicha práctica, tales como formatos de la tarea, clima de clase, entre otros. Sin embargo, la mayoría de los relatos coincidió en establecer relaciones unidireccionales de tipo causa–efecto (en una frecuencia mayor a la detectada en la Escuela 1): las causas de los problemas de violencia se suelen atribuir exclusivamente a factores personales e interpersonales entre alumnos/as —vinculados a intenciones y/o conductas estudiantiles— o bien, a la situación socio–económica de los alumnos/as y su contexto extra–escolar.

> *Ejemplo*
> Los estudiantes provienen de un estado de cosas con diversos grados de violencia que muchas veces cuesta tanto enterarse como digerirlos (...) es muy difícil no conmoverse al punto de

> perder el centro y no saber bien qué hacer o continuar trabajando como si nada (...)
> Soy un profesor y mis capacidades y mi preparación no alcanzan (...) improviso en cada caso, no tengo una receta infalible.

El análisis cualitativo de los sentidos atribuidos al término violencia en las narrativas, advirtió que todos los relatos narraron situaciones cuyos protagonistas fueron sujetos estudiantiles. En todas ellas, los estudiantes aparecieron como agresores en relación a compañero/s de estudio o hacia el propio docente. Dicha característica difiere con algunos relatos de la Escuela 1, en los que los estudiantes fueron visualizados como víctimas de otras violencias. Sin embargo, sí se establecieron relaciones causales directas entre problemas extra–escolares (mencionados en los relatos como la crisis social, al barrio o la situación de los padres) y las conductas agresivas de los estudiantes.

Las situaciones antes descriptas se vincularon principalmente a formas de violencia que coinciden con las nociones de incivilidades y micro–violencias (Debarbieux, 1996 y 2003a), al igual que informaron las autoridades. Sólo en dos de los relatos aparecieron formas de violencias más graves que incluyeron el uso de armas y amenazas mafiosas, pero en el contexto externo a la escuela.

A su vez, en forma semejante a lo ocurrido con los relatos de la Escuela 1, las y los agentes no mencionaron ninguna relación de los problemas de violencia entre alumnos con la vida escolar y no expresaron posibles implicaciones de la escuela en dichos problemas. O sea, no fue visualizada la violencia **de** la escuela (Charlot, 2002) y no se incluyeron respuestas específicamente escolares ante los problemas señalados.

Resulta llamativo su contraste con las perspectivas de las autoridades, en cuyas entrevistas incluyeron alusiones permanentes al rol de la institución en el abordaje estratégico (Erausquin et.al., 2012) de problemas vinculados a las violencias y la convivencia escolar, con ejemplos concretos acerca de los mismos. Dicha cuestión amerita sostener interrogantes acerca de las condiciones colectivas para la apropiación de significaciones que se presentaron compartidas entre las autoridades.

Acerca de la historización realizada por las y los agentes en los cuestionarios, se destaca la ausencia de acciones secundarias del recuerdo (Engeström, 1998), dado que, entre los antecedentes más significativos, se suelen mencionar acciones relativas al pasado del comportamiento escolar y/o civil de los estudiantes (acciones primarias). Ello contrasta con la información obtenida en las entrevistas a las autoridades, en las que sí fue recuperada la historia del problema en el propio sistema escolar, fundamentalmente a través de la explicitación de acciones institucionales y educativas.

> *Ejemplo*
> Esta situación de insultos entre alumnos se repite constantemente en clases a contra–turno.

Por lo antedicho, se identifica un nudo crítico consistente en la fragmentación entre las perspectivas de los y las agentes–relatores/as y las de las autoridades, acerca de las acciones que la escuela realiza como institución y que se vinculan a lo que Debarbieux (1996) denominó "efecto establecimiento" debido a su acción positiva sobre el clima escolar. Ello se condice con algunos señalamientos realizados por la directora en la entrevista, acerca de la necesidad de que los docentes se apropien de la historia de la constitución de la escuela.

Esta situación también coincide con el hecho de que los indicadores de perspectivismo en la visión del problema fueron menos frecuentes, y que la mayoría de los relatos refirieron a la presencia de una única perspectiva (la del/a agente) en el enfoque del problema, sin incluir otras miradas, como, por ejemplo, la de los directivos.

Por otro lado, resulta llamativo que una gran parte de los relatos situaron el problema en un sujeto individual–descontextualizado, mientras que un porcentaje equivalente realizó descripciones con tendencia a la definición social del problema, pero desvinculadas de factores personales e institucionales. Las situaciones no fueron inscriptas en tramas vinculares, institucionales y/o sociales. En ese sentido, al igual que en la Escuela 1, la trama psico-social es escindida del recorte de la situación-problema, pero en este caso el problema es individual o social, sin hacer trama con lo pedagógico e institucional, lo que constituye un nuevo nudo crítico en la identificación y caracterización de los problemas de violencia que enfrentan en sus contextos de práctica.

Escuela 1. Dimensión II: Intervención docente/profesional

Aquí los y las agentes se ubicaron como en forma activa en la toma de decisiones, y en una parte significativa de ellos/as, estas decisiones incluyeron la participación de otros/as agentes, aunque sin construcción conjunta de las mismas. Se destaca también que la mayoría de los relatos trataron sobre problemas pertinentes con el rol docente y, aunque no primaron las prácticas de indagación acerca de las características y causas de los problemas, se mencionaron acciones de ayuda efectiva ante las situaciones emergentes. En este orden de ideas, y a diferencia de algunos señalamientos producidos por las informantes clave, se advierte en la gran mayoría de relatos, que los y las agentes se involucraron en la resolución de problemas, con compromiso e implicación, incluso con preocupaciones acerca de lo correcto de su accionar. En ello se identifica una fortaleza respecto de su implicación en los problemas e intervenciones.

> *Ejemplo*
>
> Un alumno se comenzó a golpear la cabeza contra la pared (...) una alumna salió del aula buscando a algún directivo o preceptor (...) no había nadie y la preceptora estaba ocupada (...) entonces hablé con el alumno y luego hice un acta (...) logré calmarlo y no sé qué otra cosa podría haber hecho.
>
> Lo importante es saber qué otra cosa hubiese tenido que hacer para evitar algo mayor.

El análisis cualitativo de los relatos reveló que acciones tales como conversar, contener, abrazar, acercarse y dialogar fueron frecuentemente nombradas, e indican la prevalencia de actos de carácter afectivo como intento de evitar peligros mayores, o bien de recomponer vínculos luego de la situación violenta. A su vez, se advierten acciones de empatía comprensiva, vinculadas a la necesidad de apuntalar aspectos morales, reflejados en palabras tales como recapacitar; reflexionar, tomar conciencia. Sin embargo, la posibilidad de vincular dichas acciones con aspectos pedagógicos y/o específicamente educativos, cognitivos y/o epistémicos, no fue mencionada ni identificada en las intervenciones, ni articulada con abordajes estratégicos de y en los sistemas escolares (Erausquin et. al., 2012). Ello señala que la inclusión de los afectos, valorados en las perspectivas sobre las intervenciones, apareció de forma escindida de la unidad afectivo-intelectual que constituye la vivencia (Vygotsky, 1994), en la praxis consciente o en la reflexión reelaborativa de la relación con el ambiente de la perspectiva personal de los jóvenes.

> *Ejemplos*
> Con una preceptora, comenzamos a acompañarla con el objeto de contenerla. El acercamiento consistía en charlar con la alumna, junto con la preceptora, de los sucesos (...) la intervención la decidí yo.
> Intenté con el diálogo, hacer recapacitar a la alumna del alto nivel de agresión expuesto y abrir el diálogo y reflexión con sus compañeros.

En la mayoría de los relatos, las acciones se enunciaron con escasa articulación entre sí, dirigidas a aspectos puntuales del problema y destinadas a objetivos únicos, consistentes en la mejora de algunas relaciones, conductas o actitudes estudiantiles. A su vez, y en consonancia con la escisión de la trama psico-social en la visualización del problema (identificada en la Dimensión I), la gran mayoría de los relatos se refirió a acciones que se realizaron sobre sujetos individuales o tramas vinculares exclusivamente, siendo éste un nudo crítico en el abordaje de situaciones problema de violencias en escuelas.

La siguiente cita, incorporara una intervención distintiva de las más frecuentes:

> *Ejemplos*
> Yo decidí intervenir. Quería que se pudiera insertar en la clase y que pudiera relacionarse con sus compañeros y docentes.
> Una vez conversado con el alumno llamamos a su tutor y volvimos a conversar sobre el tema y entre los tres decidimos un compensatorio al momento vivido.
> Mi objetivo fue separar y tranquilizar a las chicas (...) Más tarde, junto a colegas, tratar de entender, y que las chicas entendieran que así sólo se agrandaban los problemas y las diferencias.

Los ejemplos muestran distintos entramados (Cazden, 2010) para actuar sobre aspectos personales e institucionales en el abordaje de los conflictos y problemas de violencia. En la información obtenida hasta aquí en los relatos, la mayoría de las y los agentes no dieron cuenta de tramas interpersonales, institucionales y/o comunitarias, ni de acuerdos institucionales más amplios, para posibilitar interacciones inter–sistémicas al interior de la escuela (EOE, aula–dirección) ni de entramados con agencias del contexto extraescolar. Dicha dificultad en la identificación de tramas para pensar o actuar juntos frente a lo que atañe o involucra al conjunto, parece referida en primera instancia al sistema institucional en el que se inscribe la actividad profesional educativa.

Interesa, entonces, indagar condiciones para el desarrollo de conocimientos que orienten la actividad, considerando que el aprendizaje en la práctica (Lave y Wegner, 1991), requiere de la participación mediada por la diversidad de puntos de vista y agencias (Engeström, 2001) de los actores co–participantes en los contextos de trabajo.

Sobre esta base, es posible identificar, en base a la información disponible, una de las principales dificultades y nudos críticos recurrentes en los agentes–relatores de esta escuela: Si bien un porcentaje significativo (35.7%) de los relatos señaló la participación de otros agentes en la intervención, ésta se realizó sin construcción conjunta de las intervenciones, a la par que un porcentaje análogo señaló que las intervenciones se construyeron en soledad. Incluso cuando la actuación de otros agentes fue enunciada, se realizó a través de la derivación de problemas y la parcelación de la intervención; lo que se asemeja a lo señalado por las informantes clave en las entrevistas, respecto del problema de los pasos necesarios.

Estas actuaciones son ejemplificadas en frases tales como:

> Se derivó al EOE.
>
> Se lo acompañó a la dirección y pude seguir con la clase.

La inclusión por parte de los y las agentes de nuevas miradas acerca de las situaciones y de la posibilidad de trabajar en los nudos (Engeström, 1987, 2001a), a través de la coordinación o comunicación reflexiva con otras agencias o actores en la intervención, no se manifestó en los relatos.

En las entrevistas, una de informantes clave mencionó dificultades en la grupalidad, debido a que los docentes se conocen poco entre sí; y otra de las entrevistadas señaló las ausencias recurrentes a las reuniones institucionales. A su vez, las informantes clave de esta escuela señalaron que, a nivel institucional, aún no se habían organizado respuestas colectivas en términos de capacitación y/o formación para este campo específico de la práctica.

La información obtenida hasta aquí permite sostener que se plantean desafíos para la colaboración entre pares, comprometidos a resolver problemas y diseñar soluciones, cuando son requeridos por un objeto de indagación e intervención compartido. Se requiere la conformación de equipos de trabajo en tramas relacionales y estructuras de inter–agencialidad (Engeström, 2001a), para la construcción conjunta de problemas e intervenciones.

Escuela 2. Dimensión II: Intervención docente/profesional

Los aportes se enriquecieron notablemente. Se destaca que la gran mayoría de los relatos incluyó decisiones en las que el/la agente fue parte activa en la toma las mismas. A su vez, se advierte que un porcentaje significativo mencionó que la decisión sobre la intervención se situó en el agente, teniendo en cuenta la opinión de otros colegas. Los relatos, comparados en relación a lo obtenido en la Escuela 1, visualizaron mayores acciones de consulta entre agentes e intercambio de perspectivas en la resolución de problemas.

> *Ejemplo*
> Un grupo de varones empezó a silbar y a golpear las mesas (...) les pedí que cesaran, pero lo hacían cada vez peor. Entonces por primera vez no tuve más remedio que mandar a uno de los practicantes en busca del rector (...).
> Pero los problemas no terminaron aquí. Una vez que sacamos a algunos alumnos de la clase para conversar con ellos, otro chico empezó a molestar a sus compañeros tirándoles del cabello (...) por lo que no tuve más remedio que pedir nuevamente la intervención del mencionado (...)
> Luego no volví a la escuela (...) a veces dejo de salir los fines de semana para armar bien las clases y a pesar de eso a los alumnos no les interesa (...) creo que las notebook y celulares no contribuyen a una buena clase ya que distraen.

En ese orden de ideas, se advierte que la mitad de los relatos dieron cuenta de la actuación del profesor y de otros agentes en la intervención, aunque sin construcción conjunta del problema ni de la intervención.

Los datos obtenidos hasta aquí —en concordancia con las informaciones ofrecidas por las autoridades—, permiten distinguir que las estructuras inter-agenciales (Engeström, 1997) predominantes, se aproximan más a la coordinación y la cooperación que a la comunicación reflexiva. Los relatos incluyeron la acción y participación de otros agentes, pero en el marco de lo prescripto por el guión en relación a la división del trabajo.

El análisis cualitativo advirtió que la mayoría de las y los agentes apelaron a los directivos, reconocieron su presencia e implicación, a la par que contaron con el apoyo e interconsulta con el equipo de orientación escolar.

Sin embargo, los problemas e intervenciones no fueron co-construidos a partir de objetivos comunes, sino que se asemejaron a acciones en cadena, en las que los diversos agentes participaron únicamente en función de su experticia profesional específica. Ello revela, por un lado, fortalezas en la cooperación entre agentes y a su vez desafíos en la construcción de procesos que los co-impliquen en la construcción de decisiones comunes.

Los y las agentes, en su mayoría, mencionaron diversas acciones en su intervención, aunque con escasa vinculación entre sí. Incluyen separar al alumno del grupo, conversar con él para que repare en su actitud, confeccionar un acta (acción nombrada en todos los relatos), apelar a los directivos, realizar algunas acciones coordinadas con preceptores y consultar a integrantes del equipo de orientación. Tales acciones no aparecen integradas a un proceso de intervención, sino que se reparten en función de tareas y acciones prescriptas aplicadas a la situación-problema.

Otra cuestión a considerar, es que la mitad de los relatos enunció acciones que estuvieron dirigidas a un objetivo único. Éstas, al igual que en la Escuela 1, apuntaron a la mejora y/o reparación de relaciones, conductas y actitudes estudiantiles. Dicha información se condice con que la mayoría de relatos mencionó acciones que recayeron exclusivamente sobre sujetos individuales o tramas vinculares, sin mencionar los quehaceres vinculados a la relación escuela-comunidad, señalados por las autoridades.

Las tramas institucionales y comunitarias, y los entramados con agencias y actores del contexto extraescolar, no aparecieron en los relatos de los docentes.

> *Ejemplo*
> Mi objetivo fue que las alumnas tomaran conciencia y reparen su error.

Sobre este punto, cabe considerar que los sistemas de actividad (Engeström, 2001a) comprenden contradicciones históricas en varios niveles que repercuten en el trabajo cotidiano. La relación entre el objeto y el sujeto de la actividad es una de las tensiones dominantes en la profesión docente (Terigi, 2012), razón por la que es viable articular la información obtenida con el hecho de que

> *La organización del trabajo docente tiende a obturar la posibilidad de desarrollar la actividad conjunta inherente al carácter colaborativo e institucional de la docencia.*
>
> *Terigi F., 2012:9*

Estas consideraciones revelan la importancia de indagar, en el transcurso del Taller, condiciones y posibilidades para la problematización de la actividad y la inclusión de su carácter colectivo.

En otro orden de ideas, se advierten que primaron las acciones de ayuda a los actores en las intervenciones ante situaciones–problema de violencia, siendo menor la indagación realizada acerca de los motivos del problema. A su vez y a modo semejante con la Escuela 1, se advierte en la mayoría de los relatos, que los y las agentes se involucraron en el abordaje de problemas con compromiso e implicación en su trabajo, con distancia y objetividad en la apreciación; lo que revela una fortaleza en su implicación ante problemas e intervenciones. También, a modo semejante con la Escuela 1, se mencionaron acciones como apelar al buen vínculo, *contener abrazar, proteger y dialogar,* cuyo carácter afectivo/emocional se entrama el trato con los estudiantes.

En cambio, a diferencia de algunos datos hallados en la Escuela 1, algunos relatos incluyeron aspectos pedagógicos que mediaron en las intervenciones. Entre ellos, se mencionaron acciones como contar cuentos, realizar una actividad reflexiva, conversar con el resto del grupo en el aula, cambiar de clima y sacarlos a alguna actividad al aire libre, usar la huerta. Si bien no se trata de acciones articuladas en intervenciones de carácter estratégico, apuntadas a provocar transformaciones en el sistema de actividad, su presencia revela una mayor especificidad docente. Ello concuerda con el hecho de que la mayoría de los relatos narraron intervenciones pertinentes respecto al problema y realizadas desde la especificidad del rol de profesor.

 *Escuela 1. Dimensión III Herramientas utilizadas*

La mayoría de los y las agentes educativos mencionaron una sola herramienta vinculada a una sola dimensión del problema y son muy pocos los relatos que dieron cuenta de diversas herramientas vinculadas a diferentes dimensiones del mismo. La herramienta más nombrada fue la palabra, o bien el diálogo y la conversación, aunque algunos casos puntuales incluyeron la confección de un acta o la sanción normativa. Las herramientas se mencionaron en forma genérica, sin mayores aclaraciones o reminiscencias y sin fundamentación teórica o empírica acerca de su uso. Si bien se trata de herramientas pertinentes con el rol del profesor, no tenían especificidad en relación a modelos de trabajo del área o campo de enseñanza.

> *Ejemplo*
> Mi herramienta fue la pablara, conversar con el alumno para que reflexione.

En ese sentido, determinadas prácticas pedagógicas y/o educativas, propias del rol docente, no aparecieron incluidas dentro del repertorio de herramientas disponibles para abordar los problemas de violencia en las aulas.

Se identifica aquí un nudo crítico en la posibilidad de visualizar herramientas pedagógicas como acciones educativas que produzcan movimientos en los dispositivos de trabajo áulico y brinden la posibilidad de crear abordajes estratégicos, en el sentido de que transciendan los problemas urgentes y se planteen educar en la convivencia, la no violencia y el fortalecimiento de derechos.

Las herramientas pedagógicas no parecen ser visualizadas como artefactos mediadores (Cole, 1989) para actuar sobre los problemas de violencia o bien para construir entramados (Cazden, 2010) en las aulas, que vinculen lo epistémico con lo cotidiano, o los contenidos curriculares con las vivencias estudiantiles. Sin embargo, ello no implica que no las construyan o no puedan construirlas, sino que no resultan visualizadas en los relatos; motivo que amerita una indagación más profunda hacia el transcurso del Taller.

Los y las agentes tampoco dieron cuenta del uso de recursos identificados por los informantes clave que, en la perspectiva de éstos, forman parte del repertorio de herramientas disponibles; tales como el régimen de convivencia, el protocolo de actuación y otros recursos normativos vinculados a la vida escolar. Ello, junto a lo formulado en relación al problema de la grupalidad, permite interrogar la existencia de un nudo crítico en la apropiación de herramientas existentes en el sistema escolar, sosteniendo a su vez la pregunta por el alcance y efectividad de las mismas.

En ese orden de ideas, se destaca que los proyectos y/o programas específicos que se desarrollan en las escuelas en las que trabajan, y que fueron mencionados por las informantes claves, no fueron visualizados por las y los agentes —o no adquierieron ese significado— como artefactos mediadores ante problemas de conflictividad, violencias y convivencia; razón por la que es preciso indagar, a través de los talleres, si se trata de una mediación implícita o invisible para los y las docentes (Daniels, 2015a).

Escuela 2. Dimensión III: Herramientas utilizadas

De modo semejante a la Escuela 1, la mayoría de los relatos mencionaron una sola herramienta vinculada a una sola dimensión del problema y son muy pocos los relatos que dieron cuenta de diversas herramientas vinculadas a diferentes dimensiones del mismo. Las herramientas más nombradas fueron la palabra, el diálogo y la conversación; aunque en este caso todos/as los/as agentes nombraron la confección del acta y ninguno hizo alusión a la sanción. Las herramientas así señaladas se mencionaron en forma genérica, sin fundamentación teórica o empírica acerca de su uso. Si bien se trata de herramientas que son pertinentes con el rol del profesor/a, no tenían especificidad en relación a modelos de trabajo del área o campo de enseñanza.

> *Ejemplo*
> la herramienta a utilizar en estos casos es el diálogo.

También, a modo semejante con la Escuela 1, las herramientas pedagógicas (incluso nombradas como acciones en las intervenciones) no fueron visualizadas en un sentido que las articule como artefactos mediadores (Cole, 199) para actuar sobre los problemas de violencia, o bien para construir entramados en las aulas (Cazden, 2010). Sobre este problema, también se destaca que no dieron cuenta del uso de recursos enfatizados por las autoridades que, en sus perspectivas, forman parte del repertorio de herramientas disponibles tales como los proyectos y/o programas que se desarrollan en la escuela. La existencia de este nudo crítico en la apropiación de las herramientas invita a considerarlo en la posterior indagación.

Como se señaló en otros capítulos, el sistema de actividad escolar puede ser analizado de acuerdo a dos dimensiones; como actividad aula y como actividad institucional-escolar. Ambos sistemas equivalen a la dimensión inter-individual —actividad del/a profesor/a en la clase— y colectiva —red de relaciones entre profesionales— de la práctica escolar (Engeström y Sannino, 2010). En este caso, los relatos de los docentes no incluyeron el sistema institucional y se centraron en el sistema de actividad-aula, lugar desde el cual construyeron su perspectiva. El sistema-aula, considerado como responsabilidad exclusiva de la acción del/a profesor/a, puede generar una serie de contradicciones que dificulten la inclusión de la perspectiva institucional de la escuela y la apropiación de las herramientas allí generadas. La interrelación entre sistemas, en este caso aula y escuela–institución, como potencial del aprendizaje colaborativo y la circulación de conocimientos y prácticas propias de cada subsistema, señaló la necesidad y el desafío de construir una *boundary-zone*, zona–fronteriza o tercer espacio, en el que interaccionen los objetos/objetivos de, al menos, esos dos sistemas de actividad.

Escuela 1. Dimensión IV: Resultados y atribución

La mayoría de los relatos coincidió en mencionar resultado/s con atribución unívoca a una competencia del agente, o a la dimensión personal del sujeto destinatario de la intervención, sin que la atribución de éxitos (o fracasos) involucre otras dimensiones interaccionales, institucionales y/o comunitarias.

> *Ejemplo*
> El resultado fue favorable. Pienso que en la medida que uno cambia el entorno cambia. Logré mirarlo de otra manera.

A su vez, en la mitad de los relatos, los resultados y atribución mencionados fueron consistentes con el problema y con la intervención realizada, en la medida en que los problemas e intervenciones se enfocaron del modo que señalamos más arriba, o sea, siendo congruentes con ellos. A diferencia de algunas conclusiones de las investigaciones marco, esto revela una fortaleza en la identificación de resultados vinculados al accionar de las y los agentes. Pero la valoración de los mismos —en consonancia con los nudos críticos identificados— no incluyó la identificación del "efecto establecimiento" como variable interviniente en los desenlaces obtenidos; cuestión que también se vincula al problema de la escasez de referencias a componentes pedagógicos y/o específicamente educativos. Tales cuestiones, constituyen desafíos en la profesionalización educativa, en pos de construir intervenciones con potencial de colaborar en un abordaje de carácter estratégico de los problemas identificados en esta escuela (Erausquin, et. al. 2011).

Escuela 2. Dimensión IV: Resultados atribuidos

En continuidad con las cuestiones hasta aquí señaladas, más de la mitad de los relatos coincidieron en mencionar resultado/s con atribución unívoca a una competencia del agente o a la dimensión intrapersonal del sujeto destinatario de la intervención, sin involucrar nuevas dimensiones. A su vez, en la mitad de los relatos, los resultados y atribución mencionados fueron consistentes con el problema y con la intervención realizada y, al igual que en la Escuela 1, se revelan fortalezas en la identificación positiva de resultados, aunque la valoración de los mismos tampoco incluyó referencias o vinculaciones con el "efecto establecimiento" como variable interviniente.

> *Ejemplo*
> Los resultados fueron positivos, ya que tanto el alumno como el padre fueron involucrados en la situación y el reconocimiento del chico que había incurrido en el error tal vez se refleje en próximos comportamientos (...) pidió disculpas que sentí sinceras y hoy no tenemos conflictos.

Estas cuestiones, constituyeron desafíos en la profesionalización educativa, en pos de la construcción de acciones e intervenciones con carácter estratégico para abordar los problemas que enfrentan las y los agentes en esta escuela.

CAPÍTULO 5

Reflexión sobre la Práctica profesional

Tres encuentros

EN CADA UNA DE LAS DOS ESCUELAS se realizaron los Talleres de Reflexión sobre la Práctica, compuestos por tres sesiones cada uno, constituyendo así, no solo un contexto de estudio en sí mismo, sino además de una experiencia para los y las agentes escolares. Su análisis se dirigió a focalizar la realización y construcción de las prácticas cotidianas en relación con las problemáticas de violencia, los recursos disponibles y las perspectivas sobre los problemas y las acciones, lo que provee información relevante para el desarrollo de futuros proyectos.

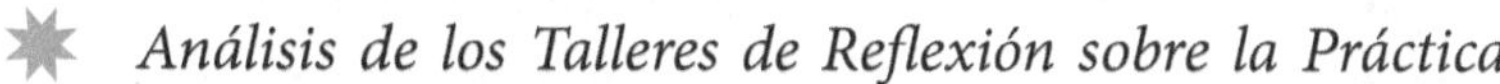

Análisis de los Talleres de Reflexión sobre la Práctica

Luego de relevar perspectivas de los y las agentes, se continuaron los siguientes encuentros de los Talleres de Reflexión sobre la Práctica profesional en cada institución. A partir de los registros etnográficos, se indagaron significados emergentes, en el marco de un proceso orientado a la expansión del aprendizaje (Engeström, 2007); tematizando secuencias, tensiones y datos significativos que permitieron relacionar categorías analíticas.

En ese proceso, se abordaron los siguientes objetivos específicos:

- Caracterizar las interacciones interpersonales y los intercambios que tuvieron lugar a partir de su participación en los talleres de reflexión;

- analizar entramados, apropiaciones y cambios de significados y sentidos emergentes en el desarrollo de los talleres; y finalmente
- caracterizar procesos de construcción de conocimiento y aprendizaje profesional.

El análisis de procesos producido a partir de la implementación de una metodología que aspiró al protagonismo de los y las participantes, subrayó la importancia del lenguaje como práctica social, en tanto permitió enfocar significados desplegados en el análisis, reflexión y re-construcción de las prácticas cotidianas, en relación a los problemas de violencia en las escuelas. A su vez, el presente análisis reconoce a la investigadora como parte del mundo social observado (Marcus, 2001), en la medida en que su participación se implicó en la construcción del campo como referente empírico (Ameigeiras, 2009), consistente, en este caso, en el desarrollo de los Talleres de Reflexión sobre la Práctica.

Taller de Reflexión sobre la Práctica en la Escuela 1

Primer Encuentro

El Taller contó con una planificación con objetivos articulados (Anexo III) que la investigadora había presentado previamente por escrito. Sin embargo, la experiencia demostró una distancia entre lo explicitado, lo acordado con los directivos y lo agenciado por los y las docentes en las significaciones que compartieron.

La pregunta abierta por la investigadora, acerca de los motivos del Taller, fue respondida, primero, por la supervisora:

> Lo pensamos para trabajar la violencia simbólica. Eso es algo que pasa en cualquier escuela, que nos pasa a todos.

Acto seguido, y en otro sentido, otros/as docentes señalaron:

> A mí me interesa pensar qué hacemos con un caso en el aula. No estamos capacitados y nos pasa a todos.
> Creo que sería bueno aprender sobre protocolo, ver como se usa, qué hacer; porque la cosa está más pesada. O sea, si pasa algo... ¿qué tengo qué hacer?.

Otros/as docentes agregaron:

> Trabajé antes en un centro deportivo... nuestro error fue que pensamos que el deporte era como una varita mágica que iba a sacar a los pibes de la droga, de la violencia.

La polifonía (Bajtín, 1979/1982) se hizo presente en el comienzo. Los motivos señalados por los y las docentes, aunque distintos entre sí, apuntaron a problemas prácticos y concretos y no tanto al motivo señalado por la supervisora referido a la violencia simbólica. Se infieren algunos significados convergentes, acerca de que la violencia es algo que "nos pasa a todos" y que se requiere saber "¿Qué tengo qué hacer?"

Ello también desencadenó un debate —circulante en la opinión pública—, enunciado por un profesor que dijo:

> Ahora la violencia se ve más, pero también hay más.

ante lo que una docente replicó:

> Ahora pasa que tenemos más atención, más antenas (...)
> En parte porque estamos más sensibles, sabemos más.

Luego, los aportes volvieron a centrarse en problemas concretos vinculados a situaciones de violencia con y entre alumnos/as, en consonancia con la información obtenida en los Cuestionarios. Una docente dijo:

> Yo ahora tengo una situación con cuatro alumnos que descontrolan la clase y al resto del grupo.
> ¿Qué hacer? Es, ¿viste?, como la manzana podrida.

Al instante la supervisora respondió:

> Para esas cosas hay asesoría psicopedagógica y si hay chicos muy problemáticos se puede acudir al EOE.

La respuesta instantánea no permitió que pueda problematizarse la idea de "la manzana podrida", sino que más bien, fue reforzada con la inclusión la idea conexa de "chicos muy problemáticos". Sin embargo, el hecho podría interpretarse como un intento, por parte de la supervisora, de deslizar el "foco" temático en pos de los motivos que ella intentó debatir.

Para indagar este proceso, se retoma el problema acerca de la posibilidad de co-construcción de objetos/objetivos de aprendizaje (Engeström, 2001a) durante el transcurso del Taller. En ese marco, las preguntas de la investigadora/coordinadora del Taller, dirigidas al grupo-Taller, tuvieron diversos objetivos según los momentos del mismo, que se irán explicitando en el presente desarrollo.

En base al modelo del Laboratorio del Cambio (Engeström, 2007), las preguntas intentaron apuntar al desarrollo de contradicciones entre sentidos, significados y perspectivas, y desencadenar fenómenos inter-psicológicos para la construcción de objetos compartidos. A su vez, determinados aportes y verbalizaciones de los participantes aportaron en la misma dirección y contribuyeron a la emergencia de procesos de construcción y negociación de significados (Bruner, 1990/2009) en el transcurso del Taller.

La simple re-pregunta enunciada y repetida:

> ¿En qué creen que puede ayudar este Taller?

intentó reiniciar el ciclo dialógico acerca de los motivos, que había quedado inconclusa.

Nuevamente, respondió primero la supervisora:

> En ver cómo hacer carne la idea de que la escuela hace la diferencia. Ver qué diferencia podemos hacer nosotros (...) ayudar a un proyecto de vida.

Luego, el aporte de un docente reencausó la enunciación de motivos hacia los problemas prácticos:

> Si, yo entiendo, como el caso de Camilo, la escuela ayuda a que los pibes puedan ir más allá de su origen... pero ¿alcanza? ¿Se puede con todos?

Había una insistencia allí.

Otra docente aportó una reflexión que pudo haber dado un giro:

> La violencia está naturalizada, muchas veces no se ve, y hablar del tema ayuda a visibilizarla. A veces también la ejercemos nosotros, en las expectativas que ponemos sobre los chicos.

El motivo enunciado de trabajar la violencia simbólica, fue así expuesto de forma más explícita (según se pudo saber después, se trató de la profesora que hizo la propuesta de trabajar la temática de la "violencia invisible"), e incluyó además referencias hacia la problematización de la propia práctica docente.

Pero dicha idea no fue explayada en los diálogos que siguieron y la vicedirectora buscó ejemplificar lo siguiente:

> Con esto de que la escuela hace la diferencia: a veces estoy en la dirección, golpean la puerta y me dicen: ¿disculpe puedo entrar? Y eso lo hacen los mismos chicos que en otros lados se llevan todo por delante.

En un sentido semejante, otro docente agregó:

> Yo no vi signos de violencia acá. Es de la puerta para afuera. Acá todos saludan, hay vínculos, hay respeto.

Ambos agentes, ubicaron la tarea de "hacer la diferencia" a nivel de lo vincular, circunscripto únicamente al ámbito escolar. Dicha idea fue tensionada luego por el docente que antes había preguntado

> … pero ¿alcanza? ¿Se puede con todos?

agregando lo siguiente:

> Sí, yo entiendo. Pero creo que hay cosas que nos exceden. Por más que nos tratemos bien —eso es indispensable—, estamos con pocas herramientas. Me interesa tener más recursos.

En sentido semejante otra docente contó un problema de pelea entre alumnos de su propia experiencia y agregó:

> Me pregunto qué hacer, yo lo hice constar en actas (…) ¿Hice bien?

Así, los motivos prácticos vinculados al "¿qué hacer?" se fueron perfilando como "materia prima" hacia un objeto/objetivo de la actividad (Engeström, 2001a).

Ante ello, algunas voces introdujeron un intento de respuesta, quizá apresurada, haciendo eco de la frase

> La escuela hace la diferencia.

Tal idea, que comúnmente circula en el discurso escolar como frase políticamente correcta, contuvo a su vez la contradicción de no brindar respuestas específicas a las dudas, inquietudes y preocupaciones prácticas enunciadas por algunos/as de los/as docentes, limitando su potencial. El sentido adjudicado a la frase "la escuela hace la diferencia", giró en torno a los efectos que lo escolar puede generar en algunas conductas observables de los estudiantes, idea que, al ser analizada, se asemejaba a lo enunciado por un docente:

> …como una varita mágica que iba a sacar a los pibes de la droga, de la violencia.

Sentido coincidente con un cartel pegado en la puerta del colegio que decía:

La educación es la mejor vacuna contra la violencia

Lo dicho coincide con algunos elementos de las entrevistas a las autoridades, cuyo análisis advirtió que el rol de la escuela fue visualizado como solución de las violencias, pero sin decir cómo. La revisión crítica de posicionamientos escolares/institucionales co–implicados en la producción y/o reproducción de las violencias, prácticamente no fue enunciada, lo que coincidió también con el análisis de los datos surgidos de los cuestionarios.

En ese marco, las preguntas "¿qué hacer?" o "¿hice bien?" presentaron mayor apertura hacia procesos de revisión de pensamientos y acciones, como camino para mejorar la práctica (Schön, 1992, 1998). Advertirlo en su momento fue importante para anunciar, en este primer encuentro, la propuesta de escribir sus experiencias en el Cuestionario de Reflexión sobre la Práctica e iniciar un proceso de aprendizaje conjunto.

Acto seguido, surgió una manifestación de resistencia a tematizar la violencia en la escuela, cuando la supervisora agregó:

> Sí, pueden escribir de cualquier situación; hipotética, como dice ahí; o de una película, o de cualquier otra escuela.

Para la formulación de dicha frase, pueden haber incidido valoraciones de la agente respecto de los y las docentes, ya que en la entrevista había mencionado que

> Hay cierta paranoia en los docentes, no les es cómodo sentirse cuestionados.

Desde la perspectiva de la Teoría de la Actividad, las experiencias de aprendizaje son procesos no exentos de tensiones y dificultades; empero, todas las voces de las y los agentes, incluidas las resistencias, se incluyen como parte del proceso y motivo de análisis; ya que representan formas de participación y no únicamente límites fijos (Sannino, 2011). Por eso, más que evadir dicha resistencia, se intentó tensionarla a partir de la enunciación, por parte de la investigadora, de los motivos/objetivos que se fueron delimitando colectivamente:

> Es importante considerar que si bien tienen toda la libertad de escribir sobre lo que crean pertinente; apuntemos a los problemas comunes compartidos (...) sería productivo que apuntemos a las situaciones cotidianas que enfrentamos en la escuela.

Sin embargo, dicha resistencia no operó sin efecto, el cual implicó, por un lado, que dos de los relatos narraron situaciones de otras escuelas y por otro, que durante el encuentro siguiente no pudieran espejarse —proyectarse— relatos completos a modo de ejemplos para analizar y comparar colectivamente.

Si bien se incluyeron ejercicios de discusión y confrontación basados en situaciones significativas de la actividad escolar escogidas de los relatos de los y las agentes —en forma anónima e impersonal—, las dos situaciones ejemplares expuestas en forma completa, debieron ser extraídas de una muestra de relatos externa a la escuela. Ello fue debido a que la investigadora evaluó que no había condiciones para debatir y comparar todas las intervenciones realizadas en el sistema. Por un lado, se evaluaron riesgos de exposición de los y las agentes ante las dificultades señaladas, junto al hecho de que el Taller constituyó un ciclo muy corto de intervención para movilizar aspectos de mayor profundidad.

En la Escuela 2 dicho ejercicio fue realizado de la misma forma, a los fines de homologar la metodología utilizada.

A continuación, para identificar las estrategias de intervención y la valoración de los resultados que las y los agentes realizan, se analizaron diálogos e interacciones sobre aspectos que se consideraron claves en relación al marco conceptual.

En primer lugar, se destaca un hecho ocurrido en este primer encuentro. Al preguntarles a las y los agentes sobre los proyectos institucionales vinculados a la temática del Taller, sólo respondió la supervisora, enumerando los mismos. No emergió ninguna otra voz apoyando, refutando y/o ampliando tales dichos.

Luego, cuando la investigadora preguntó:

¿Qué creen que aportan esos proyectos?

en pos de propiciar la toma de la palabra de otros/a agentes, nuevamente respondió la supervisora:

> Son políticas inclusivas, intentos de la escuela por mejorar la educación de todos.

La ausencia de polifonía en esta secuencia, se condice con el hecho de que los proyectos y/o programas que se desarrollan en la escuela, no fueron visualizados ni significados como artefactos mediadores en los relatos escritos en los cuestionarios. Ello permitió ratificar que los mismos constituían una mediación que la escuela sí realiza, —o algunos de sus agentes directivos la intentan—, pero que hasta el momento es implícita o invisible para las y los docentes (Daniels, 2015a). Se advierten, entonces, desafíos en la inclusión de acciones realizadas a nivel institucional, en las perspectivas de las y los agentes.

Acerca de las herramientas, que varios docentes enunciaron como escasas, cabe mencionar que los y las agentes nombraron y reconocieron la existencia del protocolo de intervención, aunque no refirieron a su contenido, que parecían no conocer exactamente, como tampoco las guías de orientación confeccionadas por organismos estatales[1] que fueron utilizadas para la elaboración de algunos contenidos del segundo encuentro del Taller.

Finalmente, otro hecho a destacar es que la actividad de presentación de los integrantes, sentados en forma circular, contribuyó a que algunos/as profesores/as se conozcan entre sí, vean sus rostros, sepan sus nombres y la materia que dictan, por primera vez. La denominada "paranoia" de los y las docentes (palabras de la supervisora en la entrevista) no se manifestó en ninguna conducta que obstaculizara el desarrollo del Taller.

---

[1] Listadas en *Guías y Resoluciones* al final del capítulo 3, en la página 95

Segundo Encuentro

Los ejercicios iniciales incluyeron reflexión y problematización de las situaciones, intervenciones y herramientas relatadas en los cuestionarios, que fueron proyectadas en diapositivas. Sobre acciones y herramientas, se proyectaron frases escritas en los cuestionarios tales como:

```
Tratar de explicar.
Hablar y citar a los padres.
Se habla con los alumnos.
Se hacen acuerdos.
La palabra.
Transmitir conocimientos.
Diálogo.
Hacer que recapacite.
Logré calmarlo.
Restaurar el respeto.
Escucha.
Consejo.
```

Las frases fueron seguidas de citas con recomendaciones de la Guía de Orientaciones Federales (2014) acerca del uso de herramientas dialógicas. La investigadora realizó una connotación positiva acerca de la circulación de la palabra y agregó:

> Se sostiene (en la guía) que la palabra canaliza, en parte, el conflicto. Pregunto: ¿qué palabras?, ¿qué temas?, ¿qué cosas hablar? ¿cómo hablar?

Ello permitió la emergencia de dos significados: dialogar–aconsejar, en tensión: Un agente señaló:

> Lo importante es no bajar línea, más bien generar confianza.

y otra respondió:

> Si, pero uno es modelo, también debe aconsejar, ayudar desde otro lugar.

Luego, otra docente agregó:

> Yo no sé si estoy de acuerdo con el rol de "aconsejador", no hay que parase por encima. Ahí veo que no es lo mismo el diálogo que transmitir conocimientos ...

Ante ello, la investigadora citó una frase de la guía mencionada, solicitando sus opiniones al respecto:

> Una de las cosas que se sugiere es tomar la variable dots, o sea: "estás desobediente" más que "sos desobediente". Eso invita a contextualizar las conductas y a pensar la posibilidad de que sean de otro modo.

Ello permitió la enunciación de una síntesis producida por uno de los docentes, que dijo:

> Y a no estigmatizar. Si yo le digo sos así o asá, ya lo estoy encasillando.

De lo dicho se infiere que pudo operar, en forma incipiente, una ampliación de una herramienta ya conocida y utilizada: la palabra.

Un movimiento semejante se advirtió respecto de otra herramienta identificada: "la sanción". Al respecto, se destaca la siguiente secuencia:

> *Agente I:* Para mí eso de las sanciones no cambia nada. No sirve (...), es inútil.
> *Supervisora:* Yo no creo eso. La sanción sirve para poner un límite (...) Tiene una función (...) hace a la autoridad.
> Eso es lo importante, la ley más que la sanción.
> *Agente I:* Claro. Depende de cómo se la use también. Pasa que hay chicos que van acumulando sanciones y sanciones (...), no es un límite para ellos...

> *Supervisora:* Ese tema se viene discutiendo mucho; hoy se volvió a ver la importancia (…) porque algún freno, alguna ley (…) debe ser un proceso con diálogo…
> *Agente 2:* Coincido. La sanción puede existir, pero se debe justificar (…)
> *(Silencio)*
> *Investigadora:* Se suele señalar la importancia de entender a las sanciones como un punto de partida para la transformación de las conductas, y no como un punto de llegada (…) para que sea una herramienta que es una parte de un proceso…

Al espejarse el nombramiento de las herramientas conocidas, se produjeron negociaciones y algunas re-significaciones acerca de su uso. Algo semejante ocurrió en el uso del acta como herramienta normativa, que se refleja en la siguiente secuencia:

> *Agente 3:* No estamos habituados al uso de lo escrito en el tema de los compromisos…
> *Agente 1:* Sí, al elaborar un acta.
> *Agente 3:* Si, pero se habla de lo escrito para generar consenso. ¿Cómo consensuar? No se puede siempre…
> *Agente 2:* Me gusta lo que dice ahí de no confrontar sin necesidad, a veces el acta la hacemos para dejar constancia y punto…
> *Investigadora:* ¿Y creen que podemos usarla de otro modo?
> *Supervisora:* La palabra escrita implica mayor regulación y seguimiento; sirve para volver a lo hecho (…) el acta puede servir en ese sentido.
> *Agente 1:* Es algo administrativo. Hay que proponerles herramientas más aptas a los estudiantes, para que ellos también aprendan. Bueno también puede ser el acta misma, pero acá se dice otra cosa, que es lograr compromisos.
> *Investigadora:* Instrumentos comunes como el acta o la sanción, pueden ser usados de diferentes formas según la perspectiva

> desde donde se los utilice. (...) si se apunta al consenso, tanto el uso, como posiblemente el efecto de esa herramienta, sean distintos...
> *Supervisora:* Me parece bien que el acta no sea sólo para un uso testimonial; o bien de amenaza (...) debe ser algo que sirva para objetivar los hechos, ponerlos en claro.

Los y las agentes enunciaron que la escritura implica mayor complejidad y la separaron del acta, a la que le atribuyeron el significado de acción administrativa. El diálogo permitió diferenciar un nuevo sentido, vinculado ahora al seguimiento, objetivación y clarificación de los problemas.

Por lo antedicho se advierte que algunas de las herramientas normativas mencionadas por las autoridades en las entrevistas, fueron visualizadas y sometidas a la reflexión por las y los agentes, aunque no se hizo mención al régimen de convivencia. El análisis de los relatos, había puesto en evidencia que la mayoría de los y las agentes mencionaron una sola herramienta —la palabra—, por lo que se infiere que la actividad dialógica del Taller permitió explicitar nuevas herramientas y dimensiones posibles. A su vez, otras herramientas que habían sido señaladas en forma genérica en los cuestionarios adquirieron mayor fundamentación.

En otro orden de ideas, en el desarrollo de este segundo encuentro, se espejaron (Sannino, 2011; Engeström, 2001a) en las diapositivas elementos presentes en una minoría de relatos, que incluyeron acciones que fueron más allá de la intervención sobre el sujeto individual e introdujeron divergencias:

> Mejorar las relaciones entre las personas.
> Gestar lazos.
> Comprometer al grupo a acompañarlo.
> Rodear a la persona que sufre.
> No dejarlo solo.

El debate que tales citas suscitaron, amplió el enfoque sobre la acción a nivel de lo grupal-vincular. Ello se reflejó en frases tales como:

> Hay que trabajar el grupo (...) hay que pedir ayuda de los compañeros.
> Hay que hacerse el tiempo y hablar con sus amigos.

Ello también se enunció al trabajar el concepto de Niveles de Intervención ante violencias y conflictos en escuelas, propuestos en la Guía de Orientaciones Federales (2014). En la misma se enunció un Nivel de Intervención Individual —ya trabajado en este Taller, en el caso de las herramientas dialógicas—, un Nivel de Intervención Grupal —que compromete al grupo clase o grupo de pares— y un Nivel de Intervención Institucional —que compromete a las escuelas y a los y las responsables de la tarea educativa—.

Acerca del segundo nivel de intervención, el grupal, se destaca la siguiente secuencia:

> *Investigadora:* ¿A qué creen que debe, además de lo individual apuntar una intervención?
> *Agente 3:* Al grupo, a los pares...
> *Investigadora:* ¿Cómo?
> *Agente 4:* Conversando con los chicos, se liga con lo que decíamos antes, de actuar sobre el grupo de pares, de generar algún tipo de diálogo.
> *Investigadora:* ¿Te referís al punto de vista vincular, afectivo?
> *Agente 4:* Sí, digamos, los lazos, el compañerismo...

Según se advierte, el nivel de intervención grupal fue visualizado desde lo vincular y no desde lo pedagógico-áulico. En consonancia con lo relevado en las entrevistas a las autoridades y el análisis de los cuestionarios, las perspectivas no incluyeron intervenciones a nivel de lo pedagógico y formativo, para actuar sobre los problemas de violencia. Nuevamente, la valoración de lo vincular-afectivo aparece escindida de la unidad afectivo-intelectual que constituyen las vivencias (Vygotsky, 1994) de los sujetos.

Al realizarse una devolución sobre ello y al citar acciones pedagógicas para el aula recomendadas en la "Guía de Orientación para la intervención en situaciones conflictivas y de vulneración de derechos en el escenario escolar" (2014) de UNICEF Y GPBA, aparecieron algunas verbalizaciones que apuntaron en esa dirección y algunas re-significaciones de acciones ya realizadas. Por ejemplo, una docente dijo:

> Acá hicimos charlas sobre adicciones, y fue excelente. Vinieron profesionales bárbaros, trabajaron con la opinión de los chicos, las dudas... también hicimos talleres sobre convivencia (...) ahí discutimos normas, su fundamento.

Luego de ello, la investigadora preguntó:

> Pensando en nuestras experiencias relatadas... ¿a alguien se le ocurre qué agregar a nuestra intervención pensando en este nivel áulico?

Ante lo que se desplegó la siguiente secuencia:

> *Agente 5:* Agarré el caso de dos alumnos gritando hasta terminar en los golpes, porque uno le quería sacar la novia al otro. Y ahora me fui pensando en que hay un problema de género: el rol de la mujer, que aparece como objeto. (...) Y ese tema se puede trabajar en el aula; los derechos de las mujeres.
> *Agente 7:* Si, pero para eso hay que implementar los talleres de ESI. Acá no llegó nada.
> *Investigadora:* Les voy a enviar también algunas guías de ESI; hay una con diversas actividades para el aula.
> *Agente 7:* Bueno, eso se puede aprovechar. Porque si enseñamos a pensar sobre los derechos, a no discriminar, estamos abordando el tema ¿no?

En dicha interacción hubo elementos significativos. Por un lado, la enunciación de estrategias, hasta el momento no descriptas, por otro, la articulación con un proyecto de posible realización. Además, se agregó información sobre herramientas que fueron compartidas en forma de texto en el tercer encuentro [2] .

Por último, se advierte la construcción incipiente, al menos en las perspectivas de las docentes intervinientes, de un entramado (Cazden, 2010) entre aspectos pedagógicos/curriculares y posibles vivencias estudiantiles, al concatenarse la Educación Sexual Integral con la perspectiva derechos y la no–discriminación negativa.

A partir de allí, la vinculación con aspectos pedagógicos, comenzó a avizorase en las perspectivas de otros y otras participantes. Lo que se reflejó en frases tales como

> ... que circule palabra...
> Hay contenidos que se prestan menos; pero hay que hacer que los chicos participen.
> Hay mucho de lo que se dice ahí que se puede hacer y tenemos herramientas para hacerlo (...)
> No había pensado esto por ese lado... o sea, sí entiendo lo de hacer talleres; trabajar las vivencias, me parece genial; pensarlo todos los días es un esfuerzo que nos trae problemas pero nos libera de otros(...)
> De estar explicando todo el tiempo, de tener que estar imponiéndonos, de tener que pedir silencio... de otras cosas que son de antes.

Las frases citadas plantearon desafíos en la construcción de intervenciones articuladas con las prácticas de enseñanza.

Luego, al debatirse el Nivel de Intervención Institucional, se destacaron problematizaciones y reflexiones generadas a partir de recomendaciones de diversas guías y algunas citas de los relatos docentes.

[2] Guías para la implementación del programa ESI: (1) *Experiencias para armar. Manual para talleres en salud sexual y reproductiva*, Ministerio de Salud; y (2) *Educación Sexual Integral para la Educación Secundaria. Contenidos y propuestas para el aula*, Ministerio de Educación, Presidencia de la Nación

El contenido proyectado presentó preguntas vinculadas a los acuerdos institucionales, los discursos, las prácticas y los vínculos con las familias y la comunidad local. También incluyó la pregunta

> ¿Cómo la escuela trató el problema de violencia identificado en cada caso?

A la par, se espejaron algunas frases de los relatos docentes que ubicaron a los antecedentes del problema únicamente en el/los alumnos/as y/o su/s hogar/es. El objetivo fue tensionar lo escrito en las diversas guías con las experiencias concretas.

Cuando la investigadora preguntó sobre las opiniones al respecto, una docente respondió, generando risas entre los participantes, *"que es bueno preguntarse"*. La risa surgió por efecto del contenido irónico, cuestión que puede interpretarse como la manifestación de una crítica. Luego de ello, una frase dicha por la supervisora, colaboró en visualizar posibles respuestas:

> Sí, hay muchas cosas que hacemos; por ejemplo, los proyectos institucionales, los debates pedagógicos, el reconocimiento de todo eso que se hace día a día.

Así, atribuyó significado a los proyectos en el marco de los contenidos vinculados al debate.

Luego, tras proyectar las diapositivas sobre el concepto de "Intervención institucional", se destaca la siguiente secuencia:

> *Agente 8:* (...) Pero cómo saber qué es lo que hay modificar. A nivel institucional hay cosas que son así y que nosotros no podemos cambiar.
> *Vicerrectora:* Nos faltan herramientas. Todo lo que dice ahí se puede cambiar, bueno no sé si todo, pero hay cosas que tienen que aportar los especialistas...

> *Investigadora:* También pienso que hay cosas en las que son ustedes los especialistas, más que los agentes externos. Insisto igual en la idea de que esto es para pensar, para problematizar (...) no es una receta...
> *Agente 8:* Más allá del chiste, hay preguntas que no nos hicimos, ya eso es mucho...

Desde la perspectiva de la Teoría de la Actividad (Engeström, 2001a, 2001b), la secuencia permite inferir el surgimiento de un contexto de crítica incipiente al dispositivo institucional (en la tensión de lo que se puede o no cambiar) y el contexto de descubrimiento de nuevas dimensiones vinculadas al problema, que se reflejan en el reconocimiento de preguntas hasta ahora no realizadas.

También, las guías citadas en las diapositivas se fueron perfilando como herramientas mediadoras de la actividad del Taller, con potencial de generar contradicciones (Engeström, 1987) (sólo en la medida en que sus significados sean genuinamente apropiados y contextualizados críticamente por los y las agentes), en tanto incluyeron elementos de innovación respecto de la forma culturalmente dominante de la actividad (Engeström, 2001a).

En otro orden, en relación a cómo fue visualizada la vinculación entre diferentes agencias y actores en la intervención educativa, se destacó un diálogo que incluyó referencias al rol docente a través de las siguientes citas de los relatos:

> Si no se interviene en ese momento se naturaliza.
> Hay que intervenir siempre.
> Sacar a los tres alumnos y hablar con ellos.
> Poner el cuerpo.
> Separarlas, retirar a una alumna.
> Abrazarla (...) tranquilizar.

Todas acciones de carácter afectivo y corporal que fueron positivamente valoradas.

Las diapositivas incluyeron otras citas relativas al trabajo en equipo y la interconsulta; y preguntas añadidas por la investigadora:

> Cuando la autoridad decidió la intervención
> ¿Pudo consensuar la intervención con la docente?
> ¿Intervino la Psicóloga y todo su equipo?
> ¿Consultaron a la docente acerca de lo ocurrido?

Las preguntas buscaron tensionar los hechos narrados y citados. A partir de ello, un agente señaló:

> El docente suele ser el "detector" de los problemas (...)

Luego una docente preguntó:

> ¿Los gabinetes se informan a través de los/as docentes?
> ¿Debe ser así?
> A mí nunca me pasó. Tampoco tenemos mucho contacto directo con el EOE, salvo para contar un hecho.

Otra agente respondió:

> Pero está bien, ellos deben encargarse. Nosotros intervenimos.
> Pero ellos deben hacer el seguimiento psicológico; por eso importa el trabajo en equipo.

Así, la noción de "trabajo en equipo" apareció asociada a la idea de "derivación", en tanto el docente es el "detector" y el EOE el que debe hacer el "seguimiento psicológico". Ante ello, la investigadora señaló:

> Una cosa es el seguimiento psicológico, que también es un debate... pero hay otras formas de seguimiento, otras dimensiones.

A partir de ello, una agente agregó:

> El seguimiento del problema en sí... ver la disciplina, el rol con el grupo, la escolaridad y trayectoria del chico...

A lo que luego añadió:

> Si el consenso importa con los chicos, también importa entre los docentes.

Las interacciones verbales suscitadas luego sobre este punto mencionaron la dificultad de actuar en red, pero a su vez reconocieron su importancia. Ello se reflejó en frases tales como:

> (cuando) a mí me pasó que no hubo intervención de nadie.

junto a otros debates que giraron en torno a la necesidad de crear consensos. Sin embargo, la problematización sobre este punto no pudo avanzar hacia la necesidad de co-construir conjuntamente problemas e intervenciones. La idea de "actuar en red" se vinculó más a la inter-consulta entre agentes que a la construcción de objetos compartidos.

Ello pudo ser tensionado, de forma incipiente, a partir de la proyección de una diapositiva con contenidos —preguntas— intencionalmente vinculadas al concepto de expansión del aprendizaje (Engeström, 2001a), junto a citas extraídas de los relatos:

> *Vos sos distinta* —le dijo una alumna a su docente.
> Si algo nos salió bien:
> ¿Cómo fomentar que otros trabajen de la misma forma?
> ¿Qué hacer para expandir nuestra experiencia?
> ¿Cómo ampliar nuestra intervención?

A partir de esta proyección, una docente señaló:

> Hay que hacer un fuerte trabajo con y sobre el grupo de compañeros, y eso debe ser apoyado por todos...

Otro docente agregó:

> Tuve experiencias de las que aprendí muchísimo, ¿cómo lograrlo ente todos?

Ello redundó en debates acerca de la comunicación, la socialización y, nuevamente, el consenso.

También el tema de posibles circuitos de intervención, presentados a través de un gráfico (figura 5.1, en la página 138) sirvió para crear un contexto de descubrimiento (Engeström, 2001b), en la medida en que la mayoría indicó su desconocimiento y lo reconoció como información útil. A su vez, sirvió para delimitar la necesidad de mayor articulación entre agencias en la perspectiva de los y las agentes, ya que una profesora señaló que más bien lo que suele ocurrir es que

> (debemos) correr para todos lados.

En relación a ello, los y las agentes manifestaron dificultades objetivas del contexto, reflejadas en frases tales como:

> No tenemos donde enviarlo.
> En la dirección tenemos una lista de servicios de hospitales de la zona. Hay espera por los turnos; por eso pedimos que el EOE haga las derivaciones.

Ello se condice con resultados precedentes, acerca de la dificultad de articular la acción con agencias e instituciones del contexto extra-escolar. Surgieron algunos intentos en dicha dirección, aunque aún sin resolverla. Por ejemplo, la vicedirectora propuso juntar toda la información sobre los servicios de la zona y luego, a través de la lista de mails, se envió información institucional con datos útiles sobre guías de servicios, listas de teléfonos, etc.[3]

---

[3] Ver la nota "Sitios con información relevante" al final del capítulo, página 164.

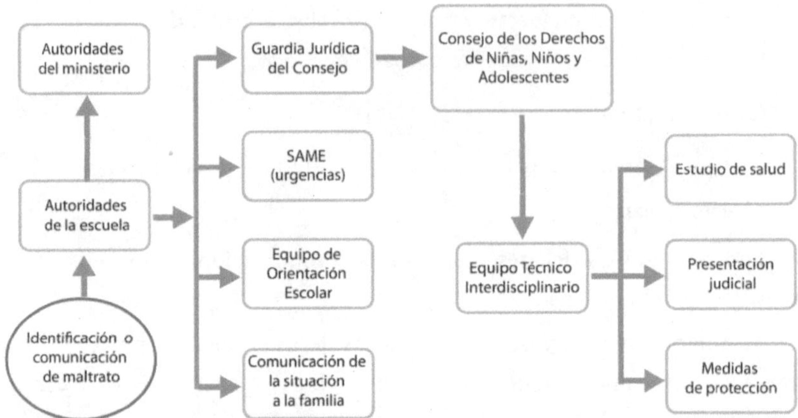

Fig. 5.1 Procedimiento de actuación conjunta en caso de detección de presunto caso de maltrato infanto-juvenil o recepción comunicación y/o denuncias en la materia, en establecimientos educativos de gestión estatal y privada de la Ciudad Autónoma de Buenos Aires. Resolución conjunta del Ministerio de Educación y el Consejo de los Derechos de Niñas, Niños y Adolescentes, CABA, 2016.

Sobre ello cabe agregar que una actividad simple, como confeccionar una lista de direcciones de correo electrónico entre los participantes (que no existía de antemano), contribuyó a la construcción de una herramienta para la comunicación e interacción entre los docentes del turno de la escuela.

Luego de las secuencias precedentes, la investigadora preguntó:

> ¿Por qué creen ustedes que la violencia apareció principalmente nombrada como una situación que ocurre únicamente entre alumnos?
> Porque es así como apareció en los relatos…

Lo que generó la siguiente respuesta por parte de la vicedirectora:

> Existe también violencia de los docentes. Eso está muy instalado y no lo dijimos acá.

La idea que esta vez tuvo mayor eco entre los y las participantes, ya que un profesor añadió:

> La violencia entre los chicos es lo que más hay, yo no creo que sea lo único que ocurre.

Sin embargo, la preguntó abrió nuevas visiones, ya que otra profesora señaló:

> Los docentes estamos muy demandados. Y nos cuesta mirarnos, porque ya afuera hay muchos discursos que apuntan sobre nosotros. Yo estoy de acuerdo en que hay que mejorar las prácticas (...), pero hay temas que ya no son nuestros, son sociales, económicos.

Dicha secuencia, si bien demuestra acuerdo con problematizar las prácticas, a la vez da cuenta de que dicha problematización puede ser vivida como una nueva presión entre las muchas que los docentes enfrentan.

Finalmente, al cierre del segundo encuentro se expusieron dos experiencias completas que ejemplificaron dos figuras de intervención diferentes (Dome, et. al, 2012; Erausquin et al., 2010). Una mostró la acción de un agente individual sobre dos alumnos en forma encapsulada (op. cit) y la otra mostró una intervención institucional realizada a través de la conformación de equipos de trabajo. Ello permitió los siguientes comentarios:

> Son muy distintas...
> Nada que ver...
> En el primer caso, pensando en todo lo que venimos hablando, el tema queda ahí, con la profesora y los alumnos... no va más allá, en cambio en la otra ya hay una intervención institucional.
> Sí, la diferencia es que en la segunda hay trabajo en equipo y esto que dijimos de los consensos institucionales.

En la voz de los y las agentes, emergió el enfoque sobre el propio sistema escolar en la dimensión de la intervención sobre violencias en escuelas. Con relación a los nudos críticos identificados en la identificación del “efecto establecimiento” (Debarbieux, 1996), se revela que en la visión sobre procedimientos, intervenciones y resultados relatados, sí se comenzaron a identificar variables intervinientes, relativas a los acuerdos institucionales, los consensos sobre acciones en el registro aparecen, entre otras, frases tales como

> Debemos consensuar el uso del protocolo y consensuar el tema de las denuncias.

junto a la idea del trabajo en equipo, la que fue enunciada por diversos agentes.

Tercer Encuentro

Si bien el registro es más abreviado (debido a que la investigadora jugó el rol de coordinadora de la dinámica lúdica), la información disponible permitió inferir que la problematización de las situaciones de violencia pudo ser abordada, aunque aún referida a prácticas desplegadas por individuos y/o grupos, y no vinculada al nivel institucional.

A través de la dinámica lúdica —“El Juego de las Etiquetas”, Anexo IV—, se pudieron problematizar prejuicios, reflexionar sobre las prácticas de “etiquetamiento” (tal como fueron nombradas) y sobre las lógicas sociales que las generan; a la par que dicho contenido se articuló en forma significativa a la noción de “violencia simbólica” en la voz de las y los agentes.

En ese intercambio, se verbalizó el problema de “la homogeneización” que producen las prácticas de etiquetamiento y se las conceptualizó como “reforzadoras de la exclusión”, tal como dijo una de las participantes.

La reflexión realizada por las y los agentes también incluyó la explicitación de aspectos relacionales acerca del efecto de las etiquetas asignadas por los/as otros/as en la construcción de la subjetividad, ya que se aludió al problema de las expectativas sociales depositadas en las personas a partir de la adjudicación de etiquetas. Así, la idea de "violencia invisible" mencionada al inicio del ciclo, adquirió mayor explicitación, y cierta expansión, ya que además se conversó la posibilidad de realizar el juego en situaciones didácticas con los y las estudiantes.

La propuesta del juego fue positivamente aceptada por la mayoría de los y las participantes y cuando dos profesores se quedaron sin jugar, tres profesoras los fueron a buscar, tomándolos de las manos y riéndose. La actitud alegre y las interacciones desplegadas, parecen haber contribuido al protagonismo de los y las agentes, ya que, al finalizar este último encuentro, la supervisora dijo:

> Esto fue inédito. Nunca participaron tanto.

Ello también fue reflejado cuando la investigadora verbalizó la siguiente consigna:

> Hagamos una nueva ronda para contar las ideas que surgieron a partir su experiencia en este Taller, pensando en cómo trabajar en adelante.

De las verbalizaciones, se destacó que la propuesta de realizar los talleres sobre ESI fue retomada y conceptualizada como una "pedagogía del cuidado", tal como dijo una de las agentes. Dicha posibilidad entramó la movilización de aspectos institucionales, pedagógicos y sociales en el abordaje de temas significativos, a la par que amerita acciones inter–agenciales con otras instancias instituciones y/o extra escolares, ya que las y los agentes señalaron la necesidad de capacitación al respecto. A su vez, se destacó lo dicho por una profesora:

> Debemos trabajar en reuniones el problema de la autonomía docente, que acá se habló, tenemos muchas demandas, y es bueno tener espacios para iniciativas propias.

Estas ideas pueden analizarse como resultantes de la expansión de la experiencia realizada en el Taller, con potencial de traducirse en algún nivel de desarrollo organizativo (Engeström y Sannino, 2010) y cambios al interior del sistema escolar, en caso de llevarse adelante.

Interesó, entonces, que las siguientes investigaciones aborden y profundicen la emergencia de dichos procesos en la presente escuela. Al respecto, se cuenta al día de hoy con la información de que los Talleres ESI fueron implementados en esta escuela en los años siguientes y continúan en la actualidad. Su implementación involucró el potencial organizativo de la escuela junto al desarrollo de una política educativa que cobró peso en la actualidad, y estos encuentros colaboraron al respecto.

Taller de Reflexión sobre la Práctica en la Escuela 2

Primer Encuentro:

En esta escuela los y las participantes ya se conocían entre sí. Y aunque se trató de una institución con menos personal que la Escuela 1, el Taller contó con mayor cantidad de participantes, ya que la actividad fue organizada para docentes de los dos turnos.

Luego de la presentación, la pregunta abierta por la investigadora acerca de los motivos del Taller, fue respondida en primer lugar por uno de los docentes:

> Lo estuvimos conversando estos días con M (el vicedirector).
> Cada vez tenemos menos herramientas porque las que conocemos ya no sirven (...)
> Hay mucha violencia en la sociedad y es cada vez más difícil saber resolverla.

En un sentido semejante, otro profesor agregó:

> Los padres ya no contienen a los chicos, y los chicos tienen problemas que ya son problemas de adultos (...) y encima hay

> conflictos del barrio, del fútbol, y otros que se trasladan a la escuela.
> (...) tienen tareas muy difíciles y menos herramientas que nosotros.
> Nosotros tenemos que darles esas herramientas...

Hubo así dos sentidos encontrados: las dificultades del contexto y la falta de herramientas para resolverlas. Ello se reflejó también en la siguiente intervención:

> Si un chico está mal, le decimos al preceptor que hable con él, y ahí nos enteramos que es porque mataron al papá. ¿Cómo querés que esté el pibe? Necesita más ayuda que la nuestra.

Lo dicho refiere a preocupaciones concretas acerca de la oferta que como agentes educativos podían realizar para los y las estudiantes, señalando la insuficiencia de la misma ante los procesos de victimización que sufren. Y al instante surgieron algunas ideas que, sin contradecirlos, tensionaron estos sentidos.

Siguiendo en la misma línea una docente señaló:

> El adulto a veces cree que da todo y que el chico no da nada, pero no es así, a veces los chicos sienten que están dando mucho, y tenemos que ver su trayectoria, de donde venían y cómo están ahora, porque ahí se ven los esfuerzos.

En un sentido semejante, la directora agregó:

> También pensamos el Taller para conocer mejor el estado de la cuestión; tal vez alguno de ustedes sepa cosas o tenga herramientas que otros no conocen (...).
> Y saber mirar es parte de nuestras herramientas.

Luego, varios agentes comentaron situaciones de violencia ligadas a problemas de y con estudiantes. Algunas de ellas aparecieron relatadas en los Cuestionario de Situación–Problema de Violencias en Escuelas (Erausquin et al., 2009), ya que, ante la proliferación de ejemplos y experiencias contadas en primera persona, la investigadora sugirió canalizar mediante la escritura las preocupaciones y reflexiones que consideraran más significativas, para retomarlas en forma organizada en el próximo encuentro.

En lo siguiente, al preguntarles si conocían las guías de orientación confeccionadas por organismos estatales [4] —que serían utilizadas para la elaboración de algunos contenidos del segundo encuentro—, la respuesta negativa fue unánime.

Sobre ello un docente denunció:

> Es muy loco que esas cosas no bajen de forma directa a las escuelas.

Dicha queja y/o denuncia no tuvo mayores réplicas, pero la investigadora aclaró que "de momento" les dejaba una copia de la misma y que la enviaría por mail, razón por la cual se confeccionó una lista de los mismos que sigue activa en la actualidad y por la cual se intercambian materiales bibliográficos.

Lo indagado hasta aquí permite advertir que el objetivo señalado por las autoridades de trabajar "herramientas de negociación" no fue lo más retomado, y en su lugar, la mayoría señaló la necesidad de contar con "herramientas" en un sentido más abarcativo. Sobre estos hechos, es importante destacar que la pluralidad de voces (Engeström, 2001) se hizo presente desde el inicio del primer encuentro, en el que hubo una gran producción de aportes y verbalizaciones.

Una vez abordados los motivos, la investigadora preguntó sobre las expectativas acerca del Taller. Ante ello, un docente señaló:

> Espero que podamos abrir la cabeza, pensar con más claridad y conocer mejor como pensamos estos temas.

Dicha frase evidenció una apertura hacia lo colectivo, a la par que todos los aportes verbales solían incluir el uso de la primera persona del plural en el discurso.

---

[4] Listadas en *Guías y Resoluciones* al final del capítulo 3, en la página 95

Siguientemente la investigadora preguntó:

> ¿Qué herramientas creen ustedes que se necesitan?

y las respuestas fueron diversas. Por ejemplo:

> Más recursos (económicos).
> Cosas que se puedan hacer con las familias.

Pero también, la directora agregó:

> Pensar nuestros propios espacios como institución, qué lugar le damos a los problemas, no hay recetas.

Ello redundó en algunas respuestas tendientes a valorar el trabajo realizado, pero también a ampliar la idea enunciada como "herramientas". Al respecto, una de las profesoras señaló:

> Yo veo lo increíble del trabajo que se hace en esta escuela (...) tal vez "herramientas" no sea la palabra adecuada, sino acciones, modos de tratarnos, de escuchar, de hacer...

En un sentido diferente, otra profesora dijo:

> Sí, yo también creo que eso es así. Pero también opino que la calle está muy difícil (...) todo lo que hacemos, lo bueno y lo malo; tiene que ir ajustándose todo el tiempo.

Es importante destacar el rol que la directora fue asumiendo durante el desarrollo del Taller, tendiente a enfatizar en varias ocasiones el trabajo institucional realizado, en pos de que fuera valorado por los y las docentes; situación que se relacionó con algunos señalamientos realizados por ella en la entrevista, en la cual manifestó su intención de "aprovechar" el Taller para tales fines.

Ello se refleja en dichos como el siguiente, producidos en el Taller:

> Así como recién decían que con los chicos hay que saber de dónde vienen, su trayectoria, también hay que ver de dónde viene la escuela (...).
> Cuando logramos la doble jornada tuvimos que revolucionar todo; a nivel institucional, de los proyectos, porque ahora teníamos chicos más grandes (...) hay que mirarnos en esa trayectoria, la conseguimos nosotros.

Estos señalamientos tuvieron eco entre los otros y otras participantes,

> Yo conozco cómo fue todo (...)
> Contener a los chicos en esta escuela es lo mejor contra toda violencia (...) y yo creo que funcionamos bien en líneas generales, pero la vorágine de todos los días impide estar mejor.

Lo dicho retomó la valorización de los esfuerzos realizados, pero también insistió en las dificultades presentes; en sentido semejante al siguiente aporte:

> Hay que insistir con lo curricular, con una oferta que se adapte a las necesidades de los pibes. (...) No sé qué hacer; porque veo todo el esfuerzo que se hace (...), las ideas piolas que surgen, y veo que funcionan; pero ojo, porque cuando vas a lo más chiquito, al día a día, sostener la enseñanza es cada vez más difícil...

Así, en las voces de agentes intervinientes, la visualización del sistema de actividad escolar-institucional estuvo presente; situación que contrasta con los resultados obtenidos en el análisis de cuestionarios de esta misma escuela. Posiblemente, el rol jugado por la directora fue un factor clave para que se manifestara esa diferencia. También puede haber incidido la propia situación de debate colectivo, en tanto la misma implicó un modo diferente de regular la actividad (Leontiev, 1984); situación que contrasta con la acción de producir individualmente un relato.

La inclusión del sistema de actividad escolar en las perspectivas de las y los agentes, también se advirtió al momento de mencionar los proyectos y/o programas institucionales, cuando señalaron aspectos valorativos sobre su incidencia en las vivencias estudiantiles. Por ejemplo:

> ... son proyectos de inclusión y si las personas están incluidas
> cambia su forma de relacionarse.
> Los proyectos también son mediadores.

Varios/as participantes contaron situaciones ligadas a historias entre jóvenes y docentes, y una profesora realizó un cuestionamiento a la noción de "inteligencia" aludiendo a las capacidades estudiantiles que se despliegan en esas actividades. Así, en la visión de los programas y proyectos los y las agentes manifestaron una mirada educativa con carácter estratégico (Erausquin, et al, 2012) para la acción sobre los problemas que caracterizan en su contexto. La visión sobre el "efecto establecimiento" emergió como un significado producido en la propia situación dialógica, sin mayor mediación que la propia interacción entre los y las participantes.

Por otro lado, lo que fue nombrado y significado como "violencia" se asoció fundamentalmente a sufrimientos y victimizaciones sufridas por estudiantes, vinculados a factores sociales, económicos y culturales, procedentes del contexto extra-escolar. Al igual que en el conjunto de la información analizada hasta ahora, la noción de "violencia" no fue relacionada con el dispositivo pedagógico. La escuela, ante el contexto de precariedad, vulneración, marginalidad y expulsión que sus voces caracterizaron, fue vista como un espacio de ayuda, contención e inclusión.

En otro orden de ideas, cabe destacar que los y las agentes valoraron el rol de las integrantes del equipo de orientación y exteriorizaron cierta tendencia de acudir a las mismas cuando advierten límites en la propia acción.

Un docente dijo:

> ...cada vez que algo viene por ese lado salgo corriendo a buscar a las chicas del equipo; son unas genias porque se ocupan de todos.

El análisis de tales dichos interesó por su vinculación con el sentido de "falta de herramientas", razón por la que se intentará ampliar en análisis siguientes.

Segundo Encuentro

La apertura de este encuentro fue semejante a la realizada en la Escuela 1, incluyendo las recomendaciones de la Guía de Orientaciones Federales (2014) y las preguntas de la investigadora.

Los primeros ejercicios incluyeron actividades para la reflexión sobre las situaciones relatadas en los cuestionarios y las herramientas utilizadas en las intervenciones, que fueron proyectadas en las primeras diapositivas. Se citaron situaciones mayormente visualizadas por las y los agentes:

```
peleas entre pares
conflictos
insultos
falta de respeto a los docentes
```

Las intervenciones relatadas se espejaron (Sanino, 2010; Engeström, 2001a) con frases textuales, tales como:

```
separar
agarrar
sacarlo del aula
tranquilizarlo/a
hacer algo con la/el alumna/o
```

Entre las herramientas, se citaron:

```
la palabra
el diálogo
```

Las respuestas suscitadas, más que retomar la cuestión referida a las herramientas dialógicas, repararon en la acción docente de "separar" a los y las estudiantes protagonistas de la situación violenta del grupo-clase. Acción que se repetía en la mayoría de relatos y se asemejan a lo que Sacristán (1991, citado en Terigi, 2012) denomina "esquema práctico": una acción que se repite como sistema para la toma de decisiones en contextos de inmediatez, que no posee racionalidad explícita.

Sobre este punto, la interacción en el Taller permitió ampliar la explicitación de aspectos propositivos sobre dichas acciones.

Un docente señaló:

> Parece necesario que estén solos, o que no continúen en el mismo contexto.

La idea se asoció con acciones de cuidado y protección:

> Sacarlos del aula para cuidarlos.
> (...) evitar un daño mayor.
> Sirve como corte, como un "basta", un minuto íntimo.

Las frases citadas brindaron mayor información sobre los sentidos atribuidos a dicha acción, no obstante, la misma se enunció de forma no articulada a un proceso de intervención, sino como acción aislada. Recién, sobre el final de esta secuencia, un docente enunció una combinación de acciones:

> Son momentos distintos entonces, un instante de silencio, pero sin embargo no dejarlo ahí, usar el diálogo y hacer seguimiento...

Dicho aporte permitió proseguir con contenidos que ampliaron nociones acerca de la circulación de la palabra. Se generó un debate a partir de una recomendación presente en una de las guías de trabajo. Allí se mencionaba la importancia de "contextualizar las conductas" y reflejar eso en el lenguaje. Por ejemplo, si un/a estudiante, desobedece, decir "estás desobediente" en vez de "sos desobediente".

Sobre ello, un docente inquirió:

> A mí me hace ruido, creo que no se está poniendo ningún límite, es todo muy blando... si una persona es de determinada manera, es correcto que seamos honestos con ella...

La frase generó algunas respuestas contrarias y comentarios que la reforzaron:

> ¿Qué decirle a un chico cuando una ya sabe toda su trayectoria de violencia?, o sea, cuando uno ve que es algo que se repite, que no es sólo la situación...

También un profesor agregó:

> Si uno ya sabe la trayectoria del chico, y uno ya sabe que el chico ES...

En lo dicho, primó una perspectiva de tipo realista en la visión del problema (Rodrigo et al., 1999); que en la primera voz asumió el sentido de poner un "límite", pero también —y en consonancia con los aportes que le siguieron— de ser "honestos", "ir de frente".

Al respecto, la intervención de la investigadora intentó tensionar dichos sentidos, distinguiendo dos niveles del problema:

> A nivel práctico, considero recomendable separar las estrategias de comunicación de la caracterización del/a alumno/a. O sea, una cosa es lo que nosotros deducimos, inferimos e interpretamos de la conducta de alguien (idea que se sostiene en su experiencia) y otra cosa es el curso de acción que definimos a partir de ese problema (...) o sea, puede diferir la estrategia comunicativa. Tal vez, probar un modo situacional de abordar el problema nos dé mayores posibilidades o resultados diferentes.

Para sustentar estos dichos, se consideró que los y las agentes construyeron sus interpretaciones en base a experiencias significativas, y, por lo tanto, que las mismas no carecen de fundamento. Y en todo caso, se apuntó a incluir una nueva dimensión en la perspectiva sobre el problema: la del efecto o futuro de la acción, o bien, el uso de una estrategia comunicativa que, si bien se apoya en las interpretaciones propias, las pone en suspenso. Pues "ir de frente" con los/as estudiantes era una idea que ameritaba problematizarse. Luego de ello, surgieron aportes que asumieron direcciones diferentes y que se desenmarcaron de la idea de "ir de frente".

Por ejemplo, un profesor dijo:

> Yo creo que el límite también lo ponemos con el diálogo (...) Uno es el único límite, a veces la única oreja... o veces la otra voz.

Así, el motivo señalado por vicedirector, de trabajar "herramientas de negociación", se abordó en aspectos ligados a las herramientas dialógicas y comunicativas.

Luego, tras proyectar diapositivas que, entre otros temas, sugirieron la connotación positiva de determinadas acciones de los y las estudiantes, se produjeron verbalizaciones sobre aspectos positivos de ellos y ellas —contrastantes con las agresiones mencionadas en los relatos y con las victimizaciones mencionadas durante el primer encuentro—, a la par que se enunciaron tácticas de acción docente para movilizar esos aspectos. Se destacan:

> *Agente 1:* Hay que realzar lo que sí hacen los chicos (...) cuando les das una responsabilidad que es para ellos, hacen y hacen (...)
> *Agente 3:* Le dije a los profesores que hagan un trabajo diferente (...), para que trabajen más mezclados y no se cristalicen los grupos de los "que saben" y los "que no saben" (...)
> *Agente 4:* Hay que descolocarlos, sacarlos del lugar del yo no puedo o yo no quiero, armar y desarmar (...) no dejar que se perpetúen las asimetrías en los grupos, que no se generen más estigmas (...)
> Por ejemplo, poner al más revoltoso a que cuide la puerta (...) o decirles a los más grandes que cuiden a los más chicos.

Estos aportes dan cuenta de recursos presentes en los y las agentes, que articulan la acción pedagógica con la promoción de otras formas de relación, interacción y civilidad (Meirieu, 2008). Ello fue significado como forma de contrarrestar padecimientos originados en lo extra-escolar. Por ejemplo, se escucharon frases tales como:

> Ya vienen estigmatizados de la casa. Ahí ya les dicen lo que pueden o lo que no pueden…"
> Y del barrio, los amigos ya lo tienen "junados", cargan motes que uno los toma como dados, porque ellos también (lo hacen).
> Cuando hay un problema de conducta siempre, siempre, hay un problema de fondo (…) un duelo, un abuso, etc.

La última frase generó un nuevo debate acerca de las derivaciones a servicios de salud, justicia y otros. La directora señaló que la escuela cuenta con una lista de servicios de la zona, aunque éstos son "escasos". El vicedirector informó las tareas ya coordinadas con el área de salud del municipio y con la delegación educativa municipal y las caracterizó como "insuficientes".

Así, se visualizaron actores y agencias presentes en el contexto extra-escolar, y si bien las cuestionaron, dieron cuenta de acciones de articulación y/o consulta. A su vez, la presencia de programas que la escuela desarrolla en conjunto con ONGs, organizaciones barriales y de DD. HH, como así también con delegaciones gubernamentales, advirtió una alta conciencia sobre recursos que la escuela gestiona en pos de ampliar su alcance, con actividades a contra-turno y/o en ámbitos cercanos a la escuela. También, los y las agentes expusieron sobre las diferentes convocatorias para madres, padres y/o tutores/as.

Interesa desacatar que también se problematizaron algunos usos de las herramientas normativas presentes en el orden disciplinario (Dubet, 1999).

Cuando se proyectaron diapositivas que ampliaron contenidos respecto del rol de lo escrito y de la confección de compromisos mutuos, la investigadora mencionó que casi todos los relatos contenían la acción de "confeccionar un acta".

Cuando preguntó:

> ¿Alguien puede describir su uso?

las respuestas remarcaron un sentido estrictamente práctico:

> Es una forma de dejar constancia.
> De tener un registro.
> Sirve también para tener los antecedentes, y la comunicación entre profesores (...) el historial.
> Es para consignar conductas, tiene que ser bien objetiva.

La investigadora agregó:

> ...una idea que aparece en una de las guías, es re–significar su uso, tenerlo como una herramienta de comunicación y negociación.

a lo que la directora sumó:

> Según entiendo, se propone desnaturalizarla... ¿es eso?

en consonancia con el aporte de otro docente que dijo:

> Recién se proponía el uso de lo escrito para la regulación de la convivencia, puede ser el acta...

Acto seguido, algunas voces objetaron esta nueva acepción y un docente dijo:

> ...uno tiene que estar en tantas cosas, y a la vez no siempre el otro no quiere comprometerse a nada, o lo hace, pero no pasa nada.

La apelación a las recomendaciones de la guía citada, sirvió para poner en tensión el uso habitual de la herramienta y producir algunas reflexiones. Sin embargo, la alusión a la idea "estar en tantas cosas" denuncia que, en la práctica, el cambio no es sencillo. Por otro lado, se destacó que algunos agentes, a través de esta secuencia, rescataron la importancia del uso de lo escrito "para volver sobre el compromiso", tal como se dijo.

Luego, la investigadora preguntó:

> Una herramienta que no vi nombrada en ninguno de los relatos es la sanción: ¿Qué opinan?

En un primer momento, la pregunta desplegó un debate semejante al ocurrido en la Escuela 1:

> Supongo que porque no es efectiva.
> No tiene sentido.
> Disculpen, pero tengo la impresión de que nadie confía en que una sanción haga algo...
> A veces es un trámite...
> Lo más importante es lo que se dice cuando se aplica.

Al respecto, la directora trató abiertamente de implicar a los docentes en el ejercicio de su aplicación y señaló:

> Yo no sé si ustedes lo notaron, pero acá lo que nos pasa es que los docentes no sancionan; no ponen el gancho; tratan de calmar los problemas en el aula y cuando se necesita de mayor intervención ahí vamos los directivos, pero somos los únicos que sancionamos. Me hago cargo de que yo lo venía haciendo así; pero no puede ser. El docente también debe sancionar, porque eso hace a su autoridad.

El reclamo generó un instante de silencio y luego de unos segundos se verbalizaron algunos señalamientos críticos sobre la relación de los y las docentes con ciertos aspectos disciplinarios.

Ello se reflejó en la siguiente secuencia dialógica:

> *Agente 3:* Siempre derivamos el problema, y seguimos con la clase. Actuamos, pero no tenemos más herramientas.
> *Vicedirector:* El protocolo ¿sólo lo conocemos los directivos?
> *Agente 9:* Sabemos el protocolo, pero los que lo aplican son los directivos, uno a veces no sabe lo que corresponde.
> *Agente 10:* Yo opino que sabemos qué hay que hacer en esos términos (…) y si no se sabe se consulta, se averigua, acá la información circula…
> *Directora:* Sí, cuesta más a veces traducir lo que hacemos en términos formales; pero yo creo que lo hacemos.
> Sin embargo hay muchas otras cosas cotidianas que tenemos que consensuar. Me refiero a lo de los espacios, necesitamos ayuda para los cambios de turno.

En la secuencia, algunas voces denunciaron el problema de la derivación y lo vincularon, nuevamente, al problema de la falta de herramientas. Acto seguido, la directora relató una serie extensa de inconvenientes suscitados por falta de personal y "compromiso". Así, solicitó involucramiento a los y las docentes para hacerse presentes en los horarios más conflictivos, lo que obtuvo respuestas afirmativas por parte de varios/a participantes. Ello advierte un proceso de re-negociación de algunas acciones relativas a la división del trabajo (Engeström, 1987), en el cual, si bien primó la acción imperativa de la directora, se oyeron nuevos aportes que le dieron sentido al problema. La secuencia permitió inferir que el Taller, no sin tensiones, se perfiló como un espacio para generar nuevos acuerdos en algunas tareas.

En ese marco, se destacó el "trato frontal" entre las y los agentes (¿ir de frente?), y se observaron conversaciones que no repararon en aspectos formales. Los y las agentes voceaban —a diferencia de la Escuela 1, donde se trataban "de usted"—, y confrontaban abiertamente sus opiniones. Y en ningún momento del Taller, se advirtió malestar o conflicto agresivo. En general, se advirtió un clima de confianza, implicado en su estilo conversacional. Ello se condice con algunos datos brindados por las autoridades acerca de las relaciones entre colegas que constituyen una fortaleza, para la constitución de una comunidad de prácticas (Lave y Wenger, 2001), ya que los debates surgidos fueron siempre en relación a las tareas y visiones. De todos modos, vale preguntar cómo estas pautas comunicacionales se despliegan en el trato con toda la comunidad educativa —la idea de "lo frontal" debió ser problematizada en otro momento—, y sobre el significado atribuido a dichas pautas por conjuntos más amplios que conviven en la escuela.

La investigadora presentó nuevas diapositivas y preguntó:

> ¿Por qué creen ustedes que, en las situaciones relatadas, las situaciones de violencia siempre provienen de los y las estudiantes y/o de su entorno?

Las primeras respuestas se refirieron, nuevamente, a problemas de tipo práctico:

> Porque es lo que más ocurre (...) es lo que más nos enfrenta día a día.

A su vez, la proyección suscitó comentarios que redundaron en debates sobre la valorización del trabajo docente, al cual se le realizaron críticas y defensas:

> Desde el poder, se echa la culpa de todo a los docentes, pero hay involucramiento (...) en varios lados ya nos tienen en el ojo de la tormenta (...)
> Pasa que hay problemas serios, hay abuso de licencias, pero no en todos los casos.
> ...pero el problema es más profundo (...) yo siento que a los profesores se nos piden cosas que están por encima de nuestras posibilidades.

La pregunta, más que abordarse en sí misma, interpeló al problema de la práctica de los docentes, quienes denunciaron sentirse "en el ojo de la tormenta". Si bien lo ocurrido amerita un análisis más profundo, los y las agentes denunciaron presiones que los exceden respecto de su rol. Este hecho se vincula a lo señalado por Chevallard (1997, citado en Terigi, 2012), acerca de que el sistema educativo es el que debe soportar el peso de las expectativas y exigencias de toda una sociedad, para la cual la educación es la última reserva a la cual exigirle "todo". Ello se evidencia en los dichos producidos anteriormente por una profesora, acerca de sentirse "la única oreja".

Las condiciones en las que los y las docentes se desempeñan sobreexigen las cargas en su tarea, tradicionalmente vinculada a la transmisión de conocimientos.

Por ello, acto seguido, la investigadora preguntó:

> ... qué es lo que sí se puede hacer desde la especificidad docente, desde el rol social e institucional que éste cumple?

A lo que un docente respondió:

> Nuestra tarea es la enseñanza...

Otra docente preguntó:

> ¿Cómo vincular nuestra acción de enseñantes con este tipo de problemas?

Dicho debate generó la posibilidad de que los y las participantes comiencen a visualizar de forma incipiente su quehacer pedagógico-aúlico entramado con formas de respuestas a los problemas del contexto. En ello se destacan frases tales como:

> ...ver qué hacer en el aula (...) barajar y dar de nuevo.
> Trabajar lo vincular, ver que, ante cada tarea, estemos fomentando respeto y compañerismo.
> El trato cotidiano contribuye el clima.

Luego, la confrontación realizada por un docente permitió que el planteo no quede sólo en un plano afectivo-vincular:

> Yo con eso tengo un debate: estamos dando valores, etc. ¿eso implica relegar contenidos? ¿Al fin el docente vuelve a desdibujar su rol?

y también señaló:

> ¡Ojo! lo mismo con los proyectos, todo piola, los banco, los defiendo; pero los pibes tienen que saber leer y escribir, tienen que saber matemática.

La frase interesó, porque demanda lo que algunas elaboraciones denominan "Justicia Curricular" (Kantor, 2006), y discute que las propuestas alternativas al formato escolar tradicional se contrapongan a determinados objetivos educativos universales. Al respecto, una devolución realizada por la investigadora intentó connotar positivamente el contrapunto señalado por el profesor, y luego, los aportes de los directivos brindaron respuestas articuladas que entramaron saberes ligados al curriculum prescripto y las tareas "alternas" que la escuela realiza:

> ...yo creo que, desde la especialidad de cada uno, de la materia de cada uno, hay que buscarle la vuelta. Además, ésta es una escuela con orientación en artes, eso nos da muchas posibilidades.

señaló la directora, agregando luego:

> Tenemos el desafío de una currícula inclusiva y a la vez de calidad; debate que estoy seguro atraviesan casi todas las escuelas públicas del mundo.

También el vicedirector dijo:

> ...en el taller de periodismo ¿no aprenden a escribir?... no digo que sea simple; pero se puede aprender de muchas formas posibles.
> Hay que combinar...

La existencia de polifonía y contradicciones (Engeström, 2001a) permitió que operen algunas reflexiones acerca del rol docente y su implicación en los problemas de violencia, proceso no exento de tensiones y resistencias.

Cabe mencionar que la producción de estos giros en el enfoque de problemas y en el alcance del saber sobre los mismos, ameritaron mayor mediación por parte de la investigadora en tanto coordinadora del Taller, del material y de la intervención de los directivos; a diferencia de lo ocurrido en el primer encuentro. Por ejemplo, al continuar con algunas intervenciones sobre inclusión educativa y proyectar diapositivas al respecto, surgieron verbalizaciones que insistieron en la dificultad del contexto socio–económico; o bien en "lo imposible" de garantizar la inclusión. Ante ello, el intercambio temático finalizó cuando la directora dijo, con tono fuerte:

> Aun así, con todos sus problemas, los chicos vienen a la escuela (...) por algo vienen todos los días.
> Eso ya es un montón. Es un montón por parte de ellos, de sus padres y de nosotros.
> Desde ahí hay que construir.

Se hizo un silencio, por el peso de la autoridad, pero también por lo enfático de la propuesta. A partir de eso, y de algunas proyecciones sobre el rol de lo institucional, el trabajo en red y en equipo, la investigadora preguntó:

> ¿Cómo creen que podemos pensar una intervención donde todos aprendamos de ella?

Las respuestas en este punto fueron convergentes:

> Deberíamos socializar más la experiencia en las reuniones.
> Rescato la vida colectiva.
> Yo creo que si no trabajamos en equipo no hay manera de resolver las cosas.

Para profundizar, la investigadora espejó algunos elementos nuevos de las intervenciones:

> Por ejemplo, acá hay una intervención que dice "se derivó al gabinete"; esto aparece en muchos casos.
> ¿Qué opinan?

Ante esa pregunta, la voz de una de las orientadoras se manifestó por primera vez, diciendo:

> Ahí se propone la construcción en conjunto de las acciones. Y me fijo en que yo no construyo mi intervención con el docente, lo ayudo, pero no la armamos juntos.

Intervención de vital importancia para analizar la "derivación" de problemas, o bien, el "trabajo en cadena" inferido de las entrevistas con las autoridades, y avizorar la posibilidad de un trabajo conjunto entre agencias inter–institucionales ante problemas compartidos.

Ante ello, la investigadora señaló:

> Es muy importante lo que decís. Porque desde el equipo de orientación se toman muchas decisiones que no son sencillas; y la pregunta es cómo eso se condice con la actividad del aula.

Al respecto, un docente insistió en las dificultades para el trabajo en equipo, argumentando que

> ...existe mucho individualismo en la sociedad.

La respuesta de la directora, en sentido adverso, objetó:

> Sí, pero acá hay un equipo. Podemos equivocarnos; pero éste es un equipo, el equipo que tenemos y hay que sacarle provecho.

La frase ofreció la posibilidad de que las y los agentes reconozcan la presencia grupal e institucional para valerse de ella en su acción cotidiana.

Al cierre de este encuentro, los y las agentes agregaron algunas verbalizaciones sobre los ejemplos de intervención proyectados (ya con muy poco tiempo para el cierre del Taller) y se acordaron pautas para el último encuentro.

Tercer Encuentro

La jornada se desarrolló durante la mañana. Ese día no hubo clases debido a las jornadas de capacitación docente. El encuentro se realizó en el mismo salón de clases. Se encontraban presentes la misma cantidad de participantes que el encuentro anterior. La metodología utilizada fue una réplica de la utilizada en la Escuela 1.

En un segundo momento, se procedió a la realización del "Juego de las Etiquetas" (Anexo IV), enunciando objetivos y consignas. Una vez finalizado el juego cada docente tuvo pistas de la etiqueta que portaba y la mayoría acertó su contenido.

La reflexión sobre el juego incluyó la problematización de las etiquetas, a la par que se hizo referencia a la "polisemia" de algunas palabras como "loco", "autista" y "nervioso". Tras un momento de debate, se terminó admitiendo que toda etiqueta "posee algo de polisémica", tal como dijo un profesor. Ello permitió problematizar el uso del lenguaje, mencionar algunas ideas acerca de la noción de "violencia simbólica", hasta el momento no tematizada, y formular algunas ideas críticas en torno a las prácticas de etiquetamientos. Un docente las denominó "actos de discriminación", y otro agente "fuente de prejuicios". Finalmente, una de las frases agregó la noción de "opresión"; en tanto las mismas reflejan "desigualdades de poder", tal como dijo una docente.

En lo siguiente, tras la consigna de mencionar ideas surgidas a partir del trabajo en el Taller, se destacan dos temas centrales que fueron los mayormente discurridos:

Un docente propuso *"realizar jornadas comunitarias con y para padres"*. Al respecto señaló:

> Cuando los invitamos es para hablarles mal de su hijo.

Ello generó una ronda de intercambios y debates. Finalmente, las y los agentes acordaron incluir el tema en próximas reuniones y la directora mencionó que era necesario

> ...acordar una agenda al respecto.

De lo dicho, se infiere que el debate reflejó preocupaciones sobre las prácticas de relacionamiento con padres y madres, a la par que se generó una crítica sobre el trabajo que la escuela efectivamente realiza, esbozando posibles cambios en el futuro del mismo.

Por su parte los directivos mencionaron la posibilidad de seguir trabajando con la investigadora, en pos de *articular alguna propuesta sobre convivencia escolar* para el año siguiente (2017). Dicho trabajo fue concretado a través del desarrollo de una práctica de investigación con sede en la Facultad de Psicología, dirigida por la Prof. Cristina Erausquin y bajo la tutoría de la autora del presente libro.

El acompañamiento en dichas prácticas inter–agenciales continuó hasta el año 2018 y permitió investigar posicionamientos docentes ante la conflictividad escolar (Dome, Losada, Glaz, Fajnzyn, 2018). En ese marco, se consideró trabajar en una síntesis y construcción conjunta de objetivos escolares, de manera tal que se tienda a reducir la fragmentación entre los subsistemas (aula/ dirección) y tareas, valiéndose para ello de las acciones y jornadas en convivencia escolar.

Los temas emergentes en ambas escuelas dieron cuenta de propuestas que tendieron a romper con el encapsulamiento del aprendizaje en las mentes individuales e implicaron la posibilidad (potencial) de realizar transformaciones en el sistema de actividad y su vinculación con otras agencias.

Por un lado, la problematización de la falta de construcción conjunta, enunciada por una de las orientadoras, advirtió la construcción de un contexto de crítica y descubrimiento, articulable con la visualización de formas novedosas de actividad. Por otro lado, con relación a la vinculación con agencias extra–escolares, aunque se trate de tareas que se relacionan de modo directo con la actividad culturalmente dominante del sistema,

—habituado al trabajo sobre el ámbito extra escolar—, la interacción desarrollada permitió agregar nuevos elementos sobre la misma y reformular el trabajo con madres, padres y tutoras/as junto a la inclusión de nuevos actores en la interacción con la escuela. No obstante, la problematización del dispositivo pedagógico y su vinculación con las violencias, fue enunciada como solución, sin interrogar posibles implicancias de la escuela en las causas.

Finalmente se remarca que, en comparación con la información obtenida de las entrevistas a las autoridades y de los cuestionarios, en este momento del proceso existió una mayor apertura en la expansión de las intervenciones, herramientas y resultados, junto a algunos corrimientos.

Sitios con información relevante

http://www.jus.gob.ar/atencion-al-ciudadano/guia-de-derivaciones/violencia-familiar.aspx

http://www.ciudadyderechos.org.ar

http://www.mseg.gba.gov.ar/mjysseg/dgcpg/comisarias.html

CAPÍTULO 6

Aprendizajes de la experiencia

Revisión de las prácticas

El presente capítulo responde al objetivo específico de identificar giros, movimientos, cambios de perspectivas y posicionamientos de los y las agentes educativos/as, a partir de su participación en los talleres. Para ello, al cierre del último encuentro del Taller de Reflexión sobre la Práctica, en cada escuela, se administró el Cuestionario de Reflexión sobre la Práctica desarrollada en el Taller, en el que los y las agentes explicitaron sus valoraciones y enfoques sobre su propio aprendizaje (Erausquin, Dome, 2014; incluido como Anexo V).

El mismo incluyó dos preguntas centrales:

1. ¿Qué aprendió a partir de su participación en el Taller?
2. ¿Qué cambiaría de la intervención relatada en el Cuestionario respondido al principio del Taller?

Las mismas se formularon a los fines de explorar posibles procesos de expansión del aprendizaje (Engeström, 2001a) a través del análisis de las respuestas relatadas por las y los agentes. Para ello, se seleccionaron dos Dimensiones de análisis:

Dimensión V: Aprendizaje de la experiencia.

Dimensión IV: Cambios en la intervención.

Ambas Dimensiones fueron seleccionadas de la *Matriz de Análisis Complejo M2: Aprendizaje Expansivo de agentes educativos* (Marder y Erausquin, 2015, Anexo I, página 246), con Indicadores vinculados a la teoría del aprendizaje expansivo (Engeström 2001a, Erausquin, Basualdo, 2014).

El análisis realizado permitió identificar, en cada uno de los relatos, los cambios explicitados por los y las agentes acerca de su percepción de los problemas e intervenciones ante las violencias en la escuela.

Para cada Eje de análisis, las respuestas se clasificaron en alguno de los Indicadores (nominados 1 a 5), de acuerdo a la identificación más cercana que tiene la respuesta con la definición del Indicador. Estos Indicadores tienen una progresión que señala diferencias cualitativas de los "modelos mentales situacionales" (Rodrigo, 1999), ordenada en dirección a un enriquecimiento y mejora del aprendizaje expansivo en la profesionalización de los y las agentes educativos. El número total de respuestas recogido por cada indicador, a partir de cada uno de los relatos, posibilitó identificar características del aprendizaje compartidas por el conjunto, así como los cambios explicitados acerca de su percepción de los problemas e intervenciones ante las violencias en escuelas. Las reflexiones a partir de las mismas se presentan a continuación, a la par que se ejemplifican algunos de los Indicadores más frecuentes.

Dimensión V: Aprendizaje de la experiencia

Escuela 1. Eje 1: Tipo de aprendizaje. ¿En qué aspecto/s —emocional, relacional y/o cognitivo— se focalizó la experiencia de aprender?

Todos/as los/as agentes reconocieron haber aprendido de la experiencia. La mayoría enfocó su aprendizaje en planos de mayor complejidad que lo exclusivamente emocional o vincular o cognitivo y sólo una minoría articuló lo relacional, lo emocional y lo cognitivo significativamente.

El dato es de interés, porque si bien durante los talleres se trabajó en torno a esos tres planos, la respuesta sobre su aprendizaje de la experiencia mantuvo cierta escisión entre lo cognitivo y lo afectivo, aunque hubo algunas excepciones.

> *Ejemplos*
> Advierto más ideas (...) cosas que no había pensado o que tenía en mente, pero no sabía cómo formularlas.
> Me sirvió mucho para repensar el maltrato verbal y las bromas insultantes.

Escuela 2. Eje 1: Tipo de aprendizaje. ¿En qué aspecto/s —emocional, relacional y/o cognitivo— se focalizó la experiencia de aprender?

A diferencia de la Escuela 1, los cambios más significativos de perspectivas, entre el inicio y el cierre de la experiencia, se registraron en esta dimensión, en la que se advierte la apertura a giros conceptuales (Rodrigo et al., 1999) en una parte importante de las respuestas.

Algunos/as señalaron la articulación entre dimensiones relacionales y emocionales en el aprendizaje, y otros incluyeron, además, dimensiones cognitivas articuladas significativamente. Al respecto, las respuestas incluyeron relaciones que los y las docentes establecen en el contexto áulico y con el contexto extra-escolar, a la par que se mencionaron, en algunos casos, algunos conceptos que fueron trabajados en el Taller.

> *Ejemplos*
> A reflexionar sobre la escuela, qué aportamos al barrio y cómo sostener el rol docente (...) porque hay que instaurar el respeto.
> Incorporé nuevas variables, pensando en lo preventivo, en la idea de ayudar a una convivencia más democrática (...) también rescato cómo hacer equipos mejores, porque somos un ejemplo para los chicos.

Escuela 1. Eje 2: Contenidos de los aprendizajes. ¿Qué es lo que aprenden?

La mayoría señaló contenidos académicos y conceptuales, apropiados en el Taller, con algún nivel de articulación con la experiencia en el contexto de trabajo, avanzando en la construcción de entramados (Cazden, 2010) entre lo cotidiano y lo científico; pero mantenido la escisión cognitivo-afectivo. De la lectura del conjunto de las respuestas, se encuentra que lo que se consideró aprendido es el tipo de información valorada como novedosa.

> *Ejemplos*
> Aprendí que la violencia se reproduce en las cosas que no se combaten, que hay que generar un clima para que todos los días todos puedan expresarse.
> Trabajar las propuestas de inclusión, porque previenen la violencia.

Escuela 2. Eje 2: Contenidos de los aprendizajes. ¿Qué es lo que aprenden?

La mayoría de las respuestas mencionó contenidos académicos y conceptuales, incluyendo en algunos casos una articulación con la experiencia en el contexto en el que trabajan. Las respuestas contenían frases que habían circulado en los talleres, interrelacionadas con la experiencia relatada en el primer Cuestionario.

> *Ejemplo*
> Por eso me interesó pensar los roles, los distintos pasos que se pueden hacer, no dejar todo como estaba; pensar lo social, lo educativo, lo psicológico, ver lo que aporta cada uno de nosotros...

Escuela 1. Eje 3: Sujetos/agentes del aprendizaje. ¿Quiénes aprenden? ¿Con quiénes?

En la identificación de los sujetos del aprendizaje, poco más de la mitad de las y los agentes se refirieron a la propia persona y poco menos de la mitad identificaron sujetos colectivos de su entorno más inmediato, o sea, a su propio equipo de trabajo. Ello se refleja en frases tales como *"aprendí más"* o *"me llevo que ..."*. Así, todos las y los agentes se auto-percibieron como sujetos del aprendizaje, con la particularidad de que la mitad de ellos/as no realizó descentramientos del aprendizaje de la primera persona del singular al plural.

Escuela 2. Eje 3: Sujetos/agentes del aprendizaje. ¿Quiénes aprenden? ¿Con quiénes?

En relación a los sujetos del aprendizaje, la mayoría de las respuestas enunció un sujeto grupal-colectivo en la experiencia de aprender, referenciado principalmente en el equipo de trabajo inmediato (los participantes del Taller), aunque otras respuestas incluyeron, además, referencias a otros sectores de la institución, a través de frases con referencias a los "acuerdos institucionales" o a la "convivencia escolar".

> *Ejemplo*
> A pensar en la escuela, en lo que hacemos todos los días...
> Hacemos muchas cosas bien, tenemos muchas iniciativas (...)
> pero hay que mejorar las palabras que usamos, cómo nos
> comunicamos, qué decimos.

Lo escrito hasta aquí, marca un contraste con lo relevado en las respuestas al primer Cuestionario, donde las situaciones-problema de violencia fueron expuestas en forma mayormente descriptiva, con escasez de articulaciones. Posiblemente el desarrollo de la actividad haya movilizado recursos presentes en los y las agentes que no se pusieron en juego en los relatos iniciales, asumiendo ahora en forma diferente el compromiso de escribir. Ello redundó en una mayor explicitación de aspectos que se fueron significando como importantes durante el Taller.

Dimensión VI: Cambios de la intervención

Escuela 1. Eje 1: Propuesta de cambio. ¿Cuánto cambio? ¿Cuál es el alcance del cambio propuesto?

Los y las agentes indicaron que sí realizarían cambios en las intervenciones desplegadas en los cuestionarios iniciales. Los aspectos mayormente señalados incluyeron el tratamiento del problema en el aula, realizar mayor seguimiento, consultar y/o pedir ayuda a otros agentes, y en algunos casos, acciones institucionales, tales como realizar encuentros, jornadas institucionales, etc.

> *Ejemplos*
>
> Hubiera sido positivo buscar una estrategia de trabajo en clase.
>
> Seguramente trataría de replantear y poder de–construir las etiquetas que se fueron poniendo a los otros y que ponemos a los otros (...)
>
> Plantearía más encuentros para descascarar y que salgan situaciones esmaltadas o escondidas (...)
>
> Consensuaría opiniones con otros (...)
>
> Cuatro, seis, ocho, diez ojos ven más que dos.

Escuela 2. Eje 1: Propuesta de cambio. ¿Cuánto cambio? ¿Cuál es el alcance del cambio propuesto?

En esta dimensión también se advierten algunos movimientos, aunque no tan contrastantes como los anteriores. Acerca del alcance del cambio, las respuestas se repartieron entre las que coincidieron en que es necesario cambiar algún aspecto, las que señalaron que es necesario cambiar diferentes aspectos y las que no identificaron la necesidad de cambio alguno. El análisis advierte respuestas en las que las y los agentes oscilaron entre lo "positivo y lo negativo" de su intervención, junto a otras que se inclinaron hacia uno de esos dos polos.

> *Ejemplo*
> Creo que en parte estuvo bien, porque además se trabajó en equipo con la preceptora y la directora; aunque se pudo haber negociado mejor lo que se resolvía con el alumno, responsabilizándolo positivamente. Apelé al buen vínculo que tenía con él.

Escuela 1. Eje 2: Cambio o no en los destinatarios. ¿A quiénes dirigirse como destinatario o con quiénes trabajar?

A diferencia, al pensar en cambios de los destinatarios de sus intervenciones; la mayoría de los y las agentes coincidió en trabajar sobre los mismos destinatarios, a saber, los sujetos estudiantiles; los mismos que los y las agentes visualizaron en los cuestionarios respondidos al inicio del Taller.

Ello indica que, más allá de los cambios y algunos giros producidos, los y las estudiantes siguieron siendo la principal fuente de interés/preocupación en relación a las intervenciones que deben realizar ante las violencias en sus contextos de trabajo, y no aparecieron intervenciones "indirectas", o sea, acciones que generen impacto sobre el colectivo estudiantil, pero a través de la acción sobre otros/as actores escolares.

> *Ejemplo*
> ...no cambiaría lo que se hizo bien, porque pudimos llegar a un acuerdo con los chicos.

Escuela 2. Eje 2: Cambio o no en los destinatarios. ¿A quiénes dirigirse como destinatario o con quiénes trabajar?

Casi la mitad de los relatos coincidió, al igual que en la Escuela 1, en trabajar sobre los mismos destinatarios, los sujetos–estudiantiles. Pero se encontró una mayor cantidad de relatos (en relación a la Escuela 1) que coincidieron en realizar algunos cambios, tales como repensar o sustituir los destinatarios por otros. A su vez, en dos relatos se incluyó además la posibilidad de llegar a los destinatarios a través de mediadores indirectos, sean estos padres y/o tutores.

> *Ejemplos*
> No cambiaría la acción sobre las chicas, necesitaban de nuestra intervención.
> Hay que incluir acciones que impacten en la comunidad a partir del trabajo con las familias y todos los docentes.

✳ *Escuela 1. Eje 3: Cambio en los objetivos. ¿Cuáles? ¿Para qué?*

Se advierten movimientos significativos en la mayoría de las respuestas, pero que no reflejan giros compartidos. Sobre ello, se indicaron principalmente acciones dirigidas a generar algún impacto no producido en su momento, o bien acciones agregadas a las realizadas, que implican algunos cambios en la direccionalidad de las mismas.

> *Ejemplo*
> ...hubiera alentado a que las estudiantes que se peleaban no dejen la clase.

✳ *Escuela 2. Eje 3: Cambio en los objetivos. ¿Cuáles? ¿Para qué?*

En este Eje se advierten algunos movimientos. Los y las agentes coincidieron en cambiar de prioridad algún objetivo de su intervención o bien, repensar algún objetivo en particular. Se infiere que dicho cambio, está en estrecha vinculación con los cambios presentados en la visión de situaciones-problema. Al explicitar una mayor cantidad de aspectos en los problemas de violencia —conceptuales, relacionales y emocionales—, las y los agentes lograron advertir finalidades más amplias en las direcciones asumidas en sus intervenciones.

Escuela 1. Eje 4: Cambio en el diseño e instrumentos. ¿Qué cambiar? ¿Cómo implementar la intervención?

De modo semejante, se advierten cambios fundamentalmente situados en ampliar los límites temporales de la intervención, visualizando la necesidad de mayor seguimiento, o bien de trabajar a largo plazo; lo que contribuye al desarrollo de actividades con sentido estratégico (Erausquin et. al, 2011), que superan la inmediatez y urgencia en la acción.

> *Ejemplo*
> Trabajar el antes, el durante y el después. Siempre pasa que trabajamos el durante ...
> Hay que hacer más seguimiento de los problemas, ver también la evolución en la clase.

Escuela 2. Eje 4: Cambio en el diseño e instrumentos. ¿Qué cambiar? ¿Cómo implementar la intervención?

En este Eje los movimientos fueron significativos. La mayoría de las y los agentes coincidió en repensar modelos e instrumentos y otros agregaron la necesidad de repensar el desarrollo temporal de actividades estratégicamente. En el primer caso, incluyeron el uso de herramientas normativas o la realización de acciones puntuales en el aula. En el segundo caso, los relatos coincidieron en realizar más seguimiento de los problemas, a la par que las actividades pedagógicas pertinentes se destacaron con fines más amplios, no únicamente ocasionales.

> *Ejemplo*
> Realizar una actividad en la calle o pensar juegos y cosas que sirvan.

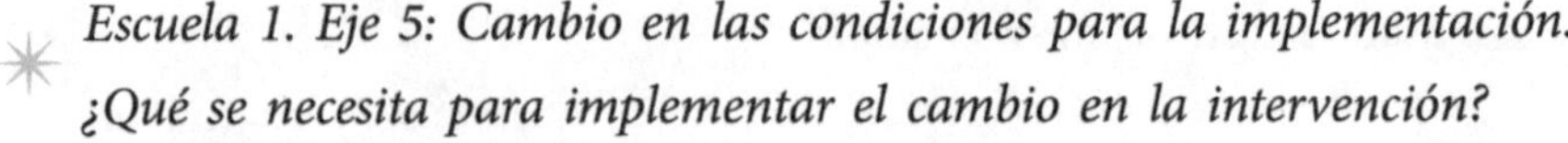

Escuela 1. Eje 5: Cambio en las condiciones para la implementación. ¿Qué se necesita para implementar el cambio en la intervención?

Los y las agentes advirtieron, también, la necesidad de realizar cambios significativos en las condiciones para la implementación de las intervenciones, principalmente, a través de un mayor compromiso propio y del equipo de trabajo, o bien de mayor compromiso y capacitación de los mismos. Se observaron, en ese sentido, afirmaciones sobre la necesidad de participación y seguimiento por parte de ellos/as mismos/as y de otros/as agentes en las intervenciones desplegadas, a la par que otros/as agentes agregaron la necesidad de realizar más capacitaciones, reuniones y jornadas con sus colegas de trabajo.

> *Ejemplos*
>
> El problema es que hay que seguir más los temas, no perderlos de vista (...) a mí nadie me informó nada. Hubiera hecho más cosas si sabía.
>
> Considero que en las escuelas es necesario hacer más capacitación o reuniones donde hablemos de la práctica y de los problemas que nos pasaron en concreto y trabajar en grupo.

Escuela 2. Eje 5: Cambio en las condiciones para la implementación. ¿Qué se necesita para implementar el cambio en la intervención?

Respecto de los cambios en las condiciones para la implementación de las intervenciones, en la mayoría de los relatos, los y las agentes hicieron hincapié en el compromiso propio o del equipo de trabajo, y no tanto en la necesidad de capacitación.

Escuela 1. Eje 6: Cambio en las funciones. ¿Es necesario cambiar la división del trabajo?

En un sentido similar a lo señalado en el eje anterior (quizá un correlato del mismo) la mayoría de las y los agentes señaló que es necesario cambiar un aspecto de la división del trabajo, a saber, los niveles de participación requeridos y ofrecidos, señalando fundamentalmente la necesidad de consulta, ayuda, acompañamiento e intercambio entre agentes, a la par que muchos de ellos/as se refirieron a la necesidad de "trabajar en equipo".

> *Ejemplo*
> Se debió gestionar ayuda psicológica para la damnificada; creo que eso se debía buscar afuera porque el Equipo de Orientación Escolar a lo sumo puede venir pocas veces. O en todo caso que ellos deriven (...)

De los movimientos y cambios identificados, se infiere que las y los agentes destacaron principalmente la necesidad de inclusión y participación con otros/as colegas en las intervenciones desarrolladas ante los problemas de violencia en la escuela. Dicho cambio no sólo importó en sí mismo, sino también en relación a los nudos críticos identificados en el análisis de los cuestionarios previos a la experiencia.

Allí, particularmente en la Dimensión de la intervención (profesional), se manifestaron dificultades en la construcción de actividades inter-agenciales (Engeström, 1987, 2001a) entre las y los agentes educativos y profesionales involucrados en contextos de práctica. Al respecto, en el momento de cierre, la posibilidad de las y los agentes de incluir los puntos de vista de sus pares y de trabajar en los nudos -*knotworking*— (Engeström, 2001) resultó facilitada, al menos en parte, en tanto se destacó la necesidad de colaboración y trabajo en equipo.

Escuela 2. Eje 6: Cambio en las funciones. ¿Es necesario cambiar la división del trabajo?

De modo semejante, sobre los cambios en las funciones, la mayoría señaló rever los niveles de participación requeridos y ofrecidos, aunque una parte significativa no propuso cambios en la división del trabajo. De ello se infiere que la división de roles valorada por las autoridades en sus entrevistas, no fue sometida a revisión. Al respecto, sí señalaron la necesidad de mayor involucramiento entre colegas y mencionaron en diversas ocasiones al "trabajo en equipo", sin realizar críticas al modo vigente de distribución del trabajo.

> *Ejemplo*
> Hubiera dicho más lo que pensaba, porque me quedé muy angustiada. Necesité apoyo y algo salió mal, no fue mala voluntad, pero debí haber ido más allá, hablar el tema con la directora y lograr acuerdos de cómo hacer en cada tipo de situaciones.

Los resultados obtenidos en ambas escuelas dan cuenta de cambios en los Ejes donde los y las agentes manifestaron mayores dificultades y nudos críticos. La actividad colectivamente regulada, colaboró en la enunciación de aprendizajes, tramas y desafíos, que los y las agentes interpelaron en forma crítica. Y si bien la investigación en terreno aun no es suficiente para dar cuenta de cambios en el desarrollo organizativo, las perspectivas de los y las participantes evidencian giros y re-significaciones.

CAPÍTULO 7

Conclusiones del proceso de investigación

EN ESTE CAPÍTULO SE PRESENTAN las conclusiones que formaron parte del informe final del proceso de investigación.

Inicialmente se presentan algunas consideraciones sobre las perspectivas y posicionamientos ante los problemas de violencia, a partir de las voces de los y las agentes escolares participantes en la investigación. Dicha caracterización, permitió avanzar en la enunciación de las fortalezas y desafíos en la profesionalización educativa sobre los problemas de violencia en sus lugares de trabajo y abrir preguntas y reflexiones vinculadas a la noción de "violencia simbólica" y a la problemática de su invisibilidad en escenarios educativos.

Por último estas conclusiones —nunca exhaustivas— caracterizan y valoran el proceso de aprendizaje y apropiación de sentidos desarrollados a partir de la participación de los ya las en los talleres, poniendo acentos en la actividad conjunta y el aprendizaje colaborativo entre pares.

Perspectivas y posicionamientos ante los problemas de violencia

El proceso de investigación permitió identificar aspectos de relevancia en las perspectivas y posicionamientos de agentes educativos ante problemas de violencias e intervenciones, en las dos escuelas en las que se realizó el trabajo de campo. A partir de las primeras exploraciones, se pudo advertir una característica compartida en las perspectivas de los y las agentes educativos de las dos escuelas, consistente en situar a los problemas de violencia en escenas que tenían como protagonistas a los y las estudiantes. Se destacaron conductas agresivas, hacia sus compañeros/as o hacia el propio docente, y en algunos casos se visualizaron procesos de victimización provenientes de su entorno familiar —en la Escuela 1—; o bien problemas originados por el contexto socioeconómico —en la Escuela 2—.

En las primeras fases de la investigación, se pudo constatar, a partir de la tipología propuesta por Charlot (2002), que las situaciones mayormente tipificadas como violentas por los y las agentes escolares fueron aquellas que se incluyen dentro de la categoría violencias **en** la escuela, relacionadas fundamentalmente con acciones que se encuadran en las nociones de incivilidades y micro-violencias (Debarbieux, 1996 y 2003a), y en algunos casos de indisciplinas (Furlán, 2003, 2005; Saucedo Ramos, 2005); nociones trabajadas en capítulos precedentes. Se trata de situaciones mayormente tenues y de conflictos de baja intensidad que, en las perspectivas de los agentes, contrastan con las situaciones que saben que ocurren "puertas afuera" de la escuela. Las autoridades fueron los que más expresaron ese contraste, en ideas tales como

> La violencia no es desbordante, como en otros lados (Escuela 1).
> En comparación con el afuera, la escuela es un lugar seguro (Escuela 2).

Se advierte así, la representación de un límite simbólico entre el adentro y el afuera escolar, siendo el primero proyectado como un escenario de despliegue de prácticas de contención y/o respeto.

Las situaciones escolares mayormente tipificadas como violentas por las y los agentes educativos coinciden con diversos estudios que indagaron el problema en Argentina (Observatorio Argentino de Violencia en las Escuelas 2008, 2009, 2015, Kornblit, 2008, Miguez, 2009, Kaplan, 2011), demostrando que las formas de violencia en las escuelas se relacionan más con transgresiones e incivilidades que con las formas que envuelven mayor gravedad, sin dejar de ser fuentes de preocupación.

Se destaca también, en los y las agentes participantes, una tendencia a ubicar causas y orígenes de los problemas de violencia que ocurren en la escuela, en el contexto previo y externo a la misma; particularmente en los hogares y en los barrios donde habitan los y las estudiantes. En las entrevistas con las autoridades, las directivas de la Escuela 1 adjudicaron

> (…) motivos socioculturales, económicos, etc.

a los problemas de violencia, añadiendo que se trata de una

> (…) problemática social instalada en muchos colegios.

Por su parte, en la Escuela 2, los directivos aludieron a

> (…) una realidad muy difícil (…) una crisis social a la orden del día.

Ideas semejantes aparecieron en las respuestas de los y las docentes y otros/as agentes escolares en los Cuestionarios de Situación-Problema de violencias en escuelas en contextos de intervención profesional (Erausquin et al., 2009) analizados, y también en los primeros encuentros del Taller de Reflexión sobre la Práctica en ambas escuelas, reflejadas en frases tales como

> Hay mucha violencia en la sociedad y es cada vez más difícil saber resolverla.

Conclusiones semejantes se derivan de una serie de estudios incluidos en el capítulo dedicado a las investigaciones sobre las perspectivas de las y los agentes educativos (primer capítulo); que forman parte del estado actual del conocimiento sobre el problema. Particularmente, dentro de la primera tendencia allí delimitada, una serie de trabajos con distintos enfoques y metodologías (Richter, 2010; Di Leo, 2009, 2011; Chagas Dorrey, 2005; García Sánchez y Ortiz Molina, 2012; Veccia, Calzada, Grisolia, 2008; Saavedra, Marco Villalta, Muñoz, 2007; Ghiso, 2012) descubrieron que las violencias en las escuelas suelen ser vistas por docentes y otros/as agentes escolares como fenómenos ligados a causas externas a la escuela, sean sociales, económicas y/o culturales.

El análisis de los datos producidos en la presente investigación, también advierte que, en las intervenciones realizadas en la escuela, existe una tendencia a la derivación de los problemas de violencia hacia otros actores y agencias. En caso de las autoridades de la Escuela 1, dicha tendencia se hizo presente ante la enunciación de problemas que no pueden ser resueltos en el orden disciplinario escolar (Dubet, 1998) y se derivan a un orden normativo externo; y no mencionaron recursos normativos o pedagógicos más amplios que lo escrito en el régimen de convivencia —señalado como *"consenso técnico"* por la supervisora—, a la par que no se enunciaron acciones coordinadas y/o co-construidas conjuntamente con otras agencias del contexto extra-escolar. Al respecto la supervisora señaló que determinadas tareas, los y las docentes

> (...) las depositan en los directivos o derivan el tema a las autoridades.

En un sentido semejante, las y los agentes educativos en las respuestas a los Cuestionarios, aun cuando mencionaron la actuación de otros agentes en las intervenciones realizadas, ésta se realizó a través de la derivación de problemas y la parcelación de la intervención entre distintos agentes. Estas actuaciones son ejemplificadas en frases tales como:

> Se derivó al EOE.
> Se lo acompañó a la dirección y pude seguir con la clase.

También en la Escuela 2, las autoridades señalaron como necesidad el involucramiento de los y las docentes en tales problemas, lo que se refleja en expresiones como:

> Siempre están esperando que llegue uno para que haya una solución.

En cambio, sí dieron cuenta de procesos de construcción de legalidades que excedieron ampliamente la normativa escrita en el código de convivencia, y mencionaron acciones coordinadas y co-construidas con agencias presentes en el contexto extra-escolar. Destacan la construcción de un orden disciplinario (Dubet, 1998) específico para la escuela, relacionado al propio proceso de institucionalización escolar del que fueron protagonistas, incluyendo ciertas determinaciones referidas al denominado "efecto establecimiento" (Debarbieux, 1996) en los problemas que la escuela enfrenta. Así, dieron cuenta de procesos de construcción de legalidades con sentido subjetivante (Bleichmar, 2008), habilitantes de la inclusión social y educativa de estudiantes en situación de vulnerabilidad social.

Sin embargo, la integración de estos recursos escolares-institucionales, que constituyen una significación compartida (Lave y Wenger, 2001; Zucchermaglio, 2002) entre las autoridades, no fue espontáneamente evidenciada por los docentes de la Escuela 2 al momento de producir un relato. Allí, de un modo semejante con la Escuela 1, la actuación de otros/as agentes en la intervención fue fundamentalmente enunciada a través de la derivación y la delegación de problemas. Aunque se destacaron acciones de consulta entre diversos actores, éstas no constituyeron una construcción conjunta de problemas e intervenciones. Ello fue advertido por los/as propios/as agentes en el Taller de Reflexión sobre la Práctica, donde algunas voces destacaron el problema de la derivación y lo vincularon al problema de la "falta de herramientas" que conlleva la derivación de problemas, particularmente hacia directivos y hacia integrantes de los equipos de orientación; a quienes reconocen como más idóneos en relación al abordaje de los problemas que identificaron como violencia.

A diferencia de la tendencia a la derivación, mencionada en las investigaciones previas sobre el problema, en la presente investigación, dicha tendencia apareció visualizada y problematizada en la voz de los y las agentes como una dificultad vinculada al problema de la "falta de herramientas". Esa frase fue enunciada por las autoridades, tanto desde el punto de vista de la formación y capacitación docente, como así también, en la Escuela 1, en el reconocimiento de la insuficiencia de las herramientas disciplinarias. También en los talleres en cada escuela —principalmente en la Escuela 2—, los y las agentes señalaron que la "falta de herramientas" pone límites a sus "radios" de acción e incumbencia. Este hecho fue corroborado en cuestiones relativas al desconocimiento de las guías de orientación confeccionadas por organismos estatales, los protocolos de intervención y otras informaciones de relevancia. Los y las docentes también señalaron la necesidad de contar con herramientas más abarcativas, en su preocupación por las dificultades que caracterizaron en sus contextos de práctica y en el entorno extra-escolar.

El análisis de los Modelos Mentales Situacionales (Rodrigo et. al., 1999), en cada escuela, reveló que las herramientas enunciadas por los y las agentes eran muy genéricas y vinculadas a una sola dimensión del problema, siendo muy pocos los relatos que dieron cuenta de diversas herramientas vinculadas a diferentes dimensiones del mismo. Las herramientas más nombradas fueron la palabra, o bien el diálogo y la conversación, aunque algunos casos puntuales incluyeron la confección de un acta o la sanción normativa; pero sin fundamentación teórica o empírica acerca de su uso y sin especificidad en relación a modelos de trabajo del área o campo de enseñanza.

Según estas indagaciones, las dificultades para el abordaje de las situaciones de violencia se vincularon, por un lado, con la precipitación de escenas de urgencia y, por el otro, con las escasas referencias a herramientas específicamente educativas y/o pedagógicas. Determinadas prácticas propias del rol docente, no aparecieron incluidas dentro del repertorio de herramientas disponibles para abordar las situaciones de violencia en las aulas, ni visualizadas como potenciales artefactos mediadores para actuar sobre los conflictos (Cole, 1989). Aun en la Escuela 2, cuyos agentes implicaron algunas acciones educativas, tales como contar cuentos, realizar una actividad reflexiva, cambiar de clima y sacarlos a alguna actividad al aire libre, no las incluyeron de forma articulada a un proceso de intervención con carácter estratégico (Erausquin et al., 2011), sino que las formularon como "tácticas" ocasionales ante la inmediatez de los problemas emergentes.

Lo dicho se asemeja a lo descubierto en algunos trabajos, que señalan que las autoridades apelan a diversas dimensiones para dar cuenta de la emergencia de situaciones de violencia en la escuela, pero se trata de acciones aisladas y reactivas, sin una planificación estratégica orientada a mejorar las condiciones de convivencia (Paulin et al., 2005 y 2011). Los autores concluyen que se presenta una fragmentación del marco explicativo, operando más un conocimiento práctico que proposicional académico. Estas conclusiones interesan, en la medida en que también aquí, autoridades, docentes y algunos/as preceptores/as y orientadoras, mencionaron acciones fragmentadas de los saberes que poseen, y que evidenciaron en los Talleres de Reflexión sobre la Práctica.

Dicha particularidad resulta llamativa, dado que los saberes pedagógicos, particularmente los ligados a la transmisión, son específicos del trabajo docente; y sin embargo, son escindidos o puestos en suspenso a la hora de construir intervenciones educativas ante las situaciones de violencia en las escuelas (Terigi, 2012). Por eso, el presente análisis toma en cuenta los aportes de Flavia Terigi, que señalan:

> *En la gestión en la urgencia, la improvisación es reflejada por los esquemas de percepción, de decisión y de acción que movilizan débilmente el pensamiento racional y los saberes explícitos del actor.*
> *(...)*
> *El saber pedagógico construido no es suficiente para dar respuestas fundadas a ciertos problemas del presente en nuestro sistema educativo (...) [dado que] el saber pedagógico por defecto tiene*

problemas a la hora de afrontar las condiciones actuales en que se produce el trabajo de enseñar y, sobre todo, a la hora de imaginar alternativas con algún poder instituyente.

Terigi, F., 2012:24,28

Tales ideas permiten ampliar la comprensión de los nudos críticos identificados en el presente trabajo, vinculados a la dificultad de visualizar herramientas pedagógicas en el marco de acciones educativas capaces de producir movimientos en los dispositivos de trabajo áulico y crear abordajes estratégicos (Erausquin et al., 2011) que operen a largo plazo, transciendan las urgencias y permitan educar en la convivencia, la no violencia y el fortalecimiento de derechos; provocando por esa vía transformaciones en los sistemas de actividad (Engeström, 2011a). Ello también dificulta la posibilidad de construir entramados al interior de las aulas, que vinculen los saberes epistémicos con los problemas cotidianos, y los contenidos curriculares con las vivencias estudiantiles, tarea de transcendencia para un ambiente escolar capaz de facilitar y producir el desarrollo de los y las estudiantes (Cazden, 2010).

Párrafo aparte merece el análisis de lo que encontraron algunos de los trabajos citados más arriba (Arias, et al., 2012; Veccia et al., 2008), como la dificultad de los docentes para implicarse en el problema, y la pasividad en su rol. Los datos obtenidos en la presente investigación, en cambio, advierten diferencias sobre estos puntos en los y las agentes participantes; quienes se mostraron implicados e implicadas en la resolución de los conflictos, visualizando, en algunos casos, procesos que subyacen como "determinantes" de las violencias, tales como la exclusión, el maltrato o la precariedad. Pero las escenas suelen desbordar el marco habitual de respuesta, y entonces los y las agentes suelen responder con apremio e inmediatez, muchas veces sin planificación ni suficiente análisis previo.

El análisis de los Modelos Mentales Situacionales (Rodrigo et al., 1999) advirtió que los y las agentes se ubicaron en forma activa en la toma de decisiones en la intervención realizada, con pertinencia respecto a su rol docente e incluso con preocupaciones acerca de lo correcto de su accionar. Y aunque no primaron las prácticas de indagación, sí mencionaron acciones de ayuda efectiva ante las situaciones emergentes. En ese marco, acciones tales como *"conversar"*, *"contener"*, *"abrazar"*, *"acercarse"* *"dialogar"* *"apelar al buen vínculo"* y *"proteger"*, fueron frecuentemente nombradas, e indicaron la prevalencia de actos de carácter afectivo como intento de evitar peligros mayores, o bien de recomponer vínculos luego de la situación violenta. A su vez, se advierten acciones de empatía comprensiva vinculadas a la necesidad de apuntalar aspectos morales, reflejados en palabras tales como *"recapacitar"*, *"reflexionar"*, *"tomar conciencia"*. Ello también fue reflejado en las entrevistas a las autoridades ya que, más allá de las variaciones en su valoración sobre el compromiso docente, señalaron acciones donde lo afectivo-vincular fue positivamente ponderado. Acciones semejantes se vislumbraron en los talleres, en frases tales como:

> (...) cuidarlos (...) evitar un daño mayor.

Lo dicho revela que acciones con carácter afectivo/emocional se entraman en el trato con los y las estudiantes ante la irrupción de problemas de violencia en las escuelas en las que trabajan. Lo que adquiere relevancia, ante la necesidad de intervenciones afirmativas que se desenmarquen de supuestos y prácticas que sistemáticamente niegan o negativizan a las juventudes (Chavez, 2006).

En el territorio escolar, lo personal y lo profesional se entrecruzan, razón por la que adquieren importancia los aspectos afectivos y vinculares en la enseñanza . En ese marco, el afecto escolar contrasta con los procesos de desinstitucionalización , fragmentación social, expulsión y destitución imperantes en diversos contextos, ya que los docentes promueven estilos emocionales sólidos en una era líquida; era en la cual la incertidumbre, la desprotección, la inestabilidad, la fragilidad y la precariedad aparecen como rasgos centrales (Zabalza y Zabalza, 2012; Dubet y Martucelli, 1998; Duschatzky y Corea, 2002; Abramowski, 2010).

Dicha fortaleza (Erausquin et al., 2010), en la perspectiva de los y las agentes, se advirtió sin embargo escindida de la unidad afectivo-intelectual que constituye la vivencia, (Vygotsky, 1994), en la praxis consciente o en la reflexión reelaborativa de la relación con el ambiente de la perspectiva personal de los y las jóvenes. En la mayoría de los relatos, las acciones ante las violencias fueron desvinculadas de los aspectos cognitivos, epistémicos y pedagógicos, y se enunciaron con escasa articulación entre sí, dirigidas a aspectos puntuales del problema y destinadas a objetivos únicos, consistentes en la mejora de algunas relaciones, conductas o actitudes estudiantiles.

En ese sentido, se considera que la noción de vivencia, como síntesis de emoción y cognición, posibilita abordar una articulación significativa entre sujeto y contexto (Baquero, 2007), en la medida en que

> *...constituye la unidad de la personalidad y del entorno (...) y revela lo que significa el momento dado del medio para la personalidad.*
>
> *Vygotsky, L., 1996:67–68*

La vivencia implica una transformación permanente, en la que "lo externo", la realidad de la oferta cultural, se individualiza, siendo reestructurada y significada en el sistema psicológico del individuo, que alcanza distintos niveles de estructuración y complejización en su relación dialéctica con la cultura. Así, la vivencia influye en el curso del desarrollo del sujeto, y determina de qué modo influye sobre el desarrollo uno u otro aspecto de la realidad, propiciando la aparición de nuevas formaciones psicológicas —neo-formaciones— integradas a la subjetividad, que delimitan la re–significación de las relaciones con el medio y con los otros, orientando la conducta (Vygotsky, 1996: 68).

Sobre los puntos hasta aquí señalados, cabe considerar que las tareas, dificultades y desafíos planteados a partir de la identificación de fortalezas y nudos críticos en la profesionalización educativa (Erausquin et al., 2010), lejos de atribuirse a competencias de los y las agentes individuales, se vinculan a dimensiones institucionales, siendo éstas las que imprimen ciertas restricciones a la tarea docente, a la par que pueden hacer de ella una tarea colectiva (Terigi, 2012). En ese marco, importa incorporar en el contexto epistémico la idea de que el aprendizaje en la práctica, inherente a la profesionalización educativa, se origina a través de procesos de participación, mediados por la diversidad de puntos de vista de los y las co-participantes en comunidades de práctica (Lave y Wenger, 2001). Considerando a las mismas lugares sociales en los que, por medio de diversos niveles y formas de participación, se desarrollan las competencias personales y colectivas (Rogoff, 1997).

La investigación desde la perspectiva socio-histórica-cultural permite considerar al aprendizaje, no como un proceso parcelado, sino como cambios en los modos de participación y de comprensión en los contextos culturales cotidianos (Rogoff, 1997). Al entender a las escuelas como sistema de actividad colectivos, se enfatiza el desarrollo organizativo a través de la conexión e interacción —*boundary-zone*— entre sistemas, siendo éste un rasgo característico de la tercera generación de la Teoría de la Actividad, cuya explicitación contribuye a analizar la integración de acciones profesionales y la posibilidad de que emerjan perspectivas compartidas de la realidad cotidiana y de los problemas que en ella se enfrentan (Engeström, 2001 a, 2001b; Engeström y Sannino, 2010).

Sobre este punto, los datos analizados revelan puntos de interés que plantean desafíos en la profesionalización educativa en las dos escuelas en las que se desarrolló el trabajo de campo.

Desafíos en la profesionalización educativa

En la Escuela 1, los resultados advirtieron que la dimensión institucional, o bien, el sistema de actividad escolar permaneció invisibilizado en la reflexión y problematización realizada por diversos/as agentes. Por un lado, los proyectos institucionales mencionados por las autoridades en las entrevistas, no se vincularon con la generación de herramientas para el abordaje de la convivencia, la conflictividad y/o las violencias. Por otro lado, la visión sobre procedimientos, acciones e intervenciones relatadas, no incluyeron elementos que refieran a la identificación del "efecto establecimiento", como variable interviniente en las situaciones que se vivencian.

Por su parte, el análisis de los Modelos Mentales de Situación (Rodrigo et al., 1999) de docentes, permitió advertir la existencia de un nudo crítico en la apropiación de herramientas existentes en el sistema escolar, que forman parte del repertorio de recursos disponibles; tales como el régimen de convivencia, el protocolo de actuación y otros recursos normativos vinculados a la vida escolar. En ese orden de ideas, también se destacó que los proyectos y/o programas específicos que se desarrollan en la escuela, no fueron visualizados por los y las agentes —o no adquirieron significado— como artefactos mediadores ante problemas de conflictividad, violencias y convivencia; constituyendo una mediación implícita o invisible (Daniels, 2015a) para los y las docentes.

En ese marco, se advierte que los Modelos Mentales de Situación se presentaron encapsulados respecto al sistema de actividad escolar, centrados principalmente en el sistema de actividad áulico, lo que dificulta visualizar a la docencia como tarea colectiva. Pues

> *(...) el microespacio de la práctica docente se inscribe en espacios más amplios, representados por la institución escolar, el sistema educativo y la formación social (...)*
>
> *Pogré, P., 2011, en Terigi, F., 2012:22*

Pero a su vez, la estructura de los puestos de trabajo muchas veces obtura la posibilidad de desarrollar la clase de tareas colaborativas inherentes al carácter colectivo e institucional de la docencia, que entran en contradicción con las condiciones del trabajo y las condiciones institucionales de formación y de evaluación, que promueven la actuación individual del docente (Terigi, 2012).

El análisis de dicha dificultad, presta especial atención a las acciones del recuerdo que las y los agentes de la Escuela 1 realizaron en los cuestionarios. Si bien en los relatos se hallaron algunos antecedentes significativos sobre los problemas que desarrollaron, la historización recayó únicamente en antecedentes de los alumnos/as, ya sea de su comportamiento escolar, o bien de su historia personal-familiar.

Ello coincide con lo que Engeström, (1992), denominó "acciones primarias del recuerdo", mediante las cuales los agentes suelen obtener información individual sobre el alumno o sobre su familia a través de entrevistas a padres, conversaciones con docentes, directivos de la escuela, o profesionales extraescolares; como destacan algunos relatos, que mencionan consultas ocasionales con integrantes del Equipo de Orientación Escolar, externo a la escuela. También aparecen tareas como confeccionar actas de los alumnos/as, que son acciones orientadas a recoger, almacenar y recuperar dicha forma de memoria.

De este modo, opera un olvido de la historia del propio sistema de actividad en relación con el problema o problemas semejantes, en tanto no se consideran las huellas de la propia actividad del sistema, en el sentido de registrar y luego recuperar cómo se hacían las cosas en el pasado, lo que constituye las "acciones secundarias del recuerdo". Pues, la acción tiene principio y fin en la experiencia de un individuo y puede describirse en pasos o series. La actividad, en cambio, no acaba cuando se alcanza una meta y no depende de un solo individuo: si en los sistemas el tiempo es recurrente y cíclico (Engeström, 1992), la escala temporal es bastante amplia y hace difícil a los individuos rastrearla. Por eso la memoria, que se halla siempre mediada por artefactos culturales que la orientan y sesgan, promoviendo visibilidades e invisibilidades, depende de agencias colectivas que la promuevan, recuperen y desarrollen.

Sostiene Engeström (1992) que, en las organizaciones, la memoria del sistema de actividad tiende a fracturarse, desapareciendo las huellas del pasado de la actividad, tanto la que pudo haber causado el problema —condiciones de producción— como la que pudo haber intentado solucionarlo —intervenciones—, quedando registrado en cambio el pasado del objeto: la conducta o el aprendizaje de un alumno/a, por ejemplo. Así, se desconecta la acción profesional individual de su inscripción en la historia del sistema de actividad, se olvida la base colectiva del significado de su acción y se pierde la representación de cómo influir con su acción en el desarrollo de la actividad del sistema.

El análisis realizado permitió advertir que las fracturas en la memoria del sistema de actividad correlacionaron con la existencia de escasas articulaciones entre agentes en el sistema, para la co–construcción conjunta de problemas e intervenciones ante los problemas de violencia en la escuela. A partir del análisis de las entrevistas a informantes clave se advirtió la existencia de un nudo crítico en relación a la apropiación de recursos presentes en la cultura escolar (Rockwell, 1997), ya que no aparecen atendidas y/o interrogadas las características de las condiciones para la participación de los docentes en las prácticas cotidianas (Rogoff, 1997).

También el análisis de los Modelos Mentales Situaciones (Rodrigo et al., 1999) permitió identificar una de las principales dificultades y nudos críticos compartidos por los y las agentes de esta escuela: una parte de los relatos enunció acciones e intervenciones que se construyeron en soledad; y en los casos donde se enunció la acción con otros agentes, éstas se realizaron sin construcción conjunta de las intervenciones. Ello se condice con que la mayoría de los relatos realizó una escasa contextualización del problema, sin incluir las situaciones en tramas relacionales, institucionales y/o sociales, las que fueron descriptas con tendencia a la personalización e individualización.

En ese sentido, la trama psico–social fue escindida del recorte de la situación: los y las agentes no dieron cuenta de tramas interpersonales, institucionales y/o comunitarias, ni de acuerdos institucionales más amplios para posibilitar interacciones inter–sistémicas al interior de la escuela (EOE, aula–dirección), ni de entramados con agencias del contexto extraescolar. A su vez, la ponderación del resultado de sus intervenciones, en consecuencia, no incluyó la identificación del "efecto establecimiento" (Debarbieux, 1996) como variable interviniente en los desenlaces obtenidos; cuestión que también se vincula al problema de la escasez de referencias a componentes pedagógicos y/o específicamente educativos.

En ese marco, la inclusión por parte de las y los agentes de nuevas miradas y puntos de vista acerca de las situaciones de violencia y de la posibilidad de trabajar en los nudos para resolverlas, a través de la coordinación o comunicación reflexiva con diferentes agencias y actores en la intervención, constituye un desafío en su profesionalización educativa, para la construcción de intervenciones con potencial de colaborar en un abordaje de carácter estratégico de los problemas identificados en esta escuela (Engeström, 1987, 2001a; Erausquin et. al., 2011).

La construcción de entramados importa no sólo para el encuentro entre las mentes en el aula, sino también para actuar sobre aspectos personales, institucionales y sociales en el abordaje de los conflictos y problemas de violencia. El entramado avanza en la construcción de un todo más amplio, de acuerdo a un diseño específico (Cazden, 2010).

Su metáfora es el tejido: acciones repetidas de vaivén, construyen complejos patrones colores y formas orientados hacia un todo rico y coherente —cualitativamente muy diferente y muchos más significativo que las hebras separadas— lo que requiere de una inter-agencialidad con otros actores presentes en el contexto escolar, para la colaboración entre pares, comprometidos a resolver problemas y diseñar soluciones, requeridos por un objeto de indagación e intervención compartido. Se requiere la conformación de equipos de trabajo en tramas relacionales y estructuras de inter-agencialidad , para la construcción conjunta de problemas e intervenciones (Engeström, 2001a).

Sobre estos temas, en la Escuela 2, se encuentran semejanzas y diferencias. El análisis realizado identificó que el sistema de actividad apareció fragmentado —aunque no necesariamente invisibilizado— en las perspectivas de los y las docentes.

Por un lado, las autoridades refirieron a la historia de un proceso de institucionalización "muy profundo", basado en la construcción de normas elementales:

> (…) institucionalizar la escuela para recién después des–institucionalizarla, (…) desarmar algunos formatos tradicionales, sacar la escuela a la calle, tener proyectos diferentes.

señaló, entre otras cosas, la directora.

Dicho proceso de historización apareció visualizado como la construcción de una convivencia escolar:

> (…) mostrar que acá hay ideas distintas a las de la calle (…)

incluyendo así ciertas determinaciones referidas al denominado "efecto establecimiento" (Debarbieux, 1996) y una diferenciación con determinadas características señaladas por ellos respecto del contexto–extraescolar. Dichas enunciaciones se vincularon a las acciones secundarias del recuerdo, que recuperan las huellas del pasado del sistema de actividad y no sólo de un objeto–individuo en particular (Engeström, 1998).

Sin embargo, dicha significación no fue espontáneamente compartida y apropiada por los y las docentes de la escuela, a la hora de encarar la tarea individual de producir un relato, consigna requerida en el Cuestionario de Situación–Problema de Violencias en Escuelas en contextos de intervención profesional. Pues en la historización allí realizada por las y los agentes se destacó, al igual que en la Escuela 1, la ausencia de acciones secundarias del recuerdo.

Entre los antecedentes más significativos, los y las agentes solían mencionar acciones relativas al pasado del comportamiento disciplinar–escolar y/o civil de los estudiantes (acciones primarias), junto a la realización de acciones que extienden ese mismo registro. Como por ejemplo la "elaboración de un acta", una acción presente en todos los relatos.

Lo llamativo de ello, no sólo es su contraste con las historizaciones producidas por las autoridades, sino también con las primeras verbalizaciones que los y las agentes produjeron en el primer encuentro del Taller. En el mismo —no sin insistencia de la directora—, comenzaron a avizorar tempranamente los componentes de la historia de la escuela y el proceso de construcción de acciones institucionales ante los problemas de violencia que atravesaban de forma disruptiva (y grave) la experiencia educativa pasada. Tal como señala Engeström (1992), los otros miembros de la comunidad actúan como artefactos externos de mediación de la memoria colectiva, como ayudas externas que aumentan el alcance histórico de la memoria de un solo agente profesional. El rol jugado por las autoridades y por otros agentes que hicieron eco de sus aportes, permitieron que el sistema de actividad aprenda de la experiencia colectiva y se habiliten ciclos de expansión en lo relativo a la historia institucional.

Si bien en las voces de las autoridades fue mencionada la existencia de espacios de negociación cotidiana para abordar las temáticas, parece insistir la dificultad y/o desencuentro entre significaciones, intenciones y propósitos de las autoridades con los y las docentes. Sobre este punto, cabe destacar que la actividad se realiza mediante una constante negociación, orquestación y lucha entre las distintas metas y perspectivas de los participantes. El objeto y el motivo de una actividad colectiva configuran un mosaico en constante movimiento, una pauta que nunca se establece por completo (Engeström, 1999, citado en Daniels 2015:132–133). Las tensiones identificadas permitieron advertir una fuente de posibles conflictos, pero también de mejoras de condiciones para el desarrollo de prácticas que colaboren en dirección a la expansión del aprendizaje (Engeström, 2001a).

Para la emergencia de dicha posibilidad, es preciso indagar las condiciones para la colaboración entre pares en el cotidiano escolar. Sobre este punto, la indagación realizada permitió advertir que priman las acciones de consulta y colaboración entre agentes, aunque sin construcción conjunta de problemas e intervenciones. Los datos obtenidos permitieron distinguir que las estructuras inter–agenciales (Engeström, 1997) predominantes se aproximan más a la coordinación y la cooperación y menos a la comunicación reflexiva.

Porque, tanto en los relatos en el Cuestionario de Situación–Problema de Violencias en Escuelas en contextos de intervención profesional, como en las entrevistas, se advirtió que los y las agentes suelen incluir la acción y participación de otros/as agentes en su intervención, pero en el marco de lo prescripto por el guión en relación a la división del trabajo.

La mayoría de los y las agentes apelaron a los directivos, reconocieron su presencia e implicación, a la par que contaron con el apoyo e interconsulta con el equipo de orientación escolar. Sin embargo, los problemas e intervenciones no fueron co-construidos a partir de objetivos comunes, sino que se asemejaron a acciones "en cadena", en las que los diversos agentes participaron únicamente en función de su experticia profesional. Ello revela, por un lado, fortalezas en la cooperación entre agentes y a su vez desafíos en la construcción de procesos que los co-impliquen en la construcción de decisiones comunes.

A su vez, las intervenciones relatadas presentan nudos críticos en relación a otros aspectos. A modo semejante a lo ocurrido en la Escuela 1, los relatos dan cuenta de acciones dirigidas a un objetivo único, o acciones que recayeron exclusivamente sobre sujetos individuales o tramas vinculares, sin mencionar los quehaceres vinculados a la relación escuela-comunidad, señalados por las autoridades.

En conclusión, los entramados (Cazden, 2010) institucionales y comunitarios que la escuela establece sólidamente con agencias y actores del contexto extraescolar, no aparecieron en los relatos de los y las docentes. Al igual que en la Escuela 1, la trama psico-social fue escindida del recorte de la situación-problema y de la intervención, pero en este caso el problema fue enunciado como individual o social, sin hacer trama con lo pedagógico e institucional.

El análisis permitió identificar un nudo crítico consistente en la fragmentación entre las perspectivas de las y los agentes-relatores y las de las autoridades, acerca de las acciones que la escuela realiza como institución, y que se vinculan con el "efecto establecimiento", debido a su acción positiva sobre el clima escolar. Dichas cuestiones, si bien pudieron en parte ser re-negociadas en el transcurso del Taller, el conjunto de la información obtenida permite inferir que el sistema de actividad aún no tiene resuelto ese problema.

Ante dichas tensiones, cabe destacar que el sistema de actividad escolar puede ser analizado de acuerdo a dos dimensiones; como actividad aula y como actividad institucional-escolar. Ambos sistemas equivalen a la dimensión inter-individual —actividad del profesor en la clase— y colectiva —red de relaciones entre profesionales— de la práctica escolar (Engeström y Sannino, 2010). En este caso, los relatos de los y las docentes no incluyeron el sistema institucional y se centraron en el sistema de actividad-aula, lugar desde el cual construyeron su perspectiva.

El sistema-aula, considerado como responsabilidad exclusiva de la acción docente, y atravesado por una serie de demandas técnicas, pedagógicas y burocráticas, genera contradicciones que dificultan la inclusión de la perspectiva institucional y la apropiación, por parte de los y las docentes, de las herramientas generadas en instancias más amplias.

A su vez, de las entrevistas a las autoridades se advierte que sus perspectivas se enfocaron en la tarea institucional-organizativa (sobre todo en la descripción de proyectos y programas educativos), y no en lo específicamente pedagógico-áulico. Si bien ello es acorde con su rol de directivos y su participación en la división del trabajo, posiblemente invisibilice determinadas especificidades de la tarea docente-áulica —algo escasamente mencionada por las autoridades—, que continúan a su cargo, aunque no las desempeñen en forma directa.

En ese caso, el encapsulamiento de docentes y demás agentes respecto del sistema institucional, estaría siendo retroalimentado a través de la falta de interrelación entre ambos sistemas. La circulación de conocimientos y prácticas propias de cada subsistema, señala la necesidad y el desafío de construir una *boundary-zone*, (zona-fronteriza) o tercer espacio en el que interaccionen los objetos/objetivos de, al menos, esos dos sistemas de actividad, para la generación de aprendizajes colaborativos.

Violencia simbólica. Violencia invisible

Un punto de central interés en este capítulo, reside en el hecho de que los y las agentes de ambas escuelas no mencionaron, en gran parte, ninguna relación de los problemas de violencia entre alumnos con la vida escolar y no expresaron posibles implicaciones de la escuela en la producción, generación y/ o reproducción de dichos problemas.

En la Escuela 1, cuando la supervisora aludió a trabajar específicamente el concepto de *"violencia simbólica"*, la noción fue poco definida y enunciada de forma general, situándola en prácticas de agentes individuales y en la sociedad en general. Además, las directivas entrevistadas, no formularon implicancias de la escuela en dichos problemas y en su posibilidad de abordarlos, aunque avizoraron algunos elementos alrededor de la propuesta de realizar un proyecto de *"cambio del imaginario escolar"*.

También el análisis de los relatos en respuesta a los cuestionarios al inicio de la experiencia, advirtió claramente que ningún/a agente mencionó alguna relación de los problemas de violencia entre alumnos con la vida escolar, ni retomaron la definición de violencia simbólica enunciada por la supervisora como motivo del Taller. Los y las agentes no formularon hipótesis, inferencias o supuestos sobre implicancias de la escuela (como institución, como organización o como comunidad escolar, por ejemplo) en la emergencia y sostenimiento de dichos problemas, ni tampoco aludieron a la posibilidad o imposibilidad de la escuela para abordarlos.

Por otro lado, durante el primer encuentro del Taller de Reflexión sobre la Práctica, sólo una docente hizo mención al concepto de violencia simbólica (Bourdieu, 1988) mencionado también por la supervisora. Lo señalado hasta aquí, permitió identificar un nudo crítico en las perspectivas de las y los agentes educativos de la Escuela 1, consistente en la invisibilización de posicionamientos escolares co–implicados en la producción y/o reproducción de las prácticas violentas, lo que dificultaría la posibilidad de revisar críticamente los mismos.

En la Escuela 2, el problema asumió otras características. En las entrevistas a las autoridades, los motivos del Taller partieron de preocupaciones ligadas a necesidad de contar con *"herramientas de negociación"*, ante lo que el vicedirector agregó:

> Está el que no quiere negociar nada. ¿No hay violencia ahí?

La pregunta advierte que el agente identificó formas de violencia tradicionalmente conceptuadas como "invisibles", pero las remitió a prácticas individuales (vinculadas a actitudes de los docentes) y no a elementos constitutivos del régimen escolar. Las violencias **de** la escuela (Charlot, 2002) no fueron enunciadas, pero sí se visibilizaron abordajes institucionales en el tratamiento de los problemas de violencia que, por la vía de la acción transformadora, constituyen fuentes de cuestionamiento y crítica al dispositivo escolar tradicional. Ello fue enunciado en diversas ocasiones, en frases tales como

> des–institucionalizar la escuela
> desarmar formatos
> tener propuestas alternativas

Ni en los Cuestionarios, ni en el Taller de Reflexión sobre la Práctica, la noción de violencia fue relacionada con el dispositivo pedagógico. Éste, más bien fue visualizado como un espacio de ayuda, contención e inclusión, ante el contexto de precariedad y violencia que sus voces caracterizaron situado en la vida extra–escolar de los y las jóvenes. E incluso, cuando se enunció la pregunta acerca de cómo la escuela trató esos problemas, las respuestas se personalizaron en lo que hacen o no hacen los docentes, incluyendo preocupaciones acerca de los límites de sus roles en la división del trabajo.

Sobre lo mencionado es preciso considerar que, tal como lo señala la bibliografía especializada, la violencia simbólica es la más difícil de identificar, debido justamente a su carácter de invisibilidad y al desconocimiento de su ejercicio (Bourdieu, Passeron, 1977). El concepto de violencia, al ser una construcción social, permite interrogar la existencia de procesos invisibilizadores de la misma, relativos a las formas que asume la socialización, la integración social y la división del trabajo. Esas dimensiones son las que posibilitan la emergencia de determinados puntos de vista (Engeström, 2001b) y esquemas de apreciación (Bourdieu, 1988) acerca de lo que se considera o no violento, expresando el estado de las relaciones del poder simbólico en determinada situación.

El escaso reconocimiento de este problema podría ser resultado de la interiorización y naturalización de las relaciones de poder desiguales, que regulan las formas de transmisión de la cultura escolar. La naturalización de las situaciones habituales hace que las formas de violencia simbólica pospongan en mayor medida su adjetivación de violentas.

El análisis permitió abrir algunas hipótesis acerca de posibles procesos específicos, vinculados a los contextos de investigación, que operaron en la invisibilización de la misma. Es probable que en determinadas condiciones institucionales y de trabajo, las situaciones vinculadas a la violencia simbólica no sean las que tengan mayor peso en los problemas cotidianos. Particularmente en la Escuela 2, la gravedad y urgencia que poseen las situaciones de violencia provenientes del contexto extra-escolar, operan como principal fuente de preocupación y conflicto, llevando a que se desestimen otros ejercicios de la violencia.

En la Escuela 1, de modo quizá contradictorio (puesto que la supervisora se propuso indagar intencionalmente la problemática de la violencia simbólica), se advierte algo similar. Ello se reflejó cuando dijo:

> Lo más grave, lo más preocupante, es cuando los chicos están en situación de abandono por parte de los padres, de la sociedad, se drogan, delinquen, etc. (...), (porque) cuando la violencia viene de lo social, la escuela está en peores condiciones de ayudar.

Nuevamente, el peso de los procesos de fragmentación, crisis y vulnerabilidad social, en las perspectivas de los y las agentes, operan en la invisibilización de los procesos ligados a la violencia simbólica e institucional.

Desde la perspectiva con la que aquí se escribe, se considera relevante la posibilidad de que la temática sea problematizada. Abordar la violencia como elemento constitutivo del orden escolar, permite reconsiderar su rol en la conservación de un sistema de desigualdad social estructurado y reproducido en las prácticas escolares, intrínseco al proyecto escolar moderno (Dubet y Martuccelli, 1998). Pues la violencia institucional no se limita a determinadas prácticas desplegadas por docentes y otros/as agentes escolares, sino que se entrama en la constitución y funcionamiento del propio dispositivo pedagógico, cuya reproducción en las prácticas de las y los agentes escolares no es más que el resultado de su imposición y naturalización.

Se trata de una violencia del mismo sistema escolar, violencia que procede de la paradoja de una escuela masificada que se define, a la vez, como democrática y meritocracia (Dubet, 1998:19), que homogeniza a la par que clasifica (Dubet, 2005a); que escinde lo epistémico de lo cotidiano, produciendo dificultades para la construcción de entramados (Cazden, 2010) y mediaciones pedagógicas (Meirieu, 2008) que favorezcan el desarrollo de experiencias subjetivantes para todos sus actores. Dicha problematización es una apuesta por la construcción de nuevas formas de escolaridad que se propongan tensionar las violencias naturalizadas y construir nuevos formatos que permitan el despliegue y fortalecimiento de las vivencias estudiantiles.

Además, las violencias del dispositivo escolar afectan no sólo a los estudiantes, a través de la producción de taxonomías escolares (Bourdieu, 1990) y distinta formas de clasificación y exclusión, sino que generan una serie de sufrimientos para docentes, directivos/as y otros/as agentes que, en el ejercicio de la autoridad pedagógica, deben imponer —o resistirse a— la selección arbitraria de la cultura contenida en el curriculum y en el orden disciplinario, que oculta relaciones de fuerza subyacentes a su selección, asegurando la reproducción cultural y social.

Al respecto, Bourdieu plantea que las instituciones escolares someten a los sujetos a una competencia feroz:

> *(...) el orden social que garantiza el modo de reproducción escolar somete hoy en día, incluso a aquellos que más se benefician con él, a un grado*

> *de tensión absolutamente comparable al que la sociedad de la corte, tal como la describe Elías, imponía incluso a aquellos que tenían el extraordinario privilegio de pertenecer a ella.*
>
> *Bourdieu, P., 1997:42*

En nuestra investigación, ello se refleja en la dificultad de los y las docentes de "hacer valer" un orden disciplinario que no siempre reconocen como propio, en los imperativos y esfuerzos de los y las directivos/as en obtener comprensión y ayuda, y en el anhelo que expresan de que los y las docentes reconozcan la importancia de las tareas institucionales. Por tales razones, se considera preciso problematizar los entrelazamientos de las violencias con el proyecto moderno de escolaridad homogeneizante; problematización que será más potente si proviene de la reflexión crítica de la propia comunidad educativa.

Procesos de aprendizaje y apropiación de sentidos

La actividad regulada colectivamente (Leontiev, 1984), en el marco de los Talleres de Reflexión sobre la Práctica, permitió la emergencia de algunas re-significaciones sobre problemas, intervenciones, herramientas y resultados ante situaciones de violencia en escuelas, a partir de procesos de aprendizajes y apropiaciones de sentidos, relevados desde las voces y relatos post-experiencia de agentes educativos/as.

En la Escuela 1, algunos procesos de cambio requirieron de mayor mediación por parte de la coordinación del Taller que en la Escuela 2, en el sentido de que su emergencia no fue espontánea sino circunscripta a la existencia de polifonía y contradicciones , que generaron cambios de posicionamiento acerca de problemas e intervenciones (Engeström 1987, 2001a). En ese marco, la emergencia de preguntas vinculadas al "*¿Qué hacer?*" presentaron apertura hacia procesos de revisión de pensamientos y acciones, como un camino para mejorar la práctica (Schön, 1992, 1998).

El análisis advirtió que pudo operar en la Escuela 1, en forma incipiente, una re-significación de una herramienta ya conocida y utilizada:

la palabra. A la par que se trabajó sobre herramientas visualizadas tales como la confección de actas y la impartición de sanciones, cuyo uso fue espejado para someterlo al debate (Sannino, 2011; Engeström, 2001a). Ello permitió la emergencia de negociaciones dialógicas y algunas ampliaciones acerca de su uso, produciendo un desplazamiento desde su concepción estrictamente administrativa hacia aspectos pedagógicos y generadores de acuerdos mutuos con los y las estudiantes. La vinculación con aspectos pedagógicos fue reflejada en frases y aportes que plantearon propuestas, desafíos y problematizaciones acerca de la construcción de intervenciones articuladas con las prácticas de enseñanza en el contexto del aula y de la institución

Luego, el análisis colectivo acerca del nivel de intervención grupal, en un principio visualizado únicamente desde la dimensión vincular, pudo ser ampliado y expandido hacia la inclusión de la dimensión pedagógica-áulica. Por ejemplo, algunas voces valoraron abordajes que la escuela realizó acerca de la temática "adicciones", como así también de la "convivencia", a la par que otra docente agregó la idea de trabajar el Programa de Educación Sexual Integral, para dar tratamiento a problemas de violencia surgidos de desigualdades entre los géneros e identidades sexuales.

Con ello se evidenció la enunciación de algunas estrategias, hasta el momento no descriptas, la posibilidad de realizar nuevas acciones a nivel institucional, y la construcción, en las perspectivas de los y las docentes intervinientes, de un entramado entre aspectos pedagógicos/curriculares y las vivencias estudiantiles (Cazden, 2010). Desde una lectura centrada en el concepto de vivencia, los contenidos de las mismas comenzaron a re-articularse en una unidad afectivo-intelectual (Vygotsky, 1994).

Dicha articulación no fue directamente transferida, sin embrago, a la hora de valorar su propio proceso de aprendizaje docente en el Taller: en el Cuestionario de Reflexión sobre la Práctica desarrollada en el Taller (Erausquin, Dome, 2014), si bien todos los relatos contenían la idea de haber aprendido de la experiencia, una importante cantidad de ellos se refirió fundamentalmente a aspectos emocionales y vinculares, con menor presencia de la dimensión epistémica. Contradictoriamente, en relación a lo aprendido en términos de contenido en el Taller, más de la mitad de los y las agentes señaló conceptos con algún nivel de articulación con la experiencia en el trabajo. Lo asumido como contenido de aprendizaje se vinculó a aspectos académicos, conceptuales y/o informativos, manteniendo cierta escisión entre lo afectivo y lo cognitivo.

Otro aspecto a señalar es que el trabajo desarrollado en el Taller, permitió dar cuenta de algunas acciones y relaciones inter–agenciales que la escuela realiza y/o debería realizar en su contexto inter–institucional y con el entorno extra–institucional. Al debatirse el nivel de intervención institucional, surgieron problematizaciones y reflexiones acerca de la valoración de los proyectos que la escuela realiza (y que hasta entonces se habían manifestado como mediaciones invisibles para la mayoría de los actores), junto a la emergencia —incipiente— de un contexto de crítica (Engeström, 2001b) al dispositivo institucional, en la tensión entre lo que se puede y lo que no se puede cambiar. A su vez, el análisis advirtió la construcción de un contexto de descubrimiento (Engeström, 2001b) de nuevas dimensiones vinculadas al problema, que se reflejan en el reconocimiento de preguntas sobre el funcionamiento y la dinámica institucional.

En relación a cómo fue visualizada la vinculación entre diferentes agencias y actores en la intervención educativa, se destacan diálogos que visualizaron al docente como "detector de los problemas" —donde la noción de "trabajo en equipo" apareció asociada a la idea de "derivación"—, emergiendo luego problematizaciones acerca de la dificultad de actuar en red, pero reconociendo a la vez su importancia, lo que redundó en debates acerca de la comunicación, la socialización y el consenso.

Ello se condice con algunas respuestas dadas en el Cuestionario de Reflexión sobre la Práctica desarrollada en el Taller, en las que algunos agentes señalaron que realizarían cambios en las intervenciones desplegadas. Los aspectos mayormente señalados discurrieron en incluir el tratamiento del problema en el aula, hacer mayor seguimiento, consultar y/o pedir ayuda a otros agentes, y en algunos casos se señalaron acciones institucionales, tales como realizar encuentros y jornadas. También, los agentes enunciaron cambios a nivel de los objetivos, indicando principalmente acciones dirigidas a generar algún impacto no producido en su momento, o acciones agregadas con cambios en la direccionalidad de las mismas. También se identificaron movimientos en relación a los diseños e instrumentos que implementaron, fundamentalmente en la necesidad de ampliar los límites temporales de la intervención, o bien de trabajar a largo plazo; lo que contribuye al desarrollo de actividades con sentido estratégico (Erausquin et al., 2011), que buscan superar la inmediatez y la urgencia en la acción.

Sin embargo, a la hora de reflexionar sobre el propio aprendizaje docente, no todos estos nuevos sentidos fueron apropiados —al menos en forma explícita—. Las respuestas al Cuestionario de Reflexión sobre la Práctica desarrollada en el Taller se repartieron casi igualitariamente entre quienes refirieron el sujeto del aprendizaje a la propia persona y quienes mencionaron referencias hacia el equipo de trabajo. Ello da cuenta de que la identificación de un sujeto colectivo en el aprendizaje docente, aún presenta variaciones y desafíos, más allá de algunos cambios notables a nivel de las intervenciones que identificaron.

También al abordarse la información sobre circuitos de intervención, se pudo crear un contexto de descubrimiento (Engeström, 2001b), que fue delimitando la idea de la necesidad de mayor articulación entre agencias en la perspectiva de las y los agentes. Dicha secuencia, además, dio cuenta de la preocupación por parte de los y las agentes educativos acerca de la comunicación y la generación de tramas institucionales y/o comunitarias.

El recorrido permitió problematizar algunas prácticas docentes, manifestando nuevos puntos de vista sobre otros/as posibles protagonistas de las violencias, más allá de los sujetos estudiantiles. Sin embargo, en las respuestas a los Cuestionarios de Reflexión sobre la Práctica desarrollada en el Taller a la hora de señalar posibles cambios en los destinatarios de sus intervenciones, una mayoría coincidió en trabajar sobre los mismos destinatarios, a saber, los sujetos estudiantiles. Lo que indica que, más allá de que reconocieron otros/as agentes y relaciones, los y las estudiantes siguen siendo la principal fuente de interés/preocupación acerca de las intervenciones que deben realizarse contra las violencias. Y tampoco aparecieron ideas cercanas a una intervención indirecta (Erausquin, 2012), que se proponga actuar sobre otras agencias —docentes, padres, madres, tutores, instituciones—, para lograr un efecto más potente y multiplicador sobre los destinatarios que les preocupan.

También se destaca que el recorrido permitió la construcción compartida de un objetivo de la actividad del Taller, delimitando la figura de la "reflexión sobre la práctica" como un objeto significativo (Engeström, 2001) construido en el sistema. Sobre esa base, al cierre del segundo encuentro del Taller, emergió el enfoque sobre el propio sistema escolar en la dimensión de la intervención sobre violencias en escuelas, con identificación del ya mencionado "efecto establecimiento", en la visión sobre procedimientos, intervenciones y resultados obtenidos.

En ese marco, la idea del trabajo en equipo, se replicó en la mayoría de las respuestas al Cuestionario de Reflexión sobre la Práctica desarrollada en el Taller. Por ejemplo, acerca de las condiciones para la implementación de las intervenciones, las y los agentes señalaron principalmente la necesidad de contar con un mayor compromiso propio y del equipo de trabajo, o bien de mayor compromiso y capacitación de los mismos.

En el tercer encuentro la problematización de las situaciones de violencia pudo ser abordada, aunque aún referida a posibles prácticas desplegadas por individuos y/o grupos y no vinculada a la dinámica de las instituciones escolares. Aun así, la idea de la "violencia invisible" mencionada al inicio del ciclo, adquirió mayor explicitación y cierta expansión, ya que además de haberse interrogado entre agentes, se conversó la posibilidad de realizar dicha problematización en situaciones didácticas con estudiantes. De ello se destaca que la propia dinámica lúdica promovió nuevos fenómenos de participación entre los docentes.

Tal como dijo la supervisora:

> Esto fue inédito. Nunca participaron tanto.

En la Escuela 2, algunas fortalezas se hicieron presentes desde el inicio de la actividad, por lo que es posible atribuir un carácter explicativo al propio formato colectivo de la misma (Leontiev, 1984), y al encuentro cotidiano entre agentes como antecedente relevante para el desarrollo de las interacciones allí producidas.

En las voces de los y las intervinientes, la visualización del sistema de actividad (Engeström, 2001) escolar-institucional se hizo presente en las primeras conversaciones, posiblemente debido al rol jugado por la directora. Ello se advirtió al momento en que las y los agentes comenzaron a mencionar proyectos y/o programas institucionales, e hicieron señalamientos de aspectos conceptuales y valorativos sobre su incidencia en las vivencias estudiantiles, como emergente de la propia situación dialógica.

Párrafo aparte merece el debate acerca del problema de la *"falta de herramientas"*, que los y las agentes denunciaron desde un lugar de imposibilidad ante las presiones y dificultades presentes en el contexto extraescolar. El diálogo consecuente, redundó en la producción de algunas respuestas tendientes a valorar el trabajo realizado, pero también a ampliar la idea enunciada como "herramientas", al re-significarlas como

> acciones, modos de tratarnos, de escuchar, de hacer (...)

tal como dijo una docente.

Lo dicho hasta aquí se condice con los cambios más significativos enunciados por las y los agentes en los Cuestionarios de Reflexión sobre la Práctica desarrollada en el Taller en los que se advierten giros conceptuales (Rodrigo et al., 1999) en una parte importante de los Modelos Mentales de Intervención explorados al inicio del Taller. Algunos agentes desplegaron una articulación entre dimensiones relacionales y emocionales en el aprendizaje auto-percibido, y otros desplegaron, además, dimensiones cognitivas articuladas con relaciones que establecen en el contexto áulico y con el contexto extra-escolar. También a nivel de los sujetos del aprendizaje, la mayoría de los relatos enunció un sujeto grupal-colectivo en la experiencia de aprender, referenciado principalmente en el equipo de trabajo más inmediato y en algunos casos en otros sectores de la institución.

Acerca de los temas recién señalados, es notable el contraste con las primeras respuestas relatadas por las y los agentes educativos de la Escuela 2, en los Cuestionarios de Situación–Problema de violencias en escuelas en contextos de intervención profesional; razón por la que dichos cambios no son posibles de atribuir mecánicamente a la experiencia del Taller, debido al breve lapso de tiempo transcurrido.

Sin embargo, el desarrollo de la actividad colectiva puede haber movilizado recursos ya presentes en los actores, que no se pusieron en juego en el momento de confeccionar los primeros relatos. Al respecto, es posible sostener tres hipótesis. La primera, es que las y los agentes pueden haber asumido en forma diferente el compromiso con la tarea de escribir, incrementando la explicitación de aspectos que durante el transcurso del Taller se fueron delimitando como significativos. La segunda reside en que la dimensión menos explicitada en el primer Cuestionario de Situación–Problema de Violencias en Escuelas fue la vinculada a la Situación–Problema de Violencia (Dimensión I), y no así la Intervención Profesional (Dimensión II), por lo que es probable que, en el recorte de la misma, haya operado el hecho de que las causas de los problemas de violencia, al resultar más obvias y evidentes para los actores por su vinculación con el contexto familiar, social, económico de la vida de los y las jóvenes, redundaron en una menor explicitación de las mismas. La tercera es que el rol jugado por las autoridades, principalmente por la directora, los haya interpelado a avizorar nuevas dimensiones acerca de los problemas y a reconocer la existencia de un equipo de trabajo que emprende tareas colectivas para abordarlas.

En otro orden de ideas, durante el Taller, también se pudieron problematizar ideas tales como *"ir de frente"* y enunciar algunas estrategias comunicativas que difieren de la sola declaración de interpretaciones personales acerca de los sucesos y de las personas, colaborando así, por la vía de los hechos, con el objetivo de trabajar *"herramientas de negociación"*, señalado por los directivos entre los motivos para la realización del Taller.

Luego, al espejarse (Sannino, 2011; Engeström, 2001a) algunas intervenciones docentes, junto a recomendaciones de las guías de distintos organismos especializados, se produjeron verbalizaciones sobre aspectos positivos de los y las estudiantes, que contrastaron con el rol de agresores y/o víctimas adjudicado en los primeros relatos. También pudo someterse a crítica el problema de las "derivaciones", no sólo a través de la generación de algunos acuerdos institucionales impulsados por la acción de las autoridades (centrados en pedir ayuda ante problemas organizativos y disciplinarios), sino también en la visualización de la articulación con agencias extraescolares. Se destaca que las y los agentes visualizaron actores y agencias presentes en el contexto extra–escolar, y si bien cuestionaron el funcionamiento de las mismas, dieron cuenta de acciones de articulación y/o consulta con ellas. También señalaron las relaciones que la escuela busca establecer con madres, padres y tutores/as, a la par que las mismas recibieron nuevas propuestas de abordaje.

Ello advierte procesos de re–negociación de algunas acciones relativas a la división del trabajo (Engeström, 1987), en los que, si bien primó la acción imperativa de la directora, se oyeron nuevos aportes que le dieron sentido al problema. El Taller, no sin tensiones y discusiones, se fue perfilando como un espacio para generar nuevos acuerdos en algunas tareas específicas. Interesa destacar que también se problematizaron algunos usos de las herramientas normativas presentes en el régimen de convivencia y que hacen a aspectos objetivados del orden disciplinario (Dubet, 1999), cuya dinámica fue semejante a la señalada en el análisis de la Escuela 1, aunque no sin confrontaciones acerca de la distancia entre lo debatido en el Taller y las dificultades en la práctica efectiva.

Al trabajarse los contenidos de los niveles de intervención (individual, grupal e institucional), se incluyeron preguntas sobre el rol de la institución en los problemas de violencia y sus posibles abordajes, cuestión que interpeló a los y las docentes, quienes denunciaron sentirse *"en el ojo de la tormenta*". Las voces que denunciaron estas exigencias, pusieron en evidencia que las condiciones en las que los docentes se desempeñan sobreexigen su tarea, tradicionalmente vinculada a la transmisión de conocimientos. Por ello, al re-preguntarles por lo que sí pueden hacer desde su especificidad como docentes, se generó un diálogo en el que los y las agentes comenzaron a visualizar su quehacer pedagógico-aúlico entramado con formas de respuestas a los problemas del contexto.

Lo dicho hasta aquí, se condice con que en los Cuestionarios de Reflexión sobre la Práctica desarrollada en el Taller la mayoría de las y los agentes indicó que realizaría cambios significativos acerca de las intervenciones relatadas en las respuestas a los Cuestionarios al inicio. Al respecto, el eje que menor cambio manifestó es el que se relacionó con los destinatarios de la intervención: casi la mitad de los relatos coincidió, al igual que en la Escuela 1, en trabajar sobre los mismos destinatarios: los sujetos estudiantiles. Sin embargo, se encontró una mayor cantidad de relatos (en relación a la Escuela 1), que coincidieron en realizar algunos cambios, tales como repensar o sustituir destinatarios/as. A su vez, en dos relatos se incluyó la posibilidad de llegar a los destinatarios a través de mediadores indirectos, ampliando el alcance de las intervenciones.

La existencia de polifonía y contradicciones (Engeström, 2001a) permitió que operen algunas re-conceptualizaciones y giros acerca del rol docente y su implicación en los problemas de violencia, proceso no exento de tensiones y manifestaciones de resistencia. Al respecto, una respuesta de la directora ante las extensas dificultades mencionadas por los y las docentes, sostuvo:

> Aun así, con todos sus problemas, los chicos vienen a la escuela (...) por algo vienen todos los días. Eso ya es un montón. Es un montón por parte de ellos, de sus padres y de nosotros.
> Desde ahí hay que construir.

El debate siguiente, trató temáticas vinculadas a dimensiones institucionales y generó entre los participantes aportes tales como:

> Deberíamos socializar más la experiencia en las reuniones. (...) rescato la vida colectiva (...) trabajamos en equipo.

Pero uno de los giros más destacados, es el que produjo una de las integrantes del Equipo de Orientación Escolar, quien sostuvo:

> Me fijo en que yo no construyo mi intervención con el docente, lo ayudo, lo consulto, pero no la armamos juntos.

Su intervención permitió problematizar la "derivación" de problemas y avizorar la posibilidad de un trabajo conjunto entre agencias interinstitucionales para el abordaje de problemas compartidos.

Ello se condice con cambios señalados por las y los agentes en los Cuestionarios de Reflexión sobre la Práctica desarrollada en el Taller, acerca de las condiciones para la implementación de las intervenciones. Aunque con variaciones, la mayoría de los relatos hicieron hincapié en el compromiso propio y del equipo de trabajo.

Finalmente, en el tercer encuentro, la reflexión sobre el juego realizado incluyó la problematización de etiquetas y el uso del lenguaje, a la par que se produjeron algunos esbozos acerca de la noción de "violencia simbólica", hasta el momento no tematizada, aunque sí abordada —implícitamente— a través de algunas acciones concretas de innovación al interior del dispositivo escolar.

Los temas emergentes dieron cuenta de propuestas que lograron conmover, aunque más no sea en parte, el encapsulamiento del aprendizaje e implicaron la posibilidad (potencial) de realizar transformaciones (Engeström, 2001a) en el sistema de actividad y su vinculación con otras agencias. En ese marco, es que esta escuela decidió seguir trabajando con la investigadora y otros agentes de la Universidad en algunas propuestas continuadas en convivencia escolar.

A modo de cierre. Cambios y contextos

Es importante resaltar que los procesos y cambios analizados en ambas escuelas, más que atribuirse al formato específico del Taller, se consideran mediados por las características de los sistemas de actividad en los que se desarrollaron. El contexto es integrante de la interacción y no mero escenario, siendo producido por las y los agentes, y a la vez constituyente de las prácticas que en él tienen lugar. Por eso, es preciso considerar las dinámicas entre los condicionamientos objetivos y los sentidos de los y las agentes, entendiendo la especificidad propia de cada configuración escolar, teniendo en cuenta las restricciones y posibilidades materiales y simbólicas puestas en juego.

No es lo mismo que en la Escuela 1 el Taller se haya desarrollado únicamente con los y las docentes del turno vespertino, cuyas autoridades entrevistadas señalaron sentirse como una institución aparte —en la que prácticamente no participa el rector—, quedando cotidianamente a cargo de la vicerrectora; mientras que en la Escuela 2, la tarea involucró a los dos turnos de la escuela —entendida ésta como una unidad— y con ambos directivos/as como responsables de su gestión y organización.

Tampoco es lo mismo que los y las agentes se conozcan previamente entre sí y estén habituados y habituadas a las prácticas de debate, en vez de que ello ocurra por primera vez. En ese sentido, la práctica desarrollada en los talleres se inscribió en el marco de dinámicas institucionales específicas, que se implicaron en los modos de participar e imprimieron determinadas marcas en las interacciones producidas (Rogoff, 1997).

El rol de las autoridades también fue parte en el desencadenamiento de determinados sucesos, siendo distintos los estilos observados entre una y otra escuela. Si bien las cuatro autoridades, en las dos escuelas, fueron propiciantes de la realización el Taller y compartieron propósitos de empoderamiento de las prácticas docentes, se advierte que en la Escuela 2, éstas jugaron además un rol habilitante para la emergencia de diálogos polifónicos y encuentros entre diferentes puntos de vista, logrando que determinados temas y problemas —muchas veces ocultos en las instituciones escolares— emerjan y sean sometidos al debate colectivo.

Lo dicho anteriormente se refleja también en que la propuesta de un formato interactivo para el desarrollo del Taller fuera señalado como positivo por todas las autoridades entrevistadas. Pero las agentes directivas de la Escuela 1 expresaron recaudos sobre el rol de la investigadora como agente externa, a la par que realizaron una demarcación de lo que debe ser ordenado en el debate con y entre docentes. A diferencia de ello, los directivos de la Escuela 2 manifestaron estar acostumbrados al "choque" de opiniones, anticipando la posibilidad de que ello efectivamente ocurriese.

Más allá de las diferencias, la construcción de un tiempo y un espacio destinado a la reflexión sobre la práctica y al encuentro entre las mentes, generó impactos en los Modelos Mentales construidos por los y las agentes. Estos/as lograron identificar, apropiar y re-apropiarse de herramientas escolares —normativas y pedagógicas— y dotar de sentido a sus experiencias, lo que se entramó en su comprensión y análisis de los problemas de violencia que emergen en sus contextos de práctica. Y desde la experiencia, es posible sostener que dichos procesos no suelen ser habilitados en todas las escuelas, aunque se revelen como necesarios (Schön, 1992, 1998; Bruner 1997; Cazden, 2010:63; Rodrigo et al., 1999).

El presente trabajo asume que la reflexión sobre la práctica y el encuentro entre las mentes ayudó a fortalecer el desarrollo de comunidades de práctica y la co-construcción de medios e instrumentos para la expansión del aprendizaje, al des-encapsularlo de su supuesta pertenencia exclusiva al territorio de las mentes individuales (Lave y Wegner, 2001; Engeström, 2001a). Pues no se trató de una reflexión solipsista, sino ubicada en un marco institucional de colaboración (Terigi, 2012). Así, los y las agentes desplegaron articulaciones entre conceptos y experiencias, y afirmaron algunos cambios sistematizados respecto de sus intervenciones, entramando situaciones, acciones y resultados, aunque con distintos niveles de apropiación.

Su participación en los Talleres de Reflexión sobre la Práctica colaboró en el vasto desafío de construir entramados, entendidos como puentes entre lo familiar y lo extraño, entre lo viejo y lo nuevo, entre lo cotidiano y lo científico, entre lo racional y lo emocional. El entramado, como metáfora, no se reduce ni a lo cognitivo, ni a lo afectivo, ni a los sujetos ni a las situaciones, ni a lo interpersonal ni a lo social-institucional-cultural, ni a los cuerpos ni a las mentes, ni a las prácticas ni a las experiencias. No escinde, sino que une estructuras y dinámicas distribuidas entre diferentes dimensiones (Cazden, 2010; Erausquin, 2014).

En esta investigación, los Cuestionarios de Situación-Problema de Violencias en Escuelas, en contextos de intervención profesional, se transformaron en *instrumentos de reflexión desde, sobre y para la práctica profesional, cuando las narrativas fueron discutidas colectivamente, tras ser espejadas en los talleres.* A través del espejo de sus relatos, los y las participantes plasmaron sus perspectivas y las compararon, las ensayaron, las ampliaron y las corrigieron; y al compartir, diferenciar y re-pensar lo vivido, expandieron horizontes de creatividad y crítica, de multivocalidad y cambio, de historicidad y alternativas (Schon, 1998; Engeström, 2001).

El desarrollo de una metodología participativa se reveló como herramienta útil para crear la posibilidad de que los y las agentes actúen en agencias inter-escolares, desarrollen proyectos al interior de las escuelas y con otras agencias del contexto extra-escolar. Ello posibilitaría, como ocurrió incipientemente en esta experiencia de Taller, que se asuman como sujetos activos ante los problemas de violencia, y potenciales mediadores en la construcción de dispositivos escolares con carácter estratégico (Erausquin et al., 2001).

La metodología de investigación-intervención propuesta por la Teoría de la Actividad demostró ser una herramienta teórico-práctica muy útil para crear espacios de intercambio y negociación, en donde los que los actores contribuyen activamente a la renovación y expansión del aprendizaje y para construir un lenguaje compartido entre las diferentes voces y perspectivas (Yamazumi, 2009).

A la vez, se incluye la necesidad de contextualizar los enfoques académicos, lograr mejoras en la oferta educativa y contribuir al desarrollo profesional de todos los actores implicados en su participación.

La implementación de una metodología participativa necesita la creación de contextos de acción reflexiva, como espacios discursivos orientados a desarrollar conocimientos, para rediseñar y reorientar conjuntamente marcos epistemológicos sobre la acción cotidiana. Las experiencias procesuales, diacrónicas y participativas de formación, negociación, colaboración y desarrollo de conocimientos personales/organizativas, son elementos inseparables del proceso de producción de aprendizajes y de la agencia de transformación compartida (Engeström, 2006).

El método utilizado propició que los y las agentes educativos dispongan de las condiciones para re–crear significados acerca de sus prácticas, analizando sus propios modelos de actividad en redes sociales de aprendizaje, y zonas de construcción social de significados, creando herramientas de re–conceptualización y andamiaje de su experiencia.

Se espera que su divulgación colabore en el enorme desafío de construir relaciones interagenciales y reflexivas en el escenario escolar, para el abordaje de problemas complejos que interpelan y movilizan aspectos éticos, epistémicos y políticos; y donde el protagonismo de docentes y otros/as agentes escolares posee un verdadero carácter estratégico.

CAPÍTULO 8

Referencias

Abramowski, A. (2010). *Maneras de Querer. Los Afectos Docentes en las relaciones pedagógicas.* Prologo e Introducción. Buenos Aires: Paidós.

Ameigeiras, A. (2009). *La etnografía en la investigación social.* En I. Vacilachis. (coord.) *Estrategias de investigación cualitativa.* Barcelona: Gedisa.

Andújar, C. y Rosoli, A. (2014). Enseñar y aprender en la diversidad: el desarrollo de centros y aulas inclusivas. En Marchesi, A., Blanco, R. & Hernández, L. (Coords). *Avances y desafíos de la educación inclusiva en Iberoamérica.* (pp. 47–59). Madrid: Organización de Estados Iberoamericanos para la Educación, la Ciencia y la Cultura (OEI) y Fundación Mapfre.

Arias, M., Martínez, M., Parafita, D., Sarthou, H. (2012). La violencia está en Los otros. Víctor, G., Kaplún, L. Morás (comps.) *La palabra de los actores educativos.* Montevideo: CSIC/Trilce.

Arón, A. y Milicic, N. (1999). *Clima social escolar y desarrollo personal.* Santiago: Andrés Bello.

Ayala-Carrillo, M. (2015). Violencia Escolar. Un problema Complejo. *Ra Ximhai, 11,*(4), julio–diciembre, 2015, pp. 493–509. Universidad Autónoma Indígena de México El Fuerte, México. Recuperado el 9 de diciembre de 2019 en: https://www.redalyc.org/pdf/461/46142596036.pdf

Bajtín, M. (1979). *Estetikaslovesnogotvorchestva.* Moscú: Iskusstvo. [Trad. Esp. *Estética de la creación verbal.* México: Siglo XXI, 1982].

Baquero, R. (2006). Del individuo auxiliado al sujeto en situación. Algunos problemas en los usos de los enfoques socioculturales en educación. *Revista Espacios en Blanco. Serie indagaciones.* Nro. 16. NEES/UNCPBA.

Bardin, L. (1986). *El análisis de contenido.* Madrid: Ediciones Akal.

Batallán, G: (2003). El poder y la autoridad en la escuela. La conflictividad de las relaciones escolares desde la perspectiva de los docentes de infancia. *Revista Mexicana de Investigación Educativa, 8*, (19), septiembre-diciembre, pp. 679-704. Consejo Mexicano de Investigación Educativa, A.C. México.

Batallán, G: (2004). El poder y la construcción de la identidad laboral de los docentes de infancia. Limitaciones de la teoría para pensar la transformación escolar. *Cuadernos Antropológicos sociológicos*, 19, ene./jul, pp. 63-81.

Baudelot, C., Establet, R. (1976). L'écolecapitaliste en France. Paris: Maspero.

Báxter Pérez, E: (2003). Metodología de la Investigación Educativa: El proceso de Investigación en la Metodología cualitativa. El enfoque participativo y la Investigación Acción. En E. Báxter Pérez, *Desafíos y polémicas actuales. Colectivo de Autores*. Buenos Aires: Félix Varela.

Blanco, R. (2014). Inclusión educativa en América Latina: caminos recorridos y por recorrer. En A. Marchesi, R. Blanco & L. Hernández (Coord.). *Avances y desafíos de la educación inclusiva en Iberoamérica*. (pp. 11-35). Madrid: Organización de Estados Iberoamericanos para la Educación, la Cien ia y la Cultura y Fundación SM.

Blaya, C. (2010). Violencia en los centros educativos. Perspectivas europeas. En A. Furlán, M. Pasillas-Valdez T. Spitzer, A. Nashiki (comps) *Violencia en los centros educativos: conceptos, diagnósticos e intervenciones* (pp. 4-37). Buenos Aires: Noveduc.

Blaya, C. (2001). Climats colaire et violence dans l'enseignement secondaire en France et en Angleterre. En E. Debarbieux y C. Blaya (dir.) *Violence à l'école et politiques publiques*, pp. 159-177. París: ESF Éditeurs.

Blaya, C. (2002). Elementos para la reflexión para un ambiente escolar positivo y más seguro: los casos de Francia e Inglaterra. En *Organización y Gestión educativa, N° 4*, 12-20.

Blaya, C., Debarbieux, E. (2009). Clima escolar i prevenció de la violencia. *Observatoire International de la Violence à l'École*. Universitat de Bordeus 2. França.

Blaya, C., Debarbieux, E., Rey Alamillo, R., Ortega Ruiz, R. (2006). Clima y violencia escolar. Un estudio comparativo entre España y Francia. *Revista de educación, 339*, 293–315. https://www.researchgate.net/publication/28119477_Clima_y_violencia_escolar_Un_estudio_comparativo_entre_Espana_y_Francia

Bleichmar, S. (2008a). La construcción de las legalidades como principio educativo. *Cátedra Abierta: del Observatorio Argentino de Violencia en las Escuelas*. Buenos Aires: Ministerio de Educación.

Bleichmar, S. (2008b). *Violencia Social/Violencia Escolar. De la puesta de límites a la construcción de legalidades*. Buenos Aires: Noveduc Colección Conjunciones.

Bleichmar, S. (2011). *La Construcción del Sujeto Ético*. Buenos Aires: Editorial Paidós. ISBN 978-950-12-4287-4

Bliss, J. R. (1993). Building Open Climates in Urban Schools. En P. B. Forsyth, M. Tallerico (eds.). *City Schools, leading the way*. Newbury Park: CorwinPress.

Bonafé-Schmitt J. P. (2002). *La médiation scolaire par les élèves*. Paris, ESF.

Boulton, M. J. (1997). Teachers' views on bullying: definitions, attitudes and ability to cope. *British Journal of Educational Psychology*, 67, 223–233.

Bourdieu, P. (1987). Los tres estados del capital cultural. En *Sociológica* (págs. 11–17). México: UAM-Azcapotzalco.

Bourdieu, P. (1988). Espacio social y poder simbólico. En P. Bourdieu, *Cosas Dichas*. Buenos Aires: Gedisa.

Bourdieu P. (1990). El racismo de la inteligencia. En P. Bourdieu, *Sociologia y cultura*, México. Grijalbo.

Bourdieu, P. (1994). *Le Sens Pratique*. París: Les Editions de Minuit.

Bourdieu P. y Passeron J. (1977). *La reproducción, elementos para una teoría del sistema de enseñanza*. Barcelona: Laia.

Bourdieu P. y Saint-Martin, M. (1998). Las categorías del juicio profesoral. En *Propuesta Educativa Nº 19*, Año 9, FLACSO, Buenos Aires, pp. 4–18.

Brodsky y O'Neal Smitherman (1983). *Handbook of Scales for Research in Crime and Delinquency*. Perspectives in Law and Psychology, 5.Plenum Press. New York and London.

Bruner, J. (1990). *Acts of meaning*. Harvard: Harvard University Press. [Trad.Esp. *Actos de significado*. Madrid: Alianza editorial, pp. 168, 2009].

Caballero Pérez, M., Anáhuac Mayab (2013). *Bullying en escuelas públicas y privadas*. Revista de la Comisión de Investigación FIMPES, año 2, Nro 3. pp. 8–14. México. Disponible en http://archivos.diputados.gob.mx/Centros_Estudio/ceameg/ias/Doc_24.pdf. Recuperado el 10 de Enero de 2015.

Cardia, N. (1997). A violencia urbana e a escola. En *Contemporaneidade e educação* N° 2. pp 26–99.

Carra, C. y Sicot, F. (1997). Una autre perspective sur les violences scolaires: L'expérience de victimation. En Emin & Charlot (ed.) *Violences a l'ecole –etat des savoirs*. Paris: ArmandColin:Mason.

Castoriadis, C. (1998). *Hecho y por hacer. Pensar la imaginación*. Buenos Aires: Editorial Universitaria de Buenos Aires.

Castorina, J.A. y Kaplan, C. (2006). *Violencias en la escuela: una reconstrucción crítica del concepto*. En C. Kaplan, (Dir.), *Violencias en plural, Sociología de las violencias en la escuela* (pp. 27–53). Buenos Aires: Miño y Dávila.

Castorina, J. A. y Kaplan, C. (2009). Civilización, violencia y escuela: Nuevos problemas y enfoques para la investigación educativa. En C. Kaplan (ed.) *Violencia escolar bajo sospecha*. pp. 29–54. Buenos Aires: Miño y Dávila.

Cazden C. (1991). *El discurso en el aula. El lenguaje de la enseñanza y del aprendizaje*. Madrid: Paidós.

Cazden, C. (2010). Las aulas como espacios híbridos para el encuentro de las mentes. En N. Elichiry (comp.) *Aprendizaje y contexto: contribuciones para un debate*. Bs As.: Manantial.

Cerrón, L.A. (2000). La conflictividad escolar como reflejo social: tomando una perspectiva global del problema. En *Revista de Investigación e Innovación Educativa Tarbiya*, N° 25. 7–17.

Chagas Dorrey, R. (2005). Los maestros frente a la violencia de los alumnos. *Revista Mexicana de Investigación Educativa, 10*, (27), pp. 1071–1082. Consejo Mexicano de Investigación Educativa, D.F.

Chaiklin, S. (2001). Comprensión de la práctica científico-social de "Estudiar las prácticas". En S. Chaiklin, & J. Lave, (eds.). *Estudiar las prácticas. Perspectivas sobre actividad y contexto*, (pp. 23-74). Buenos Aires: Amorrortu.

Charlot, B. (2002). A violência na escola: como os sociólogos franceses abordam essa questão. En *Sociologias, Porto Alegre*, año 4, nº 8, jul/dez, pp. 432-443.

Chavez, M. (2006). Juventud Negada y Negativizada: Representaciones y formaciones discursivas vigentes en la argentina contemporánea". *Revista última década*. Viña del Mar. CIDPA. ISSN 0717-4671

Chávez, M. (2014). Violencia escolar y marginación social: entre la perspectiva de los sujetos y las dimensiones estructurales. *Revista Iberoamericana de Educación*, 66(2), 1-14.

Cole, M. (1996/1999). *Cultural psychology. An once and future discipline.* Harvard University Press. [Trad.Esp. *Psicología Cultural.* Madrid: Morata, pp. 335, 1999]

Cole, M., y Engeström, Y. (2001). Enfoque histórico-cultural de la cognición distribuida. En G. Salomon. (ed.). *Cogniciones distribuidas. Consideraciones psicológicas y educativas,* (pp. 23-74). Buenos Aires: Amorrortu.

Cole, M. y Engeström, Y. (2007). Cultural-historical approaches to designing for development. En J. Valsiner y A. Rosa (eds.) *The Cambridge handbook of sociocultural psychology.* pp. 489-507. New York: Cambridge University Press.

Cole, M., Engeström, Y. y Vásquez, O. (2002). Introducción. En M. Cole, Y. Engeström y O. Vásquez, O. (eds.). *Mente, Cultura y Actividad. Escritos fundamentales sobre cognición humana comparada.* pp. 1-17. México: Oxford University Press.

Colombo, G. (2011). Violencia Escolar y Convivencia Escolar: Descubriendo estrategias en la vida cotidiana escolar. *Revista Argentina de Sociología*, vol. 8-9, núm. 15-16, 2011, pp. 81-104, Consejo de Profesionales en Sociología Argentina.

Cuervo Montoya, E. (2016). Exploración del concepto de violencia y sus implicaciones en educación. *Política y cultura*, (46), 77-97. Recuperado el 10 de diciembre de 2019, de http://www.scielo.org.mx/scielo.php?script=sci_arttext&pid=S0188-77422016000200077&lng=es&tlng=pt.

Daniels, H. (2004). Activity theory, discourse and Bernstein. *Educational Review, Vol. 56,* Nº 2, 121-132.

Daniels, H. (2001). *Vygotsky and pedagogy*, London: Routledge. [Trad. Esp. *Vygotsky y la pedagogía*. Barcelona: Paidós, pp. 272, 2003].

Daniels, H. (2009). Vygotsky and inclusion, en P. Hick, R. Kershner y P. Farrell (eds.) *Psychology for Inclusive Education. New directions in theory and practice.* Londres: Routledge.

Daniels, H. (2015a). Mediation: An expansion of the socio-cultural gaze. *History of the Human Sciences*, Vol. 28(2) 34–50. [Trad. Esp. Mediación: Una expansión de la mirada socio-cultural. *Documento de uso interno. Facultad de Psicología*. UBA Diciembre 2015, M. Larripa, 2015].

Daniels, H. (2015b). Professional Learning in Interagency Workplaces. En B. Selau y R. Fonseca de Castro (comps), Enfoque *histórico-cultural. Investigación educacional en diferentes contextos* (pp.231–266). EDIPUCRS de la Pontificia Universidad Católica de Río Grande Do Sul. Porto Alegre. [Trad. Esp Aprendizaje profesional en espacios de trabajo inter-agenciales. *Documento de uso interno. Facultad de Psicología*. UNLP, 2015].

Debarbieux, E. (1996). La Violence en Milieu Scolaire 1. État des lieux. In *Revue française de pédagogie*, volume 123, 1998. La violence à l'école : approches européennes. pp. 170–172.

Debarbieux, E. (2001). A violencia na escola francesa: 30 anos de construção social do objeto (1967–1997). En *Educação e Pesquisa, São Paulo, v.27*, Nº1, p.p 163–193, 120 jan/jun. Disponible en: http://www.scielo.br/pdf/ep/v27n1/a11v27n1.pdf. Recuperado en Mayo de 2014.

Debarbieux, E. (2003a). *L'oppression quotidienne, recherches sur une délinquance des mineurs*. Paris: la Documentation Française.

Debarbieux, E. (2003b). School violence and globalization. En *Journal of Educational Administration. To be published.*

Debarbieux, E. (2012). La violence à l'école: spécificités, causes et traitement. In M. Cusson (ed.) *Traité es Violences Criminelles*. Montréal: Hurtubise.

Debarbieux, E. y Blaya, C. (2001). *Violence in schools. Ten approaches in Europe.* Issyles-Moulineaux: ESF.

Debarbieux, E. y Montoya, Y. (1998). *La violence scolaire: évolution 1995-1998 et premiers effets du plan d'expérimentation de lutte contre la violence en milieu scolaire. Rapport de recherche.* París, Ministère de l'Education Nationale, DPD.

Defensor del pueblo (2006). *Informes, Estudios y Documentos. Violencia Escolar, el Maltrato entre iguales en la Educación Secundaria Obligatoria, 1999-2006.* España. Disponible en: http://www.madrid.org/dat_norte/WEBDATMARCOS/supe/convivencia/ViolenciaEscolar2006.pdf. *Recuperado del 10 de Diciembre de 2014.*

Defensor del Pueblo. (2007). *Violencia escolar: el maltrato entre iguales en la Educación Secundaria Obligatoria 1999-2006.* Madrid: Defensor del Pueblo.

Del Rey, R. y Ortega, R. (2007). Violencia escolar: claves para comprenderla y afrontarla. *Escuela Abierta,* N° 10. ISSN 1138-6908, pp. 10, 77-89.

Del Rey, R. y Ortega, R. (2001). La mediación escolar en el marco de la construcción de la convivencia y la prevención de la violencia. Avances en supervisión educativa. *Revista de la Asociación de Inspectores de Educación de España, N° 2.*

Devine, J., (2002). A mercantilização da violência escolar. En: *Violênciianasescolas e políticas públicas.* E. Debarbieux, y C. Blaya (Orgs.). Brasília: UNESCO. 207-224. Disponible en: http://unesdoc.unesco.org/images/0012/001287/128720por.pdf. Recuperado el 8 de Enero de 2015.

Di Leo, P. (2009). *Subjetivación, violencias y climas sociales escolares: Un análisis de sus vinculaciones con experiencias de promoción de la salud en escuelas medias públicas de la Ciudad Autónoma de Buenos Aires.* Tesis Doctoral en Ciencias Sociales. Universidad de Buenos Aires, Argentina.

Di Leo, P. (2011). Violencias y climas sociales en escuelas medias: experiencias de docentes y directivos. *Educación y Pesquisa, 37* (3), 599-612. Universidad de San Pablo. .

Di Napoli, P. (2012). Jóvenes, violencia y escuela: un análisis de las relaciones entre grupos de pares en dos escuelas secundarias de la Argentina. emphRevista Austral de Ciencias Sociales 23, pp. 25-45. Disponible en: DOI:10.4206/rev.austral.cienc.soc.2012.n23-02. Recuperado el 10 de Enero de 2014.

Di Napoli, P. (2013). Violencia, racismo y escuela. El caso de los alumnos tipificados como violentos. *Propuesta Educativa, Vol 1* Número 39, Año 22, Jun. 2013, pp. 43 a 50.

Di Napoli, P. (2018). Una mirada a las investigaciones cualitativas sobre jóvenes, conflictos y violencia en las escuelas secundarias de América Latina Entre Diversidades. *Revista de ciencias sociales y humanidades,* núm. 10, Enero–Junio, 2018, pp. 9–37. México: Universidad Autónoma de Chiapas.

Díaz–Aguado, M. J., Martínez, R. y Martín, G. (2004). *La violencia entre iguales en la escuela y en el ocio.* Madrid: Instituto de la Juventud.

Dome, C. (2012). Intervenciones de agentes profesionales ante situaciones de violencia que atraviesan la experiencia educativa. *I Congreso Nacional de Victimología: Investigación y prácticas profesionales: Prácticas sociales contra las violencias. III Jornadas de Victimología de la Facultad de Psicología. I Encuentro Internacional de Estudiantes, prácticas contra las violencias.* Universidad Nacional de La Plata, Facultad de Psicología, La Plata.

Dome, C. (2013). Construcción de Conocimiento Profesional de Agentes Educativos ante Situaciones de Violencia en sus contextos de Práctica. *IV Congreso Internacional de Investigación. Conocimiento y Prácticap rofesional: Perspectivas y Problemáticas Actuales.* Universidad Nacional de La Plata, Facultad de Psicología, La Plata.

Dome, C. (2014). Aprendizaje Expansivo de Agentes Educativos que Abordan Situaciones de Violencia en sus Contextos de Práctica. *VI Congreso Internacional de Investigación y Práctica Profesional en Psicología XXI Jornadas de Investigación Décimo Encuentro de Investigadores en Psicología del MERCOSUR.* Facultad de Psicología, Universidad de Buenos Aires, Buenos Aires.

Dome, C. (2015a). En búsqueda de categorías para investigar el conocimiento profesional ante situaciones de violencia en escuelas. *VII Congreso Internacional de Investigación y Práctica Profesional en Psicología XXII Jornadas de Investigación Décimo Encuentro de Investigadores en Psicología del MERCOSUR.* Facultad de Psicología, Universidad de Buenos Aires, Buenos Aires.

Dome, C. (2015b). Co-configuración de aprendizajes e intervenciones de agentes psicoeducativos ante diferentes manifestaciones de violencias en escuelas. *XXXV Congreso Interamericano de Psicología*. Sociedad Interamericana de Psicología, Lima, 2015.

Dome, C. (2016). *Perspectivas de agentes educativos ante situaciones y problemas de violencia en contextos de práctica profesional*. Tesis de Maestría, Facultad de Psicología. Universidad de Buenos Aires.

Dome, C. (2017). Reflexión sobre la práctica educativa. Una propuesta de investigación-acción. *Memorias del IX Congreso Internacional de Investigación y Práctica Profesional en Psicología XXIV Jornadas de Investigación de la Facultad de Psicología XIII Encuentro de Investigadores en Psicología del MERCOSUR*. Facultad de Psicología, Universidad de Buenos Aires. ISSN 1667-6750 (impresa), ISSN 2618-2238 (en línea).

Dome, C. (2018). Desigualdades de género en contextos educativos. Perspectivas docentes sobre situaciones y problemas. *Memorias del X Congreso Internacional de Investigación y Práctica Profesional en Psicología XXV Jornadas de Investigación de la Facultad de Psicología XIV Encuentro de Investigadores en Psicología del MERCOSUR*. Facultad de Psicología, Universidad de Buenos Aires. ISSN 1667-6750 (impresa) ISSN 2618-2238 (en línea).

Dome, C. (2019). Posicionamientos docentes ante desigualdades de género en contextos educativos. *Memorias del XI Congreso Internacional de Investigación y Práctica Profesional en Psicología XXVi Jornadas de Investigación de la Facultad de Psicología XV Encuentro de Investigadores en Psicología del MERCOSUR*. Facultad de Psicología, Universidad de Buenos Aires. ISSN 1667-6750 (impresa) ISSN 2618-2238 (en línea).

Dome, C., Losad, J., Méndez, M., Fajnzyn, G. y Luna, M. (2017). Intervenciones ante violencias en escuelas: un estudio situado. *IX Congreso Internacional de Investigación y Práctica Profesional en Psicología XXIV Jornadas de Investigación XIII Encuentro de Investigadores en Psicología del MERCOSUR*. Facultad de Psicología, Universidad de Buenos Aires, Buenos Aires.

Dome, C., Losada, J., Glaz, C. y Fajnzyn, G. (2018). Expectativas y posicionamientos de agentes educativos sobre herramientas e intervenciones ante conflictos de la cotidianeidad escolar. *Memorias del X Congreso Internacional de Investigación y Práctica Profesional en Psicología XXV Jornadas de Investigación de la Facultad de Psicología XIV Encuentro de Investigadores en Psicología del MERCOSUR*. Facultad de Psicología, Universidad de Buenos Aires, Buenos Aires.

Dome, C., Confeggi, X. y López, A. (2010). Análisis de narrativas de agentes psicoeducativos: Dispositivos y modalidades de abordaje de las violencias en contextos escolares. *II Congreso Internacional de Investigación y Práctica Profesional en Psicología XVII Jornadas de Investigación Sexto Encuentro de Investigadores en Psicología del MERCOSUR*. Facultad de Psicología, Universidad de Buenos Aires, Buenos Aires

Dome, C. y Erausquin, C. (2015). Agencias, significados y aprendizajes en la construcción de conocimiento para abordar problemas de violencia en escuelas. *Anuario XXII de Investigaciones en Psicología, XXII* (I), pp. 107–118.

Dome, C. y Erausquin, C. (2017). Invisibles de la actividad escolar: Violencia Simbólica y mediaciones institucionales. Un estudio situado. *Anuario de Investigaciones, XXIV,* 2017, pp. 89–100.

Universidad de Buenos Aires Buenos Aires, Argentina

Dome, C., López, A., y Confeggi, X. (2012). Perspectivas de Agentes Psicoeducativos ante diferentes formas de manifestación de violencias en escuelas. Aprendizaje situado en contexto y modalidades de intervención. *II Jornadas Internacionales del Instituto de Investigaciones en Ciencias de la Educación (IICE)*. Facultad de Filosofía y Letras. Universidad de Buenos Aires. Buenos Aires.

Dubet, F. (1998). Les figures de la violence a l'école. En *Revue Française de Pédagogie. No. 123*. 35–45. Disponible en: http://www.inrp.fr/edition--electronique/archives/revue--francaisede--pedagogie. Recuperado el 15 de Enero de 2015.

Dubet, F. (2002). *El declive de la institución. Profesiones, sujetos e individuos*. Barcelona: Gedisa.

Dubet, F. (2005a). *La escuela de las oportunidades. ¿Qué es una escuela justa?* Barcelona: Gedisa.

Dubet, F. (2005b). Ecole: la revolte des "vaincus". *Sciences Humaines. Horssérie Violences. No. 47.* Disponible en http://www.scienceshumaines.com. Recuperado el 15 de Enero de 2015.

Dubet, F. y Martuccelli, D. (1998). *En la escuela: sociología de la experiencia escolar.* Buenos Aires: Losada.

Duschatzky, S. (1999). *La escuela como frontera. Reflexiones sobre la experiencia escolar de jóvenes de sectores populares.* Buenos Aires: Paidós.

Duschatzky, S. y Corea, C. (2002). *Chicos en banda, los caminos de la subjetividad en el declive de las instituciones.* Buenos Aires: Paidós.

Dussel, I. (2006). La escuela y la construcción de un orden democrático: dilemas de la autoridad pedagógica contemporánea. En *Observatorio Argentino de Violencia en las Escuelas. Miradas Interdisciplinarias sobre la Violencia en las Escuelas.* 1a ed. Buenos Aires: Ministerio de Educación, Ciencia y Tecnología de la Nación, 2006.

Edwards, D. (1996). Hacia una psicología discursiva de la educación en el aula. En C. Coll y D. Edwards (eds.). *Enseñanza, aprendizaje y discurso en el aula. Aproximaciones al estudio del discurso educacional.* Madrid: Fundación Infancia y Aprendizaje, 35–52.

Elzo, J. (1999). *Jóvenes españoles 1999.* Madrid: Fundación Santa María.

Engeström, Y. (1987). *Learning by expanding: an activity-theoretical approach to developmental research.* Helsinki: Orienta-Konsultit.

Engeström, Y. (1991). Non scolaesed vitae discimus: toward overcoming the encapsulation of school learning. *Learning and Instruction, Vol. 1*, 243–259.

Engeström Y. (1992). *El olvido organizacional: memoria y olvido en las organizaciones.* En Y. Engeström, K, Brown, R. Engeström yK. Koistinen. *Olvido organizacional: perspectiva de la teoría de la actividad* (pp.157–186). Buenos Aires. Paidós.

Engeström, Y. (2000). Activity theory as a framework for analyzing and redesigning work. *Ergonomics, Vol. 43*, No. 7, pp. 960–974.

Engeström, Y. (2001a). Los estudios evolutivos del trabajo como punto de referencia de la teoría de la actividad: el caso de la práctica médica de la asistencia básica. En S. Chaiklin y E. Lave *Estudiar las prácticas. Perspectivas sobre actividad y contexto.* Buenos Aires: Amorrortu Ediciones.

Engeström, Y. (2001b). Expansive learning at work: toward an activity theoretical reconceptualization. *Journal of Education and Work, 14*(1), 133–156. https://doi.org/10.1080/13639080020028747

Engeström, Y. (2006). From Well-Bounded Ethnographies to Intervening in Mycorrhizae Activities. *Organization Studies,* 27:1783–1793.

Engestrom Y. (2007). Enriching the Theory of Expansive Learning: Lessons from Journeys Toward Co-configuration. In *Mind, Culture and Activity, 14 (1-2),*(pp.23–39). University of California.

Engeström, Y. (2010a). *From Teams to Knots Activity-Theoretical Studies of Collaboration and Learning at Work.* Cambridge University Press.

Engeström, Y. y Sannino, A. (2010). Studies of expansive learning: Foundations, findings and future challenges. *Educational Research Review, 5,* pp. 1–24. Elsevier.

Erausquin C. (2007). *Modelos de intervención psicoeducativa: sobre modelos, estrategias y modalidades de intervención de psicólogos en instituciones educativas.* Ficha de Curso Posgrado UBA. Publicación interna Facultad de Psicología UBA.

Erausquin, C. (2010). Violence at school: a challenge for Educational Psychologists. Beyond focus on individual towards socio-cultural perspective. En*27 International Congress of Applied Psychology (ICAP2010), organizado por International Association of Applied Psychology (IAAP).* Julio de 2010. Melbourne, Australia.

Erausquin, C. (2013). La teoría de la actividad como artefacto mediador para construir puentes entre universidad y escuelas. *Revista de Psicología, segunda época, 13.* Facultad de Psicología, UNLP. http://revistas.unlp.edu.ar/RPSEUNLP/article/view/1116 Recuperado en 19 de Marzo de 2015.

Erausquin, C., Basualdo, M.E., Btesh, E., Lerman, G., Bollasina, V. y García Coni A, (2005). Categorías de análisis de los modelos mentales que construyen los psicólogos en formación en comunidades de aprendizaje y práctica profesional. *Anuario XII de Investigaciones de la Facultad de Psicología, 13,* 2005. Universidad de Buenos Aires Facultad de Psicología. ISSN 0329 5885. eISSN 1851-1686.

Erausquin, C. y Basualdo, M.E. (2006). Herramientas y competencias en la profesionalización de psicólogos: aprendizaje, desarrollo y participación guiada en "comunidades de práctica". *Memorias de las XIII Jornadas de Investigación y Segundo Encuentro de investigadores en Psicología del MERCOSUR*, Agosto de 2006, Tomo I, ISSN 1667-6750.

Erausquin, C., Basualdo, M.E., Dome, C., López, A., Confeggi, X. y Robles López, N. (2011). Violencias en escuelas desde la perspectiva de los actores: Un desafío para la Psicología Educacional. *Anuario de Investigaciones de la Facultad de Psicología, 18*, 2011. Universidad de Buenos Aires, Facultad de Psicología. ISSN 0329-5885. eISSN 1851-1686.

Erausquin, C., Basualdo, M.E., Dome, C., López, A., Confeggi, X. y Robles López, N. (2012). Figuras de agentes psicoeducativos abordando problemas de violencias en escuelas: inter-agencias, implicación, historia e intervención estratégica. *Anuario de Investigaciones de la Facultad de Psicología, 19*, 1, 2012. Universidad de Buenos Aires Facultad de Psicología. ISSN 0329 5885. eISSN 1851-1686.

Erausquin, C., Basualdo, M.E., Dome, C., López, A., (2013). Re-mediatizar la memoria social para aprender de la experiencia y construir futuro: perspectivas de agentes psicoeducativos sobre violencias en escuelas. *Anuario de Investigaciones de la Facultadde Psicología, 20*, 1, 2013. Universidad de Buenos Aires Facultad de Psicología. ISSN 0329 5885, eISSN 1851 1686.

Erausquin, C., Basualdo, M.E., Dome, C., Robles López, N. (2013). Implicación en la intervención: perspectivas de agentes psicoeducativos sobre génesis de problemas y orientación estratégica de las prácticas en violencia en escuelas. *V Congreso Internacional de Investigación y Práctica Prof. en Psicología, XX Jornadas de Investigación y 9no Encuentro de investigadores MERCOSUR*. Facultad de Psicología, Universidad de Buenos Aires, Buenos Aires.

Erausquin, C., Dome, C., López, A. y Confeggi, X. (2010). Violencias en la escuela: interrogando los problemas y las prácticas desde la perspectiva de los actores. En C. Erausquin y R. Bur (comps). *Psicólogos en contextos educativos: diez años de investigación*. Buenos Aires: Proyecto Editorial.

Erausquin, C., Dome, C., López, A., Confeggi, X., De Negri, A. y Villanueva, G. (2009). La violencia en las aulas desde la perspectiva de agentes psicoeducativos que "son parte" y "tomar parte" en la experiencia educativa. *IV Congreso Marplatense de Psicología: Ideales sociales, Psicología y Comunidad. Facultad de Psicología.* Universidad Nacional de Mar del Plata. Mar del Plata.

Erausquin, C., Dome, C., López, A., Confeggi, X. y Robles López, N. (2011). Violencias en escuelas desde las perspectivas de los agentes psicoeducativos: Historización y sentido estratégico de las prácticas. *III Congreso Internacional de Investigación y Práctica Profesional en Psicología XVIII Jornadas de Investigación Séptimo Encuentro de Investigadores en Psicología del MERCOSUR.* Facultad de Psicología, Universidad de Buenos Aires, Buenos Aires. ISSN.0329.5885.

Erausquin, C., Dome, C., y Robles López, N. (2012). Diferentes Manifestaciones de Violencias en Escuelas: Génesis de Problemas y Prácticas desde la Perspectiva de los agentes Psicoeducativos. *IV Congreso Internacional de Investigación y Práctica Profesional en Psicología XIX Jornadas de Investigación VIII Encuentro de Investigadores en Psicología del MERCOSUR.* Facultad de Psicología, Universidad de Buenos Aires, Buenos Aires. ISSN.0329.5885.

Erausquin C. y Dome C. (2016). Violencia Simbólica, violencia institucional o invisibilidad de la mediación del sistema societal de actividad escolar: Posicionamiento ético del psicólogo en educación. *I Congreso Internacional de Victimología.* Facultad de Psicología Universidad Nacional de La Plata, Ensenada.

Erausquin, C., García Labandal, L., Basualdo, M., Meschman, C. (2015) Perspectivas, conceptualizaciones y sentidos en tramas de Formación Inicial del Profesorado: la Construcción de la Profesión del Profesor de Psicología. *Anuario de Investigaciones de la Facultad de Psicología, 22,*1, 119-142, 2015. Universidad de Buenos Aires Facultad de Psicología. ISSN 0329 5885. eISSN 1851-1686.

Erausquin, C. y Zabaleta, V. (2014). Articulación entre investigación y extensión universitarias: aprendizajes en la diversidad y cruce de fronteras. *Revista EXT,* 2016 pp. 1-36. Universidad Nacional de Córdoba. ISSN 2050-7272.

Etxeberría Balerdi, F. (2001). Europa y violencia escolar. *Revista Interuniversitaria de Formación del Profesorado, 41,* 122-169.

Fernández, I. (2003). *Escuela sin violencia. Resolución de conflictos.* México: Alfaomega.

Fernández-Díaz, L. M. (1994). *Instituciones educativas. Dinámicas institucionales en situaciones críticas.* Buenos Aires: Paidós.

Fernández-Domínguez, M. y Palomero-Pescador, J.E. (2001). La violencia Escolar, un punto de vista global. *Revista Interuniversitaria de Formación del Profesorado, 41*, agosto 2001, pp. 19-38. Zaragoza.

Foucault, M. (2002). *Vigilar y castigar.* Buenos Aires: Siglo XXI.

Francia, Ministerio de Educación (2009). *Documento de trabajo.*

Furlán, A. (2003). Procesos y prácticas de disciplina y convivencia en la escuela. Los problemas de la indisciplina, incivilidades y violencia. En J.M. Piña, A. Furlán y L. Sañudo *Acciones, actores y prácticas educativas. La investigación educativa en México, 1999-2002.* México: Consejo Mexicano de Investigación Educativa.

Furlán, A. (2005). Problemas de indisciplina y violencia en la escuela. *Revista Mexicana de Investigación Educativa, 26*, 631-639, 2005.

Furlán, A, Saucedo-Ramos, M.C. y Lara-García, B. (2004). *Miradas diversas sobre la indisciplina y violencia en centros escolares.* Universidad de Guadalajara. Guadalajara.

Gallo, P. (2009). Transformaciones en las Relaciones Intergeneracionales, Autoridad y Violencia en las Escuelas. En G. Noel et.al. *Violencia en las escuelas desde una perspectiva cualitativa.* Buenos Aires: Ministerio de Educación de la Nación.

García, M. y Madriaza, P. (2005). La imagen herida y el drama del reconocimiento: estudio cualitativo de los determinantes del cambio en la violencia escolar en Chile. *Revista Estudios pedagógicos (Valdivia), 31*(2), 27-41. https://scielo.conicyt.cl/scielo.php?script=sci_arttext&pid=S0718--07052005000200002&lng=es&nrm=iso&tlng=es Recuperado el 20 de febrero de 2020.

García, M. y Madriaza, P. (2006). Estudio cualitativo de los determinantes de la violencia escolar en Chile. *Estudios de Psicología* 2006, 11(3), 247-256.

García Sánchez, B. y Ortiz Molina, B. (2012). *Los maestros ante la violencia escolar.* Universidad Distrital Francisco José de Caldas. Bogotá.

García, S. (2010). *Violencias, incivilidades y miedos en el ámbito educativo. Un estudio socioeducativo sobre la perspectiva de los estudiantes de Educación Secundaria.* Tesis de Maestría en Educación con orientación en Gestión Educativa. Universidad de San Andrés, Buenos Aires.

Geertz, C. (1995). *La interpretación de las culturas.* Barcelona: Gedisa.

Ghiso, A. M. (2012). Algunos límites de las respuestas frente a la violencia y la inseguridad, en las instituciones educativas. *Revista Latinoamericana de Ciencias Sociales, Niñez y Juventud,10*(2), pp. 815-824. Disponible en http://www.scielo.org.co/pdf/rlcs/v10n2/v10n2a03.pdf.

Gómez Nashiki, A. (1996). *La violencia en la escuela primaria.* Tesis de maestría en Sociología Política, México: Instituto de Investigaciones Dr. José María Luis Mora.12.

Gómez Nashiki, A. (2005). Violencia e Institución Educativa. *Revista Mexicana de Investigación Educativa, 10,* (26), pp. 693-718.

Guerin S. y Hennessy E. (2002). Pupils' definitions of bullying. *European Journal of Psychology of Education,* 17, 249-261.

Iñiguez, L. y Vitores, A. (2004). *La Entrevista Individual.* Orientaciones preraradas por Dr. Félix Vázquez (UAB). Curso de Investigación Cualitativa: Fundamentos, Técnicas y Métodos.

Kantor, D. (2000). *Experiencias institucionales sobre convivencia y disciplina en escuelas de nivel medio. Informe final.* Dirección General de Planeamiento. Secretaría de Educación. GCBA. Buenos Aires.

Kaplan, C. V. (2006). *Violencias en plural. Sociología de las violencias en la escuela.* Buenos Aires: Miño y Dávila.

Kaplan, C. (2008). *Talentos, dones e inteligencias. El fracaso escolar no es un destino.* Buenos Aires: Colihue.

Kaplan, C. (ed.). (2009). *Violencia escolar bajo sospecha.* Buenos Aires: Miño y Dávila.

Kaplan, C. (2011). Jóvenes en turbulencia. Miradas críticas contra la criminalización de los estudiantes. *Propuesta educativa Nro 35,* Año 20, Junio 2011, vol. 1.

Kaplan, C. (2013). El miedo a morir joven. Meditaciones de los estudiantes sobre la condición humana. En C. V. Kaplan, *Culturas estudiantiles: sociología de los vínculos en la escuela*, pp. 45-67. Buenos Aires: Miño y Dávila.

Kornblit, A. L. (coord.) (2008). *Violencia Escolar y Climas Sociales*. Buenos Aires: Biblos.

Krmpotic, C. y Farré, M. (2008). Violencia social y escuela. Un relato empírico desde barrios críticos. *Revista katálysis vol.11*. no.2 July/Dec. Print version. Florianópolis.

Larripa, M. y Erausquin, C. (2008). Teoría de la Actividad y Modelos Mentales. Instrumentos para la reflexión sobre la práctica profesional: "Aprendizaje Expansivo", intercambio cognitivo y transformación de intervenciones de psicólogos y otros agentes en escenarios educativos. *Anuario de Investigaciones de la Facultad de Psicología*. Universidad de Buenos Aires Facultad de Psicología. 2008 vol.15 n°1. ISSN 0329 5885, eISSN 1851 1686.

Larrosa, J. (2003). *Entre las lenguas. Lenguaje y educación después de Babel*. Barcelona: Laertes,

Lave, J. y Wenger, E. (1991). *Situated learning: legitimate peripherical participation*. Cambridge: Cambridge University Press. [Trad. Esp. Aprendizaje situado: participación periférica legítima, México: UNAM, pp. 105, 2003].

Lave, J. (1988). *Cognition in practice*. Cambridge: University Press. [Trad. Esp. La cognición en la práctica. Barcelona: Paidós, pp. 225, 1991].

Lave, J. (2001). La práctica del aprendizaje. En S. Chaiklin y J. Lave, (eds.) *Estudiar las prácticas.Perspectivas sobre actividad y contexto* (pp. 15-44). Buenos Aires: Amorrortu.

Lave, J. (2002). Lo que tienen de especial los experimentos como contextos para pensar. En M. Cole, Y. Engeström y O. Vásquez (eds.) *Mente, Cultura y Actividad. Escritos fundamentales sobre cognición humana comparada* (pp. 47-57). México: Oxford University Press.

Lavena, C. (2002). Primer aproximación a la violencia escolar en la Argentina. Presentación de los resultados de la investigación. *¿La violencia va a la escuela? Una mirada a la violencia escolar en la Argentina*. Buenos Aires: Universidad de San Andrés.

Leontiev, A. N. (1984). *Actividad, conciencia y personalidad.* México: Cartago.

Levinson, B. (1998). La disciplina vista desde abajo: Lo que incita a los alumnos a la rebeldía en las escuelas secundarias de Estados Unidos. *Revista Perspectivas, 4*: 661-677.

López, A. (2013). ¿Bullying o violencia en escuelas? Acerca de lo estratégico en las unidades de análisis e intervenciones. *V Congreso Internacional de Investigación y Práctica Profesional en Psicología XX Jornadas de Investigación Noveno Encuentro de Investigadores en Psicología del MERCOSUR.* Facultad de Psicología, Universidad de Buenos Aires, Buenos Aires.

López, V. y Ascorra P. (2012). Miradas de la violencia en el espacio social de la escuela. *Revista psicoperspectivas. Individuo y sociedad, 11*(2) pp. 1-7. Pontificia Universidad Católica de Valparaíso.

Marcus, G. E. (2001). Etnografía en/del sistema mundo. El surgimiento de la etnografía multilocal. *Alteridades, 11*, (22), julio-diciembre, pp. 111-127.

Meirieu, Ph. (2008). Una pedagogía para prevenir la violencia en la enseñanza. En *Cátedra Abierta: aportes para pensar la violencia en las escuelas.* Publicación del Observatorio Argentino de Violencia en las Escuelas. Ministerio de Educación, Buenos Aires.

Meirieu, Ph. (2013). La opción de educar y la responsabilidad pedagógica. Conferencia del 30 de octubre de 2013. Ministerio de Educación de Republica Argentina. Recuperado el 9 de diciembre de 2019 en http://www.bnm.me.gov.ar/giga1/documentos/EL005089.pdf

Merle, P. (2005). L'humiliation des élèves, une pratique anti-pédagogique. *Éducation & Management*, mayo de 2006, pp. 38-41.

Miguez, D. (2009). Las formas de Violencia en las Comunidades escolares. En G. Noel [et.al.] *Violencia en las escuelas desde una perspectiva cualitativa.* 1a ed. Observatorio Argentino de Violencia en las Escuelas. Buenos Aires: Ministerio de Educación de la Nación.

Míguez, D., Gallo, P. y Tomasini, M. (2015). *Las dinámicas de la conflictividad escolar. Procesos y casos en la Argentina reciente.* Buenos Aires: Miño y Dávila.

Munné, M. y Mac-Gragh, P. (2006). *Los 10 principios de la cultura de la mediación.* Barcelona: Graó.

Muñoz, M. T., Lucero, B. A., Cornejo, C. A., Muñoz, P. A. y Araya, N. E. (2014). Convivencia y clima escolar en una comunidad educativa inclusiva de la Provincia de Talca, Chile. *Revista Electrónica de Investigación Educativa, 16*(2), 16-32. Disponible en http://redie.uabc.mx/vol16no2/contenido--munozluceroetal.html. Recuperado el 2 de Febrero de 2015.

Mutchinick, A. (2009). *Violencias, Confianza y Escuela Secundaria: Un estudio socioeducativo sobre las percepciones de jóvenes escolarizados.* Tesis de Maestría en Ciencias Sociales con Orientación en Educación. Facultad Latinoamericana de Ciencias Sociales-Sede Argentina. Buenos Aires.

Nail Kosher, O., Gajardo Aguayo, J. y Muñoz Reyes, M. (2012). La técnica de análisis de incidentes críticos Una herramienta para la reflexión sobre prácticas docentes en convivencia escolar. *Psicoperspectivas. Individuo y Sociedad, 11*(2), 111-145.

Narodowski, M. (1993). *Especulación y castigo en la escuela secundaria.* Espacios en Blanco, Departamento de Ciencias de la Educación, Facultad de Ciencias Humanas, UNCPBA, Tandil.

Néspolo, M. J. (2019). Practicas docentes. Conocimiento profesional e intervención en situaciones problema. *MEMORIAS XI Congreso Internacional de Investigación y práctica Profesional en Psicología. XXVI Jornadas de Investigación. XV Encuentro de Investigadores en Psicología del Mercosur. "El Síntoma y la Época. Avances de la Investigación en Psicología".* Facultad de Psicología, UBA. ISSN 2618-2238.

Néspolo, M. J. (2018). Aprendizajes en la práctica docente sobre convivencia y autoridad pedagógica. *MEMORIAS X Congreso Internacional de Investigación y práctica Profesional en Psicología. XXV Jornadas de Investigación. XIV Encuentro de Investigadores en Psicología del Mercosur. "Nuevas tecnologías: subjetividad, vínculos sociales. Problemas, teorías y abordajes".* Facultad de Psicología, UBA. ISSN 1667-6750 (impresa) ISSN 2618-2238 (en línea).

Noel, G. (2009). Violencia en las Escuelas y Factores Institucionales. La cuestión de la Autoridad. En Gabriel Noel [et.al.] *Violencia en las escuelas desde una perspectiva cualitativa.* Buenos Aires: Ministerio de Educación de la Nación.

Observatorio Argentino de Violencia en las Escuelas (2006). *Miradas Interdisciplinarias sobre la Violencia en las Escuelas, 1a ed.* Buenos Aires: Ministerio de Educación, Ciencia y Tecnología de la Nación, 2006. http://www.mcye.gov.ar/construccion/pdf_observatorio/violencia.pdf. Recuperado el 16 de Diciembre de 2014.

Observatorio Argentino de Violencia en las Escuelas (2008). *Violencia en las escuelas: un relevamiento desde la mirada de los alumnos, 1a ed.* Buenos Aires: Ministerio de Educación de la Nación.

Observatorio Argentino de Violencia en las Escuelas (2009). *Violencia en las escuelas desde una perspectiva cualitativa.* Buenos Aires: Ministerio de Educación de la Nación. Disponible en: https://www.academia.edu/25899732/La_Violencia_en_las_Escuelas_desde_una_perspectiva_cualitativa. Recuperado el 05 de setiembre de 2020.

Observatorio Argentino de Violencia en las Escuelas (2010). *Relevamiento Cuantitativo. Desde la mirada de los alumnos.* Buenos Aires: Ministerio de Educación de la Nación. Disponible en: http://portal.educacion.gov.ar/elministerio/files/2013/07/ONE2010.pdf. Recuperado el 15 de Diciembre de 2014.

Observatorio Argentino de Violencia en las Escuelas (2015). *Relevamiento estadístico sobre clima escolar, violencia y conflicto en escuelas secundarias según la perspectiva de los alumnos.* Buenos Aires: Ministerio de Educación de la Nación. Disponible en: http://portal.educacion.gov.ar/files/2015/09/Informe.2014.pdf. Recuperado el 22 de Diciembre de 2015.

Olweus, D. (1973). *Hackkycklingar och översittare: Forskning om skolmobbning.* Stockholm: Almqvist & Wiksell.

Olweus, D. (1999). Sweden. En P.K. Smith, Y. Morita., J. Junger-Tas, D. Olweus, D., Catalano y P. Slee (eds). *The nature of school bullying: a cross-national perspective.* pp. 7-27. London y New York: Routledge.

Ortega, M. E., Medina, Y. y Vega, C. (2011). Diferencias Transculturales en la Manifestación del Bullying en Estudiantes de Escuela Secundaria. *Revista Latinoamericana de Ciencias Sociales, Niñez y Juventud, 2* (9), pp. 761-768.

Ortega, R. (2002). *Naturaleza y prevención educativa de la Violencia Escolar. Informe sobre la Investigación de los malos tratos y la exclusión social en el marco de un proyecto europeo.* Trabajo de Cátedra. Segundo Ejercicio. Córdoba, Universidad de Córdoba.

Ortega, R. y Angulo, J. C. (1998). Violencia Escolar. Su Presencia en Institutos de Educación Secundaria de Andalucía. *Revista de Estudios de Juventud*, 42, pp. 47–61.

Ortega, R., Del Rey, R. y Fernández, I. (2003). Working together to prevent school violence: The Spanish response. En P. K. Smith *Violence in Schools: The Response in Europe.* London: Routledge.

Ortega, R., Del Rey, R., Mora-Merchán, J. A. (2001). Violencia entre escolares. Conceptos y etiquetas verbales que definen el fenómeno del maltrato entre iguales. *Revista Interunivesitaria de Formación del Profesorado. Continuación de la antigua Revista de Escuelas Normales, 41,* pp. 95–113.

Ortega, R. y Mora-Merchán, J. A. (2000). *Violencia escolar. Mito o realidad.* Sevilla: Mergablum.

Ortega Salazar, S. (2010). Algunos indicadores sobre violencia y su uso en el diseño de una política de prevención. En A. Furlán et. al. (comps.) *Violencia en los centros educativos.Conceptos, diagnósticos e intervenciones.* Buenos Aires, Centro de Publicaciones Educativas y Material Didáctico.

Pacheco-Salazar, B. (2015). Reflexiones sobre la no atención a la Diversidad como violencia de la escuela. *Ciencia y Sociedad, 40,*(4), 2015, pp. 663–684. Instituto Tecnológico de Santo Domingo, República Dominicana.

Palacios Abreu, R. (2001). *Ser estudiante de CETIS sus significaciones y prácticas sociales.* Tesis de maestría en Enseñanza Superior. División de Estudios de Posgrado, Facultad de Filosofía y Letras. México: UNAM.

Paulin, H., Lemme, D., Tomasini, M., Arce, M., Arpire, I., Lescano, R., López, J., Martinengo, V., Nazar, M. (2005). Concepciones de los directivos de nivel medio acerca de la relación entre alumnos y orden normativo escolar. *Cuadernos de Educación. Centro de Investigaciones de la Facultad de Filosofía y Humanidades, Córdoba.* pp. 267.

Pintrich, P. (1994). Continuities and discontinuities: future directions for research in educational psychology. *Educational Psychology, 29* 137–148.

Pozo, I. (2001). *Humanamente. El mundo la conciencia y la carne.* Madrid: Morata.

Puiggros, A. (1990). *Sujetos, Disciplina y Curriculum en los orígenes del sistema educativo argentino.* Buenos Aires: Editorial Galerna.

Richter, N. (2010). *En Llanta. Construcciones docentes sobre los estudiantes violentos de Escuela Media y Su vestimenta. Eje 3: Identidades/alteridades y representaciones y prácticas de ciudadanía. Instituto de Investigaciones en Ciencias de la Educación.* Facultad de Filosofía y Letras, UBA.

Rockwell, E. (1985). *La importancia de la etnografía para la transformación en la escuela.* En Tercer Seminario Nacional de Investigación en Educación. Colombia: serie memorias–unión pedagógica nacional.

Rockwell, E. (1997). La dinámica cultural de la escuela. En A. Álvarez (ed.) *Hacia un curriculum cultural. La vigencia de Vygotsky en educación*, pp. 21–38. Madrid: Fundación Infancia y Aprendizaje.

Rockwell, E. (2010). Tres planos para el estudio de las culturas escolares. En N. Elichiry (coord) *Aprendizaje y contexto: contribuciones para un debate*, pp. 25–40. Buenos Aires: Manantial.

Rodrigo, M. J. (1994). Etapas, contextos, dominios y teorías implicitas en el conocimiento escolar. En M.J. Rodrigo (ed.) *Contexto y desarrollo social.* Madrid: Síntesis.

Rodrigo, M. J. y Arnay, J. (1997). *La construcción del conocimiento escolar.* Barcelona, Paidós.

Rodrigo, M. J. y Correa, N. (1999). Teorías implícitas, modelos mentales y cambio educativo. En J.I. Pozo y C. Monereo (Coord). *El aprendizaje estratégico.* Madrid: Santillana–Aula XXI.

Rodrigo, M. J., Rodríguez, A. y Marrero, J. (1993). *Las teorías implícitas. Una aproximación al conocimiento cotidiano.* Madrid: Visor.

Rogoff, B. (1997). Los tres planos de la actividad sociocultural: apropiación participativa, participación guiada y aprendizaje. En J. Wertsch y otros (ed. . *La mente sociocultural. Aproximaciones teóricas y aplicadas*. Madrid: Fundación Infancia y Aprendizaje.

Rogoff, B. y Topping, K. (2002). Mutual contributions of individuals, partners, and institutions: planning to remember in girl scout cookie sales. *Social Development 11*(2): 267–289.

Saavedra, G. E., Villalta, M. A., Muñoz, Q. M.T. (2007). Violencia escolar: la mirada de los docentes. *Límite, vol. 2,* núm. 15, 2007, pp. 39–60. Universidad de Tarapacá. Chile.

Saez, V. (2017). Miradas sobre la escuela secundaria en situaciones de violencia: Un análisis desde la prensa argentina. *Revista mexicana de investigación educativa, 22*(73), 565–583. Recuperado el 10 de diciembre de 2019 de: http://www.scielo.org.mx/scielo.php?script=sci_arttext&pid=S1405-66662017000200565&lng=es&tlng=es

Saez, V. (2015). Una mirada a la investigación sobre medios, violencia y escuela. *Entramado, 11,* (1), pp. 136–155. ISSN 2539-0279. Disponible en: http://www.scielo.org.co/pdf/entra/v11n1/v11n1a10.pdf Recuperado el 10 de mayo 2020.

Salomon, G. (ed.) (2001). *Cogniciones distribuidas. Consideraciones psicológicas y educativas*. Buenos Aires: Amorrortu.

Sannino, A. (2011b). Ricerca-intervento in teoria dell'attività. Attualità della tradizione vygotskijana. Formazione & Insegnamento. *European Journal of Research on Education and Teaching. Año IX*(3), pp. 104–114.

Sannino, A. y Engeström, Y. (2018). Cultural-historical activity theory: founding insights and new challenges. *Cultural-Historical Psychology, 14,* 3, pp. 43–56. https://doi.org/10.17759/chp.2018140305

Saucedo Ramos, C. (2005). Los alumnos de la tarde son los peores. Prácticas y discursos de posicionamiento de la identidad de alumnos-problema en la escuela secundaria. *Revista Mexicana de Investigación Educativa, 26,* pp. 641–668.

Saucedo Ramos, C. (2010). *Dilemas teórico-prácticos para pensar la indisciplina y la violencia en la escuela.* En A. Furlán, M. Pasillas-Valdez, T. Spitzer, A. Nashiki (comps) *Violencia en los centros educativos: conceptos, diagnósticos e intervenciones.* pp. 55-70. Buenos Aires: Noveduc.

Schön, D. (1992). *La formación de profesionales reflexivos. Hacia un nuevo diseño de la enseñanza y el aprendizaje en las profesiones.* Madrid: Paidós.

Schön, D. (1998). *El profesional reflexivo. Cómo piensan los profesionales cuando actúan.* Buenos Aires: Paidós.

Smtih P.K., Pepler, D., Rigby, K. (2004). Bullying in schools: How successful can interventions be? pp. 1-334 Cambridge University Press

Smorti, A., Menesini, E., y Smith, P. (2003). Parents' Definitions of Children's Bullying in a Five-Country Comparison. *Journal of Cross-cultural Psychology, 34,*(7), pp. 417-432.

Sús, M.C. (2005). Convivencia o disciplina ¿Qué está pasando en la escuela? *Revista Mexicana de Investigación Educativa, 10*(27), pp. 983-1004. México, D.F: COMIE.

Terigi, F. (2012). Los saberes docentes. Formación, elaboración en la experiencia e investigación. *Documento básico,* pp. 7-44. Buenos Aires: Santillana

Testánière, J. (1968). Chahut traditionnel et chahut anomique dans l'enseignement du second degré. *Revue Française de Sociologie,* VII-VIII, pp. 17-34.

Tiramonti, G. (1993). Nuevos modelos de gestión: El caso de los Consejos Escolares de la Provincia de Buenos Aires. *Propuesta Educativa, 9.* Buenos Aires: FLACSO.

Tiramonti, G. (2004). La fragmentación educativa y los cambios en los factores de estratificación. En G. Tiramonti (comp.) *La trama de la desigualdad educativa: mutaciones recientes en la escuela media.* pp. 36-99. Buenos Aires: Manantial.

Triantes Torres, M., Sánchez Sánchez, A., Muñoz Sánchez, A. (2001). Educar para la convivencia como prevención de la violencia interpersonal: perspectiva de los profesores. *Revista Interuniversitaria de Formación del Profesorado*, 41, agosto 2001, pp. 73-93.

Vacilachis, I. (2009). La investigación cualitativa. En Vacilachis (coord.) *Estrategias de investigación cualitativa.* Barcelona: Gedisa.

Veccia, T., Calzada, J. y Grisolia, E. (2008). La percepción de la violencia entre pares en contextos escolares: un estudio cualitativo. *Anuario de Investigaciones de la Facultad de Psicología, 15* Universidad de Buenos Aires. ISSN 1851-1686.

Vega, A. (2001). *Los centros escolares ante la inadaptación escolar*. Málaga: Aljibe.

Vygotsky, L.S. (1988). *El desarrollo de los procesos psicológicos superiores*. México: Crítica-Grijalbo.

Vygotsky, L.S. (1994). The problem of the environment. En R. Van der Veer y J. Valsiner (eds.) *The Vygotsky Reader*, pp. 355-370. Great Britain: Blackwell Publisher.

Vygotsky, L. S. (1995). *Pensamiento y lenguaje*. Barcelona: Paidós.

Vygotsky, L.S. (1996). La crisis de los siete años. En Segarte, A. (comp.) *Psicología del desarrollo. Selección de lecturas. Tomo I*. La Habana: Editorial Félix Varela.

Wenger, E. (2001). *Comunidades de práctica: aprendizaje, significado e identidad*. Barcelona: Paidós.

Wertsch, J. (1991). *Voces de la mente. Un enfoque sociocultural para el estudio de la acción mediada*. Madrid: Visor

Willis, P. (1988). *Aprendiendo a trabajar. Cómo los chicos de clase obrera consiguen trabajos de clase obrera*. Madrid: Akal.

Yamazumi K. (2009). Expansive Agency in Multi-Activity Collaboration. En A. Sannino, H. Daniels y K. Gutiérrez (eds.) *Learning and Expanding with Activity Theory*. Cambridge: Cambridge University Press.

Yamazumi Y., Engeström Y. y Daniels H. (2005). *New Learning Challenges: Going Beyond the Industrial Age System of School and Work*. Kansai: Kansai University Press.

Yoon, J. S. y Kerber, K. (2003). Elementary teachers' attitudes and intervention strategies. *Research in Education*, 69, 27-35.

Zabalza, M. y Zabalza, A. (2012). *Profesores y profesión docente. Entre el "ser" y el estar*. Madrid: Nercea.

Zucchermaglio, C. (2002). *Psicologia culturale dei gruppi*. Roma: Carocci.

Anexos

ANEXO I

Estructura de las matrices M1 y M2

Matriz de Análisis Complejo M1: Intervención del profesional sobre problemas situados en contexto educativo

La Matriz de Análisis Complejo M1 fue desarrollada para analizar la intervención del profesional sobre problemas situados en contexto educativo. Abarca cuatro *Dimensiones*, donde cada Dimensión posee entre dos y ocho *Ejes*, según el caso.

A su vez, en cada uno de los Ejes de estas Dimensiones de la unidad de análisis se incorporan cinco *Indicadores*, que implican diferencias cualitativas de los "modelos mentales", ordenadas en dirección a un enriquecimiento y mejora de la profesionalización de los docentes. En algunos casos, y para lograr más precisión en el análisis, los Indicadores se expandieron en dos subindicadores: (a) y (b).

Las Dimensiones se identifican con números romanos: I, II, III, ...; los Ejes y los Indicadores con números arábigos 1, 2, 3, ...; y en el caso que el Indicador se encuentre bifurcado, con las letras: a) y b).

Dimensiones, Ejes e Indicadores

El esquema general de la Matriz de Análisis Complejo M1 (Tablas I.1 y I.2 en las páginas siguientes) que fue utilizada en el trabajo presentado en este libro es el siguiente:

Tabla 1.1

Estructura general de la Matriz Multidimensional de Análisis Complejo M1: ***Intervención del profesional sobre problemas situados en contexto educativo.***

	Dimensión	Eje	Indicadores
I	Situación–problema	1	1.a, 1.b, 2., 3., 4., 5.
		2	1., 2.a, 2.b, 3., 4. ,5.
		3	1. — 5.
		4	1. — 5.
		5	1. — 5.
		6	1. — 5.
		7	1.a, 1.b, 2.a, 2.b, 3., 4., 5.
II	Intervención profesional	1	1.a, 1.b, 2., 3., 4., 5.
		2	1. — 5.
		3	1. — 5.
		4	1. — 5.
		5	1. — 5.
		6	1., 2., 3.a, 3.b, 4., 5.
		7	1. — 5.
		8	1. — 5.
III	Herramientas	1	1., 2., 3a., 3b., 4., 5.
		2	1. — 5.
IV	Resultados y atribución de causas de éxito o fracaso	1	1., 2a., 2b., 3., 4., 5.
		2	1., 2a., 2b., 3a., 3b., 4., 5.

Tabla I.2
M1: Dimensiones y Ejes

	Dimensiones		Ejes
I	Situación–problema	1	De lo simple a lo complejo.
		2	De la descripción a la explicación del problema.
		3	De la inespecificidad a la especificidad de la Disciplina y su articulación con otras disciplinas en el planteo del problema.
		4	Historización y mención de antecedentes históricos.
		5	Relaciones de causalidad.
		6	Del realismo al perspectivismo en el enfoque del problema.
		7	Del individuo sin contexto a la trama interpersonal de la subjetividad.
II	Intervención profesional	1	Quién/quiénes deciden la intervención.
		2	De lo simple a lo complejo en las acciones.
		3	Un agente o varios en la intervención.
		4	Objetivos de la intervención.
		5	Acciones sobre sujetos, tramas vinculares y/o dispositivos institucionales.
		6	Acción indagatoria y de ayuda a los actores en la resolución de los problemas.
		7	Pertinencia de la intervención con respecto al problema y especificidad del rol profesional.
		8	Valoración y distancia del relator con el agente y la intervención.
III	Herramientas	1	Unicidad o multiplicidad de herramientas.
		2	Carácter genérico o específico de las herramientas.
IV	Resultados y atribución de causas de éxito o fracaso	1	Resultados y atribución unívoca o múltiple.
		2	Consistencia de los resultados y de la atribución con el problema y la intervención.

Matriz de Análisis Complejo M2: Aprendizaje Expansivo de agentes educativos

Para realizar el análisis de los Cuestionarios de Situación–Problema aplicados a la experiencia en el cruce de fronteras entre Psicología y Educación, se utilizó como instrumento la *Matriz de Análisis Complejo M2: Aprendizaje Expansivo de agentes educativos,* desarrollada por Marder y Erausquin (2016).

La matriz M2 está basada en la Tercera Generación de la Teoría Histórico-Cultural de la Actividad (Engeström, 2001a) y sigue los lineamientos conceptuales que ese autor definió para su Matriz de Análisis Complejo.

Para construir esa matriz, Engeström (2001a)y enunció los cinco principios del Aprendizaje Expansivo:

1. la existencia de dos sistemas de actividad como unidad mínima de análisis,
2. la multiplicidad de voces en la organización del trabajo,
3. la historicidad de los acontecimientos,
4. las contradicciones en el uso de instrumentos, y
5. los ciclos de cambio con transformación expansiva.

e hizo las cuatro preguntas, las que llama "centrales":

- ¿quiénes están aprendiendo?,
- ¿por qué aprenden?,
- ¿qué aprenden?,
- ¿cómo aprenden?

La Matriz de Análisis Complejo M2: Aprendizaje Expansivo de agentes educativos, elaborada por Marder y Erausquin (2016) constituye una extensión importante —y también una sistematización— a la idea propuesta por Engeström.

Dimensiones, Ejes e Indicadores

La Matriz de Análisis Complejo de Aprendizaje Expansivo de agentes educativos abarca seis *Dimensiones*, donde, según el caso, cada Dimensión posee uno o más *Ejes*.

Para cada uno de estos Ejes se definen cinco *Indicadores*, cuya progresión señala diferencias cualitativas de los "modelos mentales situacionales", ordenados en dirección a un enriquecimiento y mejora del aprendizaje expansivo en la profesionalización de psicólogos educacionales y educadores. En algunos casos, y para lograr más precisión en el análisis, los Indicadores se expandieron en dos subindicadores: (a) y (b).

Las Dimensiones se identifican con números romanos: V, VI, VII, VIII, IX y X; los Ejes y los Indicadores con números arábigos: 1, 2, 3, 4 y 5.

El esquema completo de la Matriz de Análisis Complejo M2: Aprendizaje Expansivo de agentes educativos, se muestra en la Tablas I.3 y I.4 en las páginas siguientes.

En para la investigación expuesta en este libro se utilizaron unicamente las Dimensiones V y VI.

Nota: Se le asignó el número **V** a la primera Dimensión de esta matriz para evitar confusiones con la Matriz de Análisis Complejo M1: Intervención del docente sobre problemas situados en contexto educativo, que utiliza las Dimensiones **I a IV**.

Referencia

Una descripción actualizada y completa de las matrices M1 y M2, así como sus antecedentes y utilización se puede encontrar en el libro:

Erausquin, C. (2019). *Intervención del profesional sobre problemas situados en contexto educativo. Aprendizaje Expansivo de agentes educativos. Manual de uso.* CABA: PsiDispa.

Descarga gratuita: https://www.aacademica.org/cristina.erausquin/634

Tabla I.3

Estructura general de la Matriz Multidimensional de Análisis Complejo M2: ***Aprendizaje Expansivo de agentes educativos.***

	Dimensión	Eje	Indicador
V	Aprendizaje de la experiencia	1	1. — 5.
		2	1. — 5.
		3	1.a, 1.b, 2. — 5.
VI	Cambios de la intervención	1	1. — 5.
		2	1. — 5.
		3	1. — 5.
		4	1. — 5.
		5	1. — 5.
		6	1. — 5.
VII	Funciones en el área psicoeducativa	1	1. — 5.
		2	1. — 5.
VIII	Historización	1	1. — 5.
IX	Multivocalidad y perspectivismo	1	1. — 5.
X	Las contradicciones en relación al cambio	1	1. — 5.

Tabla I.4
M2: Dimensiones y Ejes

	Dimensiones		Ejes
V	Aprendizaje de la experiencia	1	Tipo de aprendizaje. ¿En qué aspecto/s —emocional, relacional y/o cognitivo— se focaliza la experiencia de aprender?
		2	Contenidos de los aprendizajes. ¿Qué es lo que aprende?
		3	Sujetos/agentes del aprendizaje. ¿Quiénes aprenden? ¿Con quiénes lo hacen?
VI	Cambios de la intervención	1	Propuesta de cambio. ¿Cuánto cambio? ¿Cuál es el alcance del cambio propuesto?
		2	Cambio o no en destinatarios. ¿A quiénes dirigirse como destinatario o con quiénes trabajar?
		3	Cambio en los objetivos. ¿Cuáles? ¿Para qué?
		4	Cambio en el diseño e instrumentos ¿Qué cambiar? ¿Cómo implementar la intervención?
		5	Cambio en las condiciones para la implementación. ¿Qué se necesita para implementar el cambio en la intervención?
		6	Cambio en las funciones. ¿Es necesario cambiar la división del trabajo?
VII	Funciones en el área educativa	1	Especificidad / inespecificidad de las funciones en los diferentes roles.
		2	Interrelación con otras funciones. ¿Funciones aisladas o interrelacionadas?
VIII	Historización	1	Historización con perspectiva estratégica.
IX	Multivocalidad y perspectivismo	1	De la multivocalidad como obstáculo al perspectivismo con potencial enriquecimiento recíproco.
X	Las contradicciones en relación al cambio	1	De las contradicciones o conflictos como obstáculo a las contradicciones o los conflictos como motores de cambio.

ANEXO II

Cuestionario de Situación–Problema de Violencias en Escuelas

Nota importante: Por una razón de economía de espacio, en este libro las *preguntas abiertas, no estructuradas* que se formulan en este Cuestionario se listan una a continuación de la otra, sin espacio entre ellas. En el uso práctico conviene dejar varios renglones de separación entre ellas, para estimular una respuesta mas completa. Se pueden también repartir hojas adicionales en blanco para promover textos mas extensos.

Datos solicitados

- Profesión y materia en la que se desempeña.
- Antigüedad en la profesión.
- Antigüedad en esta escuela.

✳ *Cuestionario*

La situación-problema

1. Relate una *situación-problema de violencia* de su experiencia como profesional, como docente o agente educativo, en cuyo análisis y resolución Ud. haya intervenido. Si aún no ha tenido la experiencia, relátela tal como se la imagina.
2. Describa la situación en el contexto en el que se produjo.
3. Explique los elementos significativos.
4. Mencione la historia del problema, o sea, los antecedentes de la situación.

La intervención

1. Relate cada una de las acciones realizadas por Ud.; —y por quienes puedan haber colaborado con Ud.—, para revertir en el problema, detallando los momentos o pasos de esa intervención.
2. ¿Quién decidió esa intervención?
3. ¿Qué objetivos tenía Ud. en la intervención?
4. ¿Sobre qué o quién/es intervino y porque?

Herramientas

1. ¿Qué herramientas utilizó al intervenir —haya sido como docente o como agente educativo— en un escenario escolar?

Resultados

1. ¿Qué resultados tuvo esa intervención?
2. ¿A qué atribuye Ud. esos resultados?

ANEXO III

Planificación de los Talleres

Titulo

Taller de Reflexión sobre la Práctica

Responsable del proyecto

Se incluye nombre y breve reseña de los antecedentes y competencias del responsable del proyecto.

Consultas a cxxxx@gmail.com

Justificación y fundamentación

Muchas veces los docentes no nos reconocemos "capacitadas/os" para intervenir y educar ante las situaciones de violencia que emergen en nuestros contextos de práctica, dejando dicha tarea en manos de "expertos". Sin embargo, proporcionamos constantemente una educación y valoración sobre tales situaciones, a veces implícita, que naturaliza nuestras creencias.

La escuela tiene mucho por hacer a la hora propiciar vínculos saludables y relaciones con sentido democrático e igualitario.

A partir de nuestro reconocimiento como sujetos activos en los procesos educativos vinculados a la educación en derechos, la no violencia y el bienestar, proponemos apropiarnos de herramientas teórico-metodológicas para reflexionar sobre los posicionamientos e intervenciones que cotidianamente enfrentan la conflictividad, la disruptividad y las violencias en los contextos educativos.

✳ *Objetivos*

1. Analizar la propia experiencia en espacios de reflexión compartida.
2. Desarrollar herramientas de trabajo para fortalecer la intervención profesional.
3. Conocer y reflexionar sobre las recomendaciones que imparten el Ministerio de Educación de la Nación y otras instituciones.

✳ *Contenidos*

1. La noción de conflicto como intrínseca a las relaciones humanas.
2. Distinción entre conflicto-disruptividad y violencia.
3. Planteo y problematización de las acciones y herramientas docentes para enseñar, convivir y compartir.
4. Niveles de Intervención: Individual, Grupal e Institucional.
5. Una pedagogía para prevenir las violencias: propuestas para metabolizar las manifestaciones de violencia a partir de estrategias educativas y preventivas.
6. Herramientas lúdicas y educativas para propiciar vínculos saludables y relaciones democráticas e igualitarias.

✳ *Estrategias Didácticas*

1. Actividad Plenaria: debate y discusión grupal.

2. Administración del Cuestionario de Situación–Problema de Violencias en Escuelas diseñado para reflexionar sobre las situaciones de violencias emergentes de la propia práctica.
3. Exposición dialogada, con proyección de diapositivas, con actividades de debate y problematización de las experiencias narradas en los cuestionarios.
4. Trabajo vivencial a partir del uso de herramientas lúdicas transmisibles a la práctica escolar, para cuestionar estigmatizaciones, discriminaciones y "etiquetamientos".
5. Socialización de guías de lectura del material bibliográfico propuesto.
6. Promoción permanente de la articulación entre la teoría y la práctica cotidiana de los docentes.
7. Administración del Cuestionario de Reflexión sobre la Práctica desarrollada en el Taller.

Distribución del Tiempo

Tres encuentros de 3 hs cada uno, con frecuencia semanal.

Bibliografía Sugerida

Guía de Orientaciones Federales para la Intervención Educativa en Situaciones Complejas relacionadas con la Vida Escolar. Ministerio de Educación de la Nación 2014.

Guía de Orientación para la intervención en situaciones conflictivas y de vulneración de derechos en el escenario escolar. (UNICEF y Ministerio de Educación de Prov. Bs As, 2014.

Guía de Orientación Educativa: Bullying y acoso entre pares. Ministerio de Educación del Gobierno de la Ciudad Autónoma de Buenos Aires, 2014.

Guía de Orientación Educativa: maltrato y abuso infanto juvenil. Ministerio de Educación del Gobierno de la Ciudad Autónoma de Buenos Aires, 2014.

Castorina, J. A. y Kaplan, C. (2006). Violencias en la escuela: una reconstrucción crítica del concepto. En C. Kaplan (coord.) *Violencias en plural. Sociología de las violencias en la escuela.* Buenos Aires: Miño y Dávila.

Meirieu, Ph. (2008). Una pedagogía para prevenir la violencia en la enseñanza. En *Cátedra Abierta: aportes para pensar la violencia en las escuelas.* Observatorio Argentino de violencia en las escuelas, Ministerio de Educación, Buenos Aires, 2008.

ANEXO IV

El Juego de las Etiquetas

Se trata de una actividad lúdica que se desarrolla durante el tercer encuentro de cada Taller. Su objetivo es reflexionar sobre el etiquetamiento social y los prejuicios.

✳ *Etiquetas y referencias identificatorias*

Para iniciar la actividad se reparten, al **azar**, tarjetas que se pegan en la espalda de cada persona, de modo que nadie pueda ver la etiqueta que se le asignó.

Se sugiere que las tarjetas tengan "características" o "etiquetas" personales, tanto "negativas" como "positivas" (depende quién mire, ¿no?).

Por ejemplo:

Inteligente	Raro/a	Nerd
Independiente	Miedoso/a	Valiente
Llorón/a	Fuerte	Pesado/a
Gritón/a	etc.	etc.

Nota: es preciso aclararle a los participantes que los nombres de las etiquetas y su distribución es azarosa, que es un juego. El tenor de las mismas debe considerarse en función de las características del grupo y de sus condiciones para ficcionalizar.

✳ *El juego*

Una vez colocadas las etiquetas, se propone a los y las participantes que vuelvan al centro del espacio y comiencen a caminar en distintas direcciones leyendo todas las etiquetas de los y las demás.

Una vez iniciado el movimiento, se les indica a los y las participantes que comiencen a interactuar con las otras personas, en función de la etiqueta que portan, dándoles "pistas" verbales y gestuales para que adivinen la palabra que llevan pegada en su espalda. Por supuesto, sin decirle la palabra exacta de la etiqueta que llevan.

✳ *Reflexión y cierre*

Para el cierre del juego, se propone volver a confeccionar una ronda.

Cada persona, de a una, debe decir la etiqueta que cree que le tocó. O sea, adivinarla, en función de las pistas recibidas

Luego se les pregunta cómo se sintieron con esa etiqueta y qué palabras y/o gestos de los/as otros/as les ayudaron a adivinarla.

A continuación se formulan preguntas tales como:

> ¿De dónde crees que proviene ese sentido?
> ¿Porqué la interacción se dio de tal manera?
> ¿Te parece que la información era arbitraria?
> ¿Y las etiquetas lo son? (arbitrarias)

Se invita así a problematizar prejuicios, reflexionar sobre las lógicas de etiquetamiento social y a pensar en cómo un adjetivo impuesto nos invalida mirar integralmente a las personas, en sus singularidades y diversidades.

ANEXO V

Cuestionario de Reflexión sobre la Práctica desarrollada en el Taller

Nota importante: Por una razón de economía de espacio, en este libro las *preguntas abiertas, no estructuradas* que se formulan en este Cuestionario se listan una a continuación de la otra, sin espacio entre ellas. En el uso práctico conviene dejar varios renglones de separación entre ellas, para estimular una respuesta mas completa. Se pueden también repartir hojas adicionales en blanco para promover textos mas extensos.

Datos solicitados

- Profesión y materia en la que se desempeña.
- Antigüedad en la profesión.
- Antigüedad en esta escuela.

✳ *Cuestionario*

1. ¿Qué aprendió a partir de tu participación en el Taller?
2. ¿Qué cambiaría en la intervención relatada en el Cuestionario que completó al principio del Taller?

Sobre la autora

Carolina Dome es Licenciada en Psicología, Profesora de Enseñanza Media y Superior en Psicología y Magister en Psicología Educacional por la Universidad de Buenos Aires.

Es docente e investigadora en la Facultad de Psicología de dicha universidad, lugar desde el cuál ha producido numerosos artículos académicos y periodísticos sobre perspectivas, posicionamientos e intervenciones de agentes educativos/as ante violencias en contextos educativos; desarrollando luego una línea de trabajo sobre desigualdad de género en escuelas.

Ha participado como coautora en libros dedicados a dichas problemáticas y también en congresos y eventos científicos, interrogando los procesos de reflexión y aprendizaje profesional ante situaciones y dilemas de la práctica educativa.

Actualmente se desempeña en el Ministerio de Educación de la Nación, en el área de la Dirección de Educación para los Derechos Humanos, Género y Educación Sexual Integral. Es integrante de la Red de Psicologxs Feministas, espacio en el que ha ofrecido diversas capacitaciones sobre ESI y perspectiva de género en la educación.

También ha brindado capacitaciones en el área de posgrado y extensión universitaria de la Universidad Nacional de Mar del Plata y capacitaciones para docentes de la Facultad de Psicología de la Universidad Nacional de Córdoba y de la Universidad Provincial de Córdoba, entre otras.

Las problemáticas de violencia y desigualdades de género desde el punto de vista de los y las agentes en contextos de trabajo educativo, han sido los hilos centrales de sus investigaciones. En este libro se presenta un trabajo centrado en las diversas formas en que se problematizan las violencias en contextos de reflexión sobre la práctica educativa.

Entre sus aportes relacionados con esta temática se encuentran:

Me estás haciendo bullying. Página 12, 4 de diciembre de 2014..
En https://www.pagina12.com.ar/diario/psicologia/9-261197-2014-12-04.html

La escuela y las violencias. Página 12, 25 de agosto de 2016.
En https://www.pagina12.com.ar/diario/psicologia/9-307696-2016-08-25.html

Violencia simbólica en la vida escolar. Página 12, 5 de abril de 2018.
En https://www.pagina12.com.ar/105979-violencia-simbolica-en-la-vida-escolar

Toda educación es política. Página 12, 12 de setiembre de 2019.
En https://www.pagina12.com.ar/217773-toda-educacion-es-politica

Crimen de Villa Gesell: "El todo es más que la suma de las partes". Página 12, 25 de enero de 2020.
En https://www.pagina12.com.ar/244131-crimen-de-villa-gesell-el-todo-es-mas-que-la-suma-de-las-par

Erausquin, C. y Dome, C., (2019). Aprendizaje profesional y revisión de las prácticas. Capitulo 3 del libro *¿Construir con-vivencias en escuelas para transformar violencias? Argentina-Chile-México, caja de herramientas de 15 investigadores latinoamericanos.* Cristina Erausquin et al. (2019). CABA: PsiDispa.
Versión completa en https://www.aacademica.org/cristina.erausquin/615

www.ingramcontent.com/pod-product-compliance
Lightning Source LLC
LaVergne TN
LVHW041153150826
845673LV00001B/146